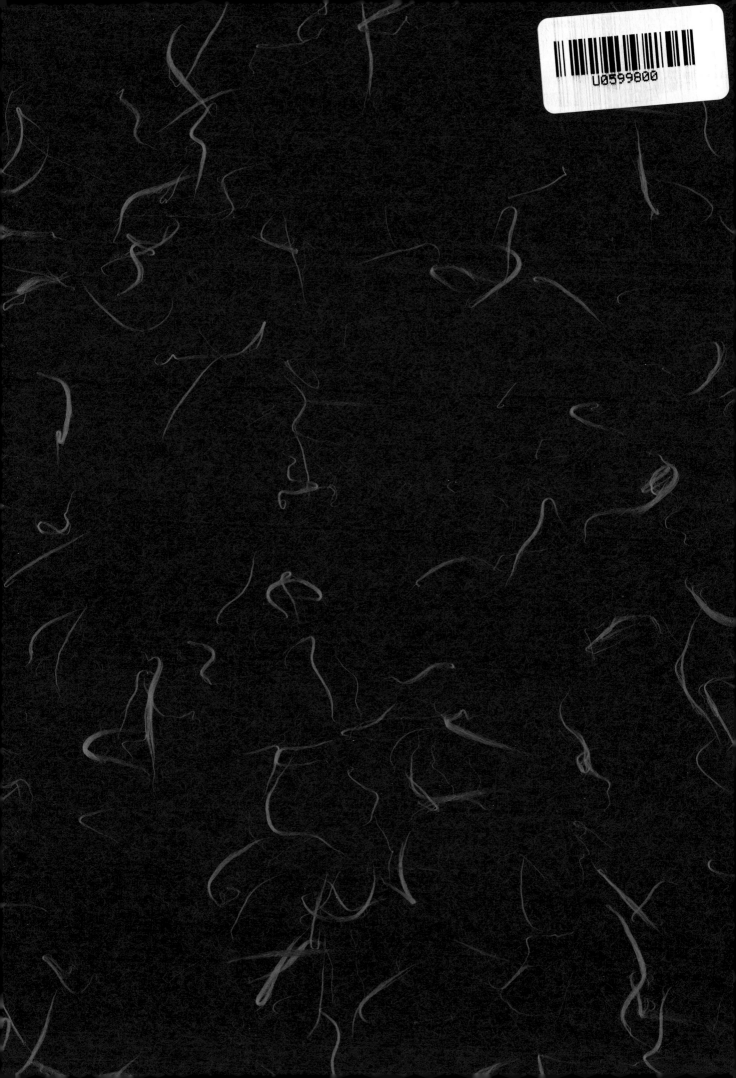

2017 年中国旅游景区发展报告

China Tourist Attraction Development Report 2017

中华人民共和国文化和旅游部资源开发司

中国旅游出版社

目录 Contents

2017

中国旅游景区
发展报告
CHINA TOURIST
ATTRACTION
DEVELOPMENT
REPORT 2017

2017 年中国 A 级旅游景区发展报告

截至 2017 年年底，全国共有 A 级旅游景区 10806 家，其中 5A 级旅游景区 250 家，4A 级旅游景区 3272 家，3A 级旅游景区 4815 家，2A 级旅游景区 2358 家，1A 级旅游景区 111 家。本报告以全国旅游景区管理系统有效填报的 9450 家景区接待量、旅游收入、建设投资、吸纳就业、门票价格等经营数据为基础，对全国旅游景区行业发展进行全面系统分析。

一、发展特征

2017 年，全国 A 级旅游景区实现游客接待 53.95 亿人次，旅游总收入 4339.83 亿元，完成景区建设投资 3271.60 亿元，吸纳固定就业 130.10 万人。

总数	总接待量	旅游总收入	景区建设投资	固定就业
9450 家	53.95 亿人次	4339.83 亿元	3271.60 亿元	130.10 万人

（一）景区数量增速加快

2017 年，全国 A 级旅游景区总量为 9450 家，较上年新增 791 家，增长 9.14%，增速较上年增加 0.24 个百分点。

——**3A 级、休闲娱乐类和华东地区旅游景区数量保持领先**。3A 级、休闲娱乐类和华东地区 A 级旅游景区数量分别为 4077 家、3480 家和 3187 家，占全国 A 级旅游景区总量的比例分别为 43.14%、36.83% 和 33.72%，其中 3A 级旅游景区数量所占比重较上年增加 2.80 个百分点，华东地区 A 级旅游景区数量所占比重较上年减少 0.86 个百分点（图 1，图 2）。

——**3A 级和西南地区旅游景区数量增长最快**。3A 级和西南地区 A 级旅游景区

002
2017
中国旅游景区
发展报告
CHINA TOURIST
ATTRACTION
DEVELOPMENT
REPORT 2017

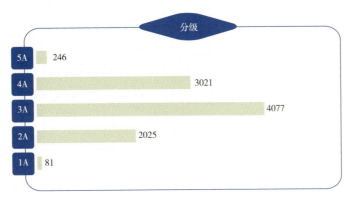

图 1　2017 年全国 A 级旅游景区分等级数量统计（单位：家）

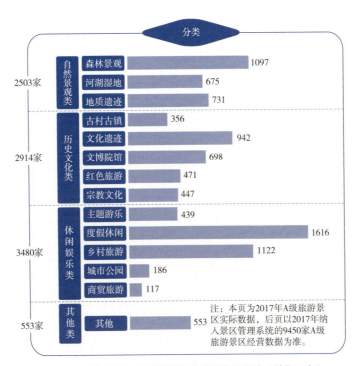

注：本页为2017年A级旅游景区实际数据，后页以2017年纳入景区管理系统的9450家A级旅游景区经营数据为准。

图 2　2017 年全国 A 级旅游景区分类型数量统计（单位：家）

总量分别为 4077 家和 1200 家，较上年分别增长 16.72% 和 17.65%，高出全国平均增长水平 7.58 个和 8.51 个百分点。

（二）游客接待量创新高

2017 年，全国 A 级旅游景区共接待游客 53.95 亿人次，较上年增加 9.63 亿人次，增长 21.73%，增速较上年上升 4.39 个百分点。平均接待游客 57.09 万人次，较上年增加 5.91 万人次，增长 11.55%。

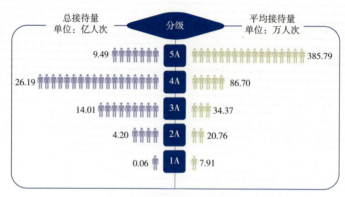

图 3　2017 年全国 A 级旅游景区分等级游客接待情况统计

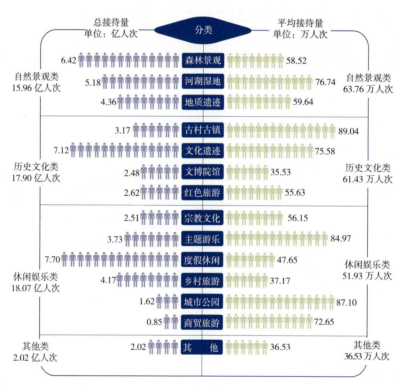

图 4　2017 年全国 A 级旅游景区分类型游客接待情况统计

——4A 级、休闲娱乐类和华东地区旅游景区成旅游热点。4A 级、休闲娱乐类

004
2017
中国旅游景区
发展报告
CHINA TOURIST
ATTRACTION
DEVELOPMENT
REPORT 2017

和华东地区 A 级旅游景区游客接待量分别为 26.19 亿人次、18.07 亿人次和 21.70 亿人次，占全国 A 级旅游景区游客接待总量的比例分别为 48.55%、33.49% 和 40.22%。其中 4A 级旅游景区游客接待量占比较上年上升 0.83 个百分点，但华东地区旅游景区的游客接待量占比较上年下降 1.45 个百分点。

——**3A 级和西北地区旅游景区游客接待量增速最快。**3A 级和西北地区 A 级旅游景区的游客接待量分别为 14.01 亿人次和 4.98 亿人次，分别较上年增长 31.55% 和 33.16%，分别高出全国平均增长水平 9.82 个和 11.43 个百分点。

——**5A 级、自然景观类和华东地区旅游景区平均游客接待量最大。**5A 级、自然景观类和华东地区 A 级旅游景区的平均游客接待量分别为 385.79 万人次、63.76 万人次和 68.10 万人次，分别是全国 A 级旅游景区平均游客接待量的 6.76 倍、1.12 倍和 1.19 倍（图 3，图 4）。

（三）收入增速低于游客接待量增速

2017 年，全国 A 级旅游景区实现旅游总收入 4339.83 亿元，较上年增加 481.63 亿元，增长 12.48%，增速同比上涨 1.58 个百分点，但显著低于 21.73% 的游客接待量增长速度；各景区平均旅游收入 4592.41 万元，较上年增加 136.70 万元，增长 3.07%。

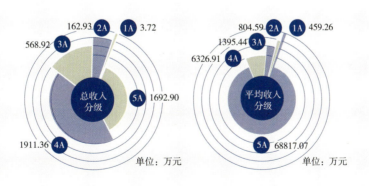

图 5　2017 年全国 A 级旅游景区分等级旅游收入统计

图 6 2017 年全国 A 级旅游景区旅游收入构成情况统计

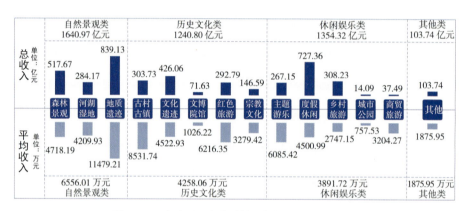

图 7 2017 年全国 A 级旅游景区分类型旅游收入统计

——**4A 级、自然景观类和华东地区旅游景区收入最高。**4A 级、自然景观类和华东地区 A 级旅游景区旅游区收入分别为 1911.36 亿元、1640.97 亿元和 1723.85 亿元，占全国 A 级旅游景区旅游总收入的比例分别为 44.04%、37.81% 和 39.72%。其中 4A 级旅游景区旅游收入和华东地区 A 级旅游景区旅游收入占比较上年分别提升 0.26 个和 0.40 个百分点。

——**3A 级和西北地区旅游景区收入增速最快。**3A 级和西北地区 A 级旅游景区收入分别为 568.92 亿元和 324.78 亿元，分别较上年增长 15.41% 和 24.68%，分别高出全国平均增长水平 2.93 个和 12.20 个百分点。

——**5A 级、自然景观类和西南地区旅游景区平均收入最高。**5A 级、自然

006

2017
中国旅游景区
发展报告
CHINA TOURIST
ATTRACTION
DEVELOPMENT
REPORT 2017

景观类和西南地区各 A 级旅游景区平均收入分别为 68817.07 万元、6556.01 万元和 8061.08 万元，分别是全国 A 级旅游景区平均收入的 14.98 倍、1.43 倍和 1.76 倍（图 5 ~ 图 7）。

（四）门票平均价格水平连续两年下降

2017 年，全国 A 级旅游景区平均门票价格为 29 元，连续两年下降。

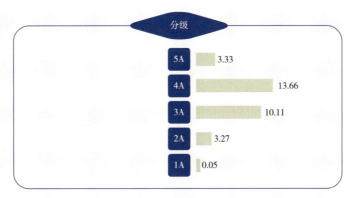

图 8　2017 年全国 A 级旅游景区分等级免票量统计（单位：亿人次）

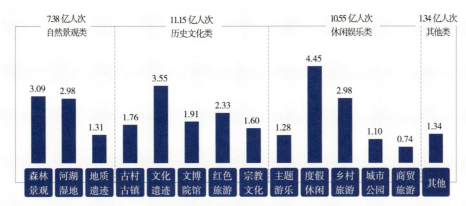

图 9　2017 年全国 A 级旅游景区分类型免票量统计（单位：亿人次）

——**门票平均价格再次下降**。2017 年全国 A 级旅游景区门票的平均价格为 29 元，在上年降低 1 元的基础上再次降低 1 元，降幅为 3.33%。其中以 1A 级、历史文化类和西北地区 A 级旅游景区平均门票价格最低，分别为 6 元、20 元和 20 元。

——**免票景区范围进一步扩大**。减免门票政策不断落实，免费开放景区数量进一步扩大，2017 年 A 级旅游景区免票入园的景区数量为 4277 家，占全国 A 级旅游景区总量的 45.26%，较上年增加 515 家，增长 13.69%（图 8，图 9）。

——**人均门票负担逐步下降**。2017 年全国 A 级旅游景区政策性免票游客接待量达 30.42 亿人次，较上年增加 8.43 亿人次，增长 38.34%，较上年上升 7.06 个百分点。其中以 4A 级、历史文化类和华东地区 A 级旅游景区政策性免票游客接待量最高，分别为 13.66 亿人次、11.15 亿人次和 12.26 亿人次，占全国 A 级旅游景区政策性免票游客接待量的比例分别为 44.91%、36.65% 和 40.30%。所有游客的人均门票花费为 18.34 元，较上年下降 2.11 元，降幅 10.32%，较上年提高 6.74 个百分点。

（五）就业量持续增长

2017 年，全国 A 级旅游景区从业人员总就业为 263.68 万人，其中，固定就业和临时就业量分别为 130.10 万人和 133.58 万人，临时就业量首次超过固定就业量。其中固定就业人数较上年增加 1.33 万人，增长 1.03%；各景区平均固定就业量 138 人，较上年减少 11 人，下降 7.38%。

——**4A 级、休闲娱乐类和华东地区旅游景区固定就业量最高**。4A 级、休闲娱乐类和华东地区 A 级旅游景区固定就业量分别为 54.57 万人、56.11 万人和 43.72 万人，占全国 A 级旅游景区固定就业总量的比例分别为 41.95%、43.13% 和 33.60%。

——**5A 级和西南地区旅游景区固定就业量增速最快**。5A 级和西南地区 A 级旅游景区固定就业量分别为 25.92 万人和 20.21 万人，分别较上年增长 6.71% 和 14.50%，分别高出全国平均增长水平 5.68 个和 13.47 个百分点。

——**5A 级、其他类和西南地区旅游景区平均固定就业量最大**。5A 级、其他类和西南地区各旅游景区平均固定就业量分别为 1054 人、264 人和 168 人，分别是全国 A 级旅游景区平均固定就业量的 7.64 倍、1.91 倍和 1.22 倍（图 10，图 11）。

008
2017
中国旅游景区
发展报告
CHINA TOURIST
ATTRACTION
DEVELOPMENT
REPORT 2017

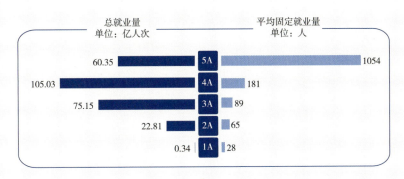

图 10　2017 年全国 A 级旅游景区分等级就业情况统计

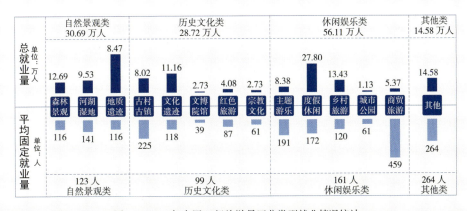

图 11　2017 年全国 A 级旅游景区分类型就业情况统计

（六）建设投资增速减缓

2017 年，全国 A 级旅游景区建设投资总额为 3271.60 亿元，较上年增加 406.96 亿元，增长 14.21%，增速较上年下降 1.68 个百分点；景区平均建设投资额为 3462.01 万元，较上年增加 153.73 万元，增长 4.65%。

——4A 级、休闲娱乐类和华东地区旅游景区建设投资额最高。4A 级、休闲娱乐类和华东地区 A 级旅游景区建设投资额分别为 1841.49 亿元、1416.01 亿元和 1089.35 亿元，占全国 A 级旅游景区年度总投资额的比例分别为 56.29%、43.28% 和 33.30%。

图 12　2017 年全国 A 级旅游景区分等级建设投资情况统计

图 13　2017 年全国 A 级旅游景区分类型建设投资情况统计

——5A 级和西南地区旅游景区建设投资增速最快。5A 级和西南地区 A 级旅游景区建设投资额分别为 384.72 亿元和 817.48 亿元，分别较上年增长 17.51% 和 55.63%，分别高出全国增长水平的 3.30 个和 41.42 个百分点。

——5A 级、休闲娱乐类和西南地区旅游景区平均建设投资额最高。5A 级、休

010
2017
中国旅游景区
发展报告
CHINA TOURIST
ATTRACTION
DEVELOPMENT
REPORT 2017

闲娱乐类和西南地区 A 级旅游景区平均建设投资额分别为 15639.02 万元、4068.99 万元和 6812.33 万元，分别是全国 A 级旅游景区平均建设投资额的 4.52 倍、1.18 倍和 1.97 倍（图 12，图 13）。

二、2017 年景区大事记

（一）政府大事记

20 家旅游景区晋升为 5A 级旅游景区

包括：河北省邯郸市广府古城景区、河北省保定市白石山景区、山西省忻州市雁门关景区、内蒙古自治区阿尔山·柴河旅游景区、辽宁省鞍山市千山景区、吉林省长春市世界雕塑公园旅游景区、江苏省常州市中国春秋淹城旅游区、浙江省嘉兴市西塘古镇旅游景区、浙江省衢州市江郎山·廿八都景区、江西省抚州市大觉山景区、江西省上饶市龟峰景区、山东省潍坊市青州古城旅游区、山东省威海市华夏城旅游景区、河南省永城市芒砀山旅游景区、广西壮族自治区桂林市两江四湖·象山景区、重庆市云阳龙缸景区、四川省甘孜州海螺沟景区、贵州省贵阳市花溪青岩古镇景区、青海省海东市互助土族故土园景区、新疆生产建设兵团第十师白沙湖景区。

2 月 25 日

2 月 25 日

3 月 28 日

3 家 5A 级旅游景区受到严重警告处理

因存在游客投诉率居高不下，黑导接客现象严重和服务中心功能严重不足等问题，云南省丽江市丽江古城景区、黑龙江省牡丹江市镜泊湖景区和辽宁省大连市老虎滩海洋公园·老虎滩极地馆 3 家 5A 级旅游景区受到严重警告处理。

首批中国十大科技旅游基地发布

原国家旅游局、中国科学院联合发布"首批中国十大科技旅游基地"，包括贵州黔南 500 米口径球面射电望远镜、中国科学院西双版纳热带植物园、湖北宜昌长江三峡水利枢纽工程、中国科学院南京紫金山天文台、中国科学院青岛海洋科考船、中国科技馆、甘肃酒泉卫星发射基地、中国科学院安徽合肥董铺科学岛、中国科学院国家授时中心、中国科学院遥感卫星接收站三亚站。

2家5A级旅游景区受到严重警告处理

5月27日

因"厕所革命"严重滞后，河南省南阳市西峡伏牛山老界岭恐龙遗址园旅游区和青海省青海湖景区2家5A级旅游景区给予严重警告处理，限期6个月整改。

10家4A级旅游景区受到摘牌处理

5月27日

全国旅游资源规划开发质量评定委员会公布，因"厕所革命"滞后、管理和服务水平下降，取消天津市七里海湿地旅游区、河北省石家庄市联邦·空中花园景区、甘肃省兰州市五泉山公园景区、福建省南平市邵武瀑布林生态旅游景区、福建省厦门市翠丰温泉旅游区、江西省景德镇市得雨生态园、山东省费县中华奇石城景区、广东省佛山市三水温泉景区、四川省成都市海宁城商贸旅游区、贵州省贵阳市红枫湖旅游景区10家4A级旅游景区等级。

10个城市荣膺中国旅游休闲示范城市

8月3日

按照"旅游休闲功能突出、旅游休闲产业完善、旅游休闲环境和谐"等标准，苏州、武汉、杭州、成都、大连、厦门、银川、宁波、无锡、珠海10个城市被评定为首批"中国旅游休闲示范城市"。

《2017全域旅游发展报告》发布

8月3日

原国家旅游局发布《2017年全域旅游发展报告》对全域旅游进行了阶段性总结。

西藏自治区2家景区晋升5A级旅游景区

8月28日

全国旅游资源规划开发质量评定委员会评定西藏自治区林芝巴松措景区、日喀则扎什伦布寺2家景区为5A级旅游景区。

10家景区获评首批国家湿地旅游示范基地

9月8日

全国旅游资源规划开发质量评定委员会推出首批10家国家湿地旅游示范基地，包括四川省邛海泸山景区、黑龙江省扎龙生态旅游区、江西省东鄱阳湖湿地景区、内蒙古自治区敕勒川草原旅游区、西藏自治区拉鲁湿地旅游区、江苏省潘安湖景区、辽宁省盘锦红海滩景区、上海市东滩湿地旅游区、山东省泃淀湖景区、浙江省西溪湿地旅游区。

《导游管理办法》发布

11月1日

原国家旅游局第44号令发布《导游管理办法》，自2018年1月1日起施行，《导游管理办法》成为导游人员在新时代履职、发展的重要规范。

012
2017
中国旅游景区
发展报告
CHINA TOURIST
ATTRACTION
DEVELOPMENT
REPORT 2017

10 个国家工业旅游示范基地名单公布

11 月 21 日

全国旅游资源规划开发质量评定委员会推出 10 个国家工业旅游示范基地，分别为山东省烟台张裕葡萄酒文化旅游区、江苏省苏州隆力奇养生小镇、福建省漳州片仔癀中药工业园、内蒙古自治区伊利集团·乳都科技示范园、云南省天士力帝泊洱生物茶谷、山西省汾酒文化景区、新疆生产建设兵团伊帕尔汗薰衣草观光园景区、黑龙江省齐齐哈尔市中国一重工业旅游区、辽宁省大连市海盐世界公园、安徽省合肥市荣事达工业旅游基地。

《景区游客高峰时段应对规范》等四项行业标准发布

12 月 21 日

原国家旅游局发布《景区游客高峰时段应对规范》（LB/T 068—2017）、《旅行社在线经营与服务规范》（LB/T 069—2017）、《温泉旅游企业星级划分与评定》（LB/T 016—2017）、《温泉旅游泉质等级划分》（LB/T 070—2017）四项行业标准，自 2018 年 5 月 1 日起实施。

10 个国家工业遗产旅游基地名单公布

11 月 21 日

全国旅游资源规划开发质量评定委员会推出 10 个公家工业遗产旅游基地，分别为湖北省黄石国家矿山公园、河北省唐山市开滦国家矿山公园、吉林省长春长影旧址博物馆、上海国际时尚中心、浙江省新昌达利丝绸世界旅游景区、江西省萍乡市安源景区、湖南省株洲市醴陵瓷谷、广西壮族自治区柳州工业博物馆、四川省成都市东郊记忆景区、贵州省仁怀市"茅酒之源"旅游景区。

长沙橘子洲景区恢复 5A 级旅游景区称号

12 月 18 日

全国旅游资源规划开发质量评定委员会组织专家组复核，恢复橘子洲景区国家 5A 级旅游景区质量等级。

（二）公众大事记

"田园综合体"被写入中央一号文件

2月25日

田园综合体是以生态农业、旅游、产业集群、生活方式为园区的发展模式，强调新型产业的综合价值，涵盖农业生产交易、乡村旅游休闲度假、田园娱乐体验、田园生态享乐居住等复合功能。2017年中央一号文件提出：支持有条件的乡村建设以农民合作社为主要载体、让农民充分参与和受益，集循环农业、创意农业、农事体验于一体的田园综合体，通过农业综合开发、农村综合改革转移支付等渠道开展试点示范。深入实施农村产业融合发展试点示范工程，支持建设一批农村产业融合发展示范园。

故宫景区"故宫社区"APP正式发布

5月18日

故宫发布"故宫社区"APP，其整合了包括故宫资讯、导览、建筑、藏品、展览、学术、文创在内的10余类故宫文化资源与服务形态。是一个全新形态的博物馆APP。

天目湖景区IPO申请获批

7月31日

中国证监会主板发行审核委员会公开审核通过江苏天目湖旅游股份有限公司（简称天目湖）的IPO申请。天目湖正式登陆主板，当日涨幅44%。天目湖在经营思路上突破了中国景区对门票经济模式的依赖，收入构成由原来依靠门票收入转向依靠游船、索道、缆车、奇石馆等二次消费收入为主。

九寨沟县九寨沟景区因地震导致部分游客被困

8月08日

8月8日，四川省阿坝州九寨沟县发生7.0级地震，导致该县九寨沟景区发生严重损毁，部分游客被困景区中。原国家旅游局第一时间依法启动应急机制，对处于险境的上万名旅游者成功进行救援。原国家旅游局凭借12301国家旅游服务热线平台，第一时间响应、发布信息，并积极与央视等国内著名媒体协作，安抚人心，发挥了国家旅游局旅游服务热线平台的独特作用。

黄河石林景区因地质灾害导致游客被困

8月12日

甘肃省黄河石林景区遭遇阵性强降雨天气，受暴洪影响，296名游客被困沟中。景泰县委、县政府立即启动应急预案，成功组织救援，受灾游客分批撤离，无人员伤亡。

014
2017
中国旅游景区
发展报告
CHINA TOURIST
ATTRACTION
DEVELOPMENT
REPORT 2017

八达岭野生动物园发生黑熊袭人事件

8月21日

继 2016 年 11 月 18 日发生老虎袭人事件后，北京市八达岭野生动物园再次发生自驾车游客在猛兽区擅自开窗，导致游客左臂被黑熊咬伤事件。

12月29日

"雪乡宰客"引发热议

一游客在微信平台发文称《雪乡的雪再白也掩盖不掉纯黑的人心！别再去雪乡了！》，雪乡因"坐地起价"的价格欺诈行为引起社会公众的广泛关注。

三、景区发展展望

党的十九大报告指出，"中国特色社会主义进入新时代，我国社会主要矛盾已经转化为人民日益增长的美好生活需要和不平衡不充分的发展之间的矛盾。"旅游业是幸福产业，我国已进入大众旅游时代，现阶段的社会主要矛盾为旅游业发展提供了新机遇、新方向，同时也提出了新使命和新要求。随着供给侧结构性改革的深化，创新驱动、优化营商环境、保障和改善民生等重大政策的出台，旅游景区将迎来前所未有的发展良机。

一是旅游景区的文化属性将更加凸显。随着人民日益增长的美好生活需要，旅游景区作为自然与文化的重要承载体之一，其文化传承与环境教育功能将进一步增强，文化与旅游融合进一步深化，旅游景区的文化属性日益凸显。同时，随着入境旅游的发展，旅游景区的国家形象和中华文化的展示作用增强。

二是旅游景区正步入品质发展新阶段。我国已跨过"走马观花"式的观光旅游阶段，国民旅游消费的内涵、形式及需求特征发生转变，文化体验型、科普研学型景区将迎来更大的发展机遇，自然和人文资源景区的文化和科学价值将进一步被挖掘。作为一个"生产、生活、生态"一体的空间单元，旅游景区是践行"绿水青山就是金山银山"理论的重要形式，生态环境更友好、人与自然更和谐、设施服务更优秀是旅游景区供给侧结构性改革的重要内容，也是提高游客满意度，改善经营效益，塑造服务品牌，提升景区核心竞争力的必由之路。

三是旅游景区建设投资加速市场化。随着我国经济转型和消费升级，景区的相对投资回报水平提高，投资安全性改善，持续受到社会资本的青睐，景区的投资主体已由政府主导转向市场主导，景区建设投资市场化程度不断提升。同时，景区投资额度大、回收期长、专业性强，使得景区建设日趋大型化和区域化，管理上日趋标准化和专业化，景区开发建设的资金与技术门槛不断提高，景区投资规模化、集团化、专业化趋势加速。

四是旅游景区监管体系逐步立体化。随着我国机构改革的推进，行政监管制度不断完善。行业组织不断壮大成熟，行业自我服务、自我组织和自我约束力能力逐渐增强。旅游消费规模持续扩大，国民旅游出行频次持续增长，旅游景区的社会关注度不断提升，媒体和公众的监管更广泛便捷。旅游景区监管体系逐步立体化、常态化、高效化。

016
2017
中国旅游景区
发展报告
CHINA TOURIST
ATTRACTION
DEVELOPMENT
REPORT 2017

2017 年中国 A 级旅游景区统计报告

一、总体情况

（一）A 级旅游景区数量统计

1. 全国 A 级旅游景区数量情况

截至 2017 年年底，全国 A 级旅游景区数量达到 10806 家，较上年新增 982 家，增长 10.00%。其中 3A 级旅游景区数量最多，为 4815 家；其次是 4A 和 2A 级旅游景区，分别为 3272 家和 2358 家；1A 和 5A 级旅游景区数量相对较少，分别为 111 家和 250 家（表 1-1-1）。

表 1-1-1　2016 ~ 2017 年全国 A 级旅游景区数量统计

景区等级	2016 年景区数量（家）	2017 年景区数量（家）	增量（家）	增长率（%）
5A 级旅游景区	227	250	23	10.13
4A 级旅游景区	3034	3272	238	7.84
3A 级旅游景区	4112	4815	703	17.10
2A 级旅游景区	2346	2358	12	0.51
1A 级旅游景区	105	111	6	5.71
合　计	9824	10806	982	10.00

其中，纳入景区管理系统的 A 级旅游景区数量共计 9450 家，较上年增加 791 家，增长 9.14%（表 1-1-2）。

表 1-1-2　2016 ~ 2017 年全国 A 级旅游景区数量统计（数据库纳入数据统计景区）

景区等级	2016 年			2017 年		
	景区数量（家）	增量（家）	增长率（%）	景区数量（家）	增量（家）	增长率（%）
5A 级旅游景区	227	15	7.08	246	19	8.37
4A 级旅游景区	2820	240	9.30	3021	201	7.13
3A 级旅游景区	3493	475	15.74	4077	584	16.72
2A 级旅游景区	2029	-18	-0.88	2025	-4	-0.20
1A 级旅游景区	90	-4	-4.26	81	-9	-10.00

018
2017
中国旅游景区
发展报告
CHINA TOURIST
ATTRACTION
DEVELOPMENT
REPORT 2017

景区等级	2016 年			2017 年		
	景区数量（家）	增量（家）	增长率（%）	景区数量（家）	增量（家）	增长率（%）
合 计	8659	708	8.90	9450	791	9.14

2. 分区域 A 级旅游景区数量情况

2017 年，华东地区 A 级旅游景区数量最多，为 3824 家；其次是中南地区和西南地区，分别为 1988 家和 1316 家；东北地区 A 级旅游景区数量最少，为 1102 家（表 1-1-3）。

表 1-1-3　2016 ~ 2017 年全国 A 级旅游景区数量分区统计

地区	2016 年		2017 年			
	数量（家）	比重（%）	数量（家）	增量（家）	增长率（%）	比重（%）
华北	1226	12.48	1307	81	6.61	12.09
东北	1048	10.67	1102	54	5.15	10.20
华东	3440	35.02	3824	384	11.16	35.39
中南	1805	18.37	1988	183	10.14	18.40
西南	1162	11.83	1316	154	13.25	12.18
西北	1143	11.63	1269	126	11.02	11.74
合计	9824	100.00	10806	982	10.00	100.00

其中，华东地区纳入景区管理系统的 A 级旅游景区数量最多，为 3187 家，占全国 A 级旅游景区总数的 33.72%；其次是中南地区和西南地区，分别为 1906 家和 1200 家，占比分别为 20.17% 和 12.70%（表 1-1-4）。

表 1-1-4　2016 ~ 2017 年全国 A 级旅游景区数量分区统计（数据库纳入数据统计景区）

地区	2016 年		2017 年			
	数量（家）	比重（%）	数量（家）	增量（家）	增长率（%）	比重（%）
华北	1064	12.29	1096	32	3.01	11.60
东北	895	10.34	955	60	6.70	10.11

地区	2016 年		2017 年			
	数量（家）	比重（%）	数量（家）	增量（家）	增长率（%）	比重（%）
华东	2994	34.58	3187	193	6.45	33.72
中南	1683	19.44	1906	223	13.25	20.17
西南	1020	11.77	1200	180	17.65	12.70
西北	1003	11.58	1106	103	10.27	11.70
合计	8659	100.00	9450	791	9.14	100.00

与上年相比，所有区域景区数量均呈现不同程度的增长。其中，西南地区增长最快，增长 17.65%；其次是中南地区和西北地区，分别增长 13.25% 和 10.27%；华北地区增长最慢，为 3.01%（图 1-1-1）。

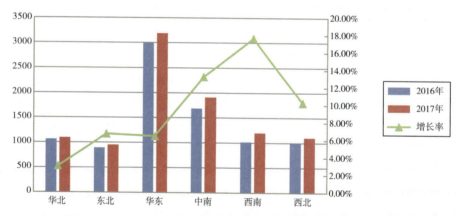

图 1-1-1　2016 ~ 2017 年全国 A 级旅游景区数量分区统计（单位：家）

3. 分省 A 级旅游景区数量情况

2017 年，山东省 A 级旅游景区数量最多，为 1173 家，占全国 A 级旅游景区总数的 10.86%；其次是浙江省和江苏省，分别为 700 家和 630 家，分别占全国 A 级旅游景区总数的 6.48% 和 5.83%。海南省 A 级旅游景区数量最少，为 54 家，占全国 A 级旅游景区总数的 0.50%（表 1-1-5）。

表 1-1-5　2016 ～ 2017 年全国 A 级旅游景区数量分省统计

省级行政区	2016 年		2017 年			
	数量（家）	比重（%）	数量（家）	增量（家）	增长率（%）	比重（%）
北京市	243	2.47	250	7	2.88	2.31
天津市	112	1.14	108	-4	-3.57	1.00
河北省	365	3.72	403	38	10.41	3.73
山西省	155	1.58	172	17	10.97	1.59
内蒙古自治区	351	3.57	374	23	6.55	3.46
辽宁省	408	4.15	454	46	11.27	4.20
吉林省	243	2.47	238	-5	-2.06	2.20
黑龙江省	397	4.04	410	13	3.27	3.79
上海市	97	0.99	99	2	2.06	0.92
江苏省	638	6.49	630	-8	-1.25	5.83
浙江省	572	5.82	700	128	22.38	6.48
安徽省	556	5.66	586	30	5.40	5.42
福建省	215	2.19	280	65	30.23	2.59
江西省	308	3.13	356	48	15.58	3.29
山东省	1054	10.73	1173	119	11.29	10.86
河南省	385	3.92	412	27	7.01	3.81
湖北省	369	3.76	371	2	0.54	3.43
湖南省	331	3.37	389	58	17.52	3.60
广东省	315	3.21	340	25	7.94	3.15
广西壮族自治区	352	3.58	422	70	19.89	3.91
海南省	53	0.54	54	1	1.89	0.50
重庆市	214	2.18	223	9	4.21	2.06
四川省	425	4.33	492	67	15.76	4.55
贵州省	177	1.80	255	78	44.07	2.36
云南省	233	2.37	231	-2	-0.86	2.14
西藏自治区	113	1.15	115	2	1.77	1.06
陕西省	337	3.43	418	81	24.04	3.87
甘肃省	260	2.65	274	14	5.38	2.54
青海省	106	1.08	109	3	2.83	1.01

省级行政区	2016 年		2017 年			
	数量（家）	比重（%）	数量（家）	增量（家）	增长率（%）	比重（%）
宁夏回族自治区	71	0.72	73	2	2.82	0.68
新疆维吾尔自治区	317	3.23	340	23	7.26	3.15
新疆生产建设兵团	52	0.53	55	3	5.77	0.51
合　计	9824	100.00	10807	983	10.01	100.00

其中，山东省纳入景区管理系统的 A 级旅游景区数量最多，为 986 家，占全国 A 级旅游景区总数的 10.43%；其次是江苏省和浙江省，分别为 628 家和 577 家，占比分别为 6.65% 和 6.11%；西藏自治区最少，为 49，占比为 0.52%（表 1-1-6）。

表 1-1-6　2016 ~ 2017 年全国 A 级旅游景区数量分省统计（数据库纳入数据统计景区）

省级行政区	2016 年		2017 年			
	数量（家）	比重（%）	数量（家）	增量（家）	增长率（%）	比重（%）
北京市	193	2.23	182	-11	-5.70	1.93
天津市	101	1.17	100	-1	-0.99	1.06
河北省	339	3.92	364	25	7.37	3.85
山西省	143	1.65	139	-4	-2.80	1.47
内蒙古自治区	288	3.33	311	23	7.99	3.29
辽宁省	309	3.57	365	56	18.12	3.86
吉林省	227	2.62	227	0	0.00	2.40
黑龙江省	359	4.15	363	4	1.11	3.84
上海市	96	1.11	98	2	2.08	1.04
江苏省	632	7.30	628	-4	-0.63	6.65
浙江省	490	5.66	577	87	17.76	6.11
安徽省	461	5.32	466	5	1.08	4.93
福建省	182	2.10	209	27	14.84	2.21
江西省	255	2.94	223	-32	-12.55	2.36
山东省	878	10.14	986	108	12.30	10.43

022
2017
中国旅游景区
发展报告
CHINA TOURIST
ATTRACTION
DEVELOPMENT
REPORT 2017

省级行政区	2016 年		2017 年			
	数量（家）	比重（%）	数量（家）	增量（家）	增长率（%）	比重（%）
河南省	368	4.25	408	40	10.87	4.32
湖北省	316	3.65	348	32	10.13	3.68
湖南省	290	3.35	386	96	33.10	4.08
广东省	309	3.57	336	27	8.74	3.56
广西壮族自治区	347	4.01	374	27	7.78	3.96
海南省	53	0.61	54	1	1.89	0.57
重庆市	210	2.43	214	4	1.90	2.26
四川省	354	4.08	484	130	36.72	5.12
贵州省	172	1.98	251	79	45.93	2.66
云南省	205	2.37	202	-3	-1.46	2.14
西藏自治区	79	0.91	49	-30	-37.97	0.52
陕西省	336	3.88	407	71	21.13	4.31
甘肃省	255	2.94	277	22	8.63	2.93
青海省	74	0.85	76	2	2.70	0.80
宁夏回族自治区	42	0.49	57	15	35.71	0.60
新疆维吾尔自治区	253	2.92	238	-15	-5.93	2.52
新疆生产建设兵团	43	0.50	51	8	18.60	0.54
合　计	8659	100.00	9450	791	9.14	100.00

与上年相比，贵州省 A 级旅游景区数量增长最快，增长 45.93%，高出全国平均增长水平 36.79 个百分点；其次是四川省和宁夏回族自治区，分别增长 36.72% 和 35.71%，分别高出全国平均增长水平 27.58 个和 26.57 个百分点。

（二）A 级旅游景区等级构成统计

1. 全国 A 级旅游景区等级情况

2017 年，全国 A 级旅游景区数量的等级结构继续保持"中间大，两头小"的纺锤形结构。其中，4A、3A 和 2A 级旅游景区数量占 A 级旅游景区总数的 96.54%。5A 和 1A 级旅游景区所占比重较小，占总数的 3.46%（表 1-2-1）。

表 1-2-1　2016 ～ 2017 年全国 A 级旅游景区数量构成分等级统计

景区等级	2016 年		2017 年	
	数量（家）	比重（%）	数量（家）	比重（%）
5A 级旅游景区	227	2.62	246	2.60
4A 级旅游景区	2820	32.57	3021	31.97
3A 级旅游景区	3493	40.34	4077	43.14
2A 级旅游景区	2029	23.43	2025	21.43
1A 级旅游景区	90	1.04	81	0.86
合　计	8659	100.00	9450	100.00

2. 分区域 A 级旅游景区等级情况

2017 年，华东地区 5A 级旅游景区数量最多，为 88 家，占全国 5A 级旅游景区总数的 35.77%；其次是中南地区和西南地区，分别为 60 家和 33 家，占比分别为 24.39% 和 13.42%。华东地区 4A 级旅游景区数量仍最多，为 948 家，占全国 4A 级旅游景区总数的 31.38%；其次是中南和西南地区，分别为 701 家和 457 家，占全国 4A 级旅游景区总数的 23.20% 和 15.13%。华东地区 3A 级旅游景区数量最多，为 1333 家，占全国 3A 级旅游景区总数的 32.70%；其次是中南和西北地区，分别为 938 家和 555 家，占比分别为 23.01% 和 13.61%（表 1-2-2、图 1-2-1）。

表 1-2-2　2017 年全国 A 级旅游景区数量分区统计

地　区	5A 级旅游景区		4A 级旅游景区		3A 级旅游景区		2A 级旅游景区		1A 级旅游景区		合　计
	数量（家）	占比（%）	数量（家）	占比（%）	数量（家）	占比（%）	数量（家）	占比（%）	数量（家）	占比（%）	数量（家）
华　北	19	7.72	381	12.61	387	9.49	305	15.06	4	4.94	1096
东　北	16	6.50	245	8.11	423	10.37	235	11.60	36	44.44	955
华　东	88	35.77	948	31.38	1333	32.70	814	40.20	4	4.94	3187
中　南	60	24.39	701	23.20	938	23.01	201	9.93	6	7.41	1906
西　南	33	13.42	457	15.13	441	10.82	248	12.25	21	25.92	1200
西　北	30	12.20	289	9.57	555	13.61	222	10.96	10	12.35	1106
合计	246	100.00	3021	100.00	4077	100.00	2025	100.00	81	100.00	9450

024
2017
中国旅游景区
发展报告
CHINA TOURIST
ATTRACTION
DEVELOPMENT
REPORT 2017

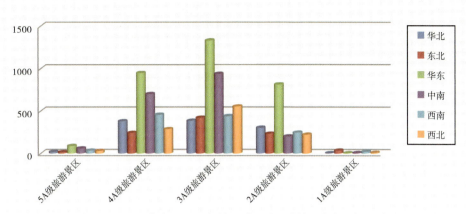

图 1-2-1　2017 年全国 A 级旅游景区数量分区分等级统计（单位：家）

3. 分省 A 级旅游景区等级情况

2017 年，江苏省 5A 级旅游景区数量最多，为 23 家，占全国 5A 级旅游景区总数的 9.35%；其次是河南省、浙江省和安徽省，分别为 17 家、16 家和 16 家，占比分别为 6.91%、6.50% 和 6.50%。

四川省 4A 级旅游景区数量最多，为 210 家，占全国 4A 级旅游景区总数的 6.95%；其次是山东省和江苏省，分别为 191 家和 190 家，占比分别为 6.32% 和 6.29%。

山东省 3A 级旅游景区数量最多，为 458 家，占全国 3A 级旅游景区总数的 11.23%；其次是陕西省和湖南省，分别为 251 家和 248 家，占比分别为 6.16% 和 6.08%（表 1-2-3）。

表 1-2-3　2017 年全国 A 级旅游景区数量分省统计

省级行政区	5A 级旅游景区		4A 级旅游景区		3A 级旅游景区		2A 级旅游景区		1A 级旅游景区	
	数量（家）	占比（%）	数量（家）	占比（%）	数量（家）	占比（%）	数量（家）	占比（%）	数量（家）	占比（%）
北京市	3	1.22	62	2.05	86	2.11	29	1.43	2	2.47
天津市	2	0.81	31	1.03	47	1.15	20	0.99	0	0.00
河北省	5	2.03	117	3.87	109	2.67	132	6.52	1	1.24
山西省	6	2.44	76	2.52	42	1.03	15	0.74	0	0.00
内蒙古自治区	3	1.22	95	3.14	103	2.53	109	5.38	1	1.24

省级行政区	5A 级旅游景区		4A 级旅游景区		3A 级旅游景区		2A 级旅游景区		1A 级旅游景区	
	数量（家）	占比（%）	数量（家）	占比（%）	数量（家）	占比（%）	数量（家）	占比（%）	数量（家）	占比（%）
辽宁省	5	2.03	104	3.44	199	4.88	49	2.42	8	9.88
吉林省	6	2.44	57	1.89	87	2.13	63	3.11	14	17.28
黑龙江省	5	2.03	84	2.78	137	3.36	123	6.07	14	17.28
上海市	3	1.22	49	1.62	46	1.13	0	0.00	0	0.00
江苏省	23	9.35	190	6.29	224	5.49	191	9.43	0	0.00
浙江省	16	6.50	180	5.96	240	5.89	140	6.91	1	1.24
安徽省	16	6.50	161	5.33	169	4.15	120	5.93	0	0.00
福建省	10	4.07	88	2.91	97	2.38	14	0.69	0	0.00
江西省	7	2.85	89	2.95	99	2.43	28	1.38	0	0.00
山东省	13	5.28	191	6.32	458	11.23	321	15.85	3	3.70
河南省	17	6.91	143	4.73	161	3.95	86	4.25	1	1.23
湖北省	11	4.47	112	3.71	170	4.17	51	2.52	4	4.94
湖南省	9	3.66	99	3.28	248	6.08	29	1.43	1	1.23
广东省	12	4.88	172	5.69	136	3.34	16	0.79	0	0.00
广西壮族自治区	5	2.03	158	5.23	196	4.81	15	0.74	0	0.00
海南省	6	2.44	17	0.56	27	0.66	4	0.20	0	0.00
重庆市	8	3.25	80	2.65	74	1.81	50	2.47	2	2.47
四川省	12	4.88	210	6.95	150	3.68	110	5.43	2	2.47
贵州省	5	2.03	92	3.05	139	3.41	15	0.74	0	0.00
云南省	8	3.25	69	2.28	55	1.35	65	3.21	5	6.17
西藏自治区	0	0.00	6	0.20	23	0.56	8	0.40	12	14.81
陕西省	7	2.85	102	3.38	251	6.16	45	2.22	2	2.47
甘肃省	4	1.63	81	2.68	109	2.67	81	4.00	2	2.47
青海省	3	1.22	16	0.53	50	1.23	7	0.35	0	0.00
宁夏回族自治区	4	1.63	14	0.46	26	0.64	13	0.64	0	0.00
新疆维吾尔自治区	11	4.47	60	1.99	90	2.21	71	3.51	6	7.41
新疆生产建设兵团	1	0.41	16	0.53	29	0.71	5	0.25	0	0.00
合　计	246	100.00	3021	100.00	4077	100.00	2025	100.00	81	100.00

026
2017
中国旅游景区
发展报告
CHINA TOURIST
ATTRACTION
DEVELOPMENT
REPORT 2017

（三）A 级旅游景区类型构成统计

1. 全国 A 级旅游景区类型构成情况

2017 年，将全国 A 级旅游景区类型重新划分为自然景观类、历史文化类、休闲娱乐类和其他类 4 个大类。其中，自然景观大类包含森林景观类、河湖湿地类和地质遗迹类 3 个亚类；历史文化大类包含古村古镇类、文化遗迹类、文博院馆类、红色旅游类和宗教文化类 5 个亚类；休闲娱乐大类包含主题游乐类、度假休闲类、乡村旅游类、城市公园类和商贸旅游类 5 个亚类。

表 1-3-1 2017 年全国 A 级旅游景区数量分类型统计

景区大类	数量（家）	比重（%）	景区亚类	数量（家）	比重（%）
自然景观类	2503	26.48	森林景观	1097	11.61
			河湖湿地	675	7.14
			地质遗迹	731	7.73
历史文化类	2914	30.84	古村古镇	356	3.77
			文化遗迹	942	9.97
			文博院馆	698	7.39
			红色旅游	471	4.98
			宗教文化	447	4.73
休闲娱乐类	3480	36.83	主题游乐	439	4.65
			度假休闲	1616	17.10
			乡村旅游	1122	11.87
			城市公园	186	1.97
			商贸旅游	117	1.24
其他类	553	5.85	其他	553	5.85
合　计	9450	100.00	合计	9450	100.00

从景区大类来看，休闲娱乐类景区数量最多，为 3480 家，占 A 级旅游景区总数的 36.83%；其次是历史文化类和自然景观类，分别为 2914 家和 2503 家，占比分别为 30.84% 和 26.48%。

从景区亚类来看，度假休闲类景区数量最多，为1616家，占A级旅游景区总数的17.10%；其次是乡村旅游类和森林景观类，分别为1122家和1097家，占比分别为11.87%和11.61%；商贸旅游类景区数量最少，为117家，占比为1.24%（表1-3-1）。

2. 分区域A级旅游景区类型构成情况

从景区大类来看，休闲娱乐类、历史文化类和自然景观类旅游景区数量最多的地区均为华东地区，分别为1251家、977家和769家，分别占全国A级旅游景区总数的13.24%、10.34%和8.14%（表1-3-2）。

表1-3-2 2017年全国A级旅游景区数量分大类分区统计（单位：家）

景区大类	华 北	东 北	华 东	中 南	西 南	西 北	合 计
自然景观类	256	291	769	560	312	315	2503
历史文化类	380	210	977	599	352	396	2914
休闲娱乐类	379	398	1251	638	486	328	3480
其他类	81	56	190	109	50	67	553
合 计	1096	955	3187	1906	1200	1106	9450

从景区亚类来看，度假休闲类、乡村旅游类和森林景观类A级旅游景区数量较多。其中，度假休闲类、乡村旅游类和森林景观类A级旅游景区数量都是华东地区最多，分别为495家、473家和313家，分别占全国A级旅游景区总数的5.24%、5.01%和3.31%（表1-3-3、图1-3-1）。

表1-3-3 2017年全国A级旅游景区数量分亚类分区统计（单位：家）

景区大类	景区亚类	华 北	东 北	华 东	中 南	西 南	西 北	合 计
自然景观类	森林景观	104	170	313	227	133	150	1097
	河湖湿地	62	78	239	140	80	76	675
	地质遗迹	90	43	217	193	99	89	731
历史文化类	古村古镇	25	7	111	71	85	57	356
	文化遗迹	120	55	335	213	104	115	942

028
2017
中国旅游景区
发展报告
CHINA TOURIST
ATTRACTION
DEVELOPMENT
REPORT 2017

景区大类	景区亚类	华 北	东 北	华 东	中 南	西 南	西 北	合 计
历史文化类	文博院馆	109	81	228	135	51	94	698
	红色旅游	49	36	171	106	47	62	471
	宗教文化	77	31	132	74	65	68	447
休闲娱乐类	主题游乐	43	34	171	111	34	46	439
	度假休闲	205	232	495	327	186	171	1616
	乡村旅游	87	96	473	156	241	69	1122
	城市公园	28	23	70	25	16	24	186
	商贸旅游	16	13	42	19	9	18	117
其他类	其 他	81	56	190	109	50	67	553
合 计		1096	955	3187	1906	1200	1106	9450

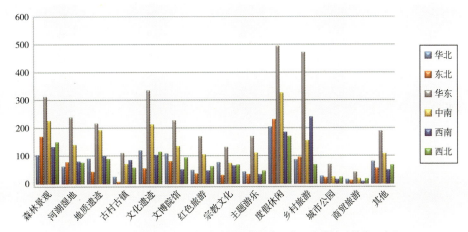

图 1-3-1 2017 年全国 A 级旅游景区数量分区分亚类统计（单位：家）

3. 分省 A 级旅游景区类型构成情况

从景区大类来看，2017 年，山东省自然景观类景区数量最多，为 210 家，占全国自然景观类 A 级旅游景区总数的 8.39%；其次是浙江省和江苏省，分别为 164 家和 145 家，分别占全国自然景观类 A 级旅游景区总数的 6.55% 和 5.79%。

江苏省历史文化类景区数量最多，为 268 家，占全国历史文化类 A 级旅游景区总数的 9.20%；其次是山东省和安徽省，分别为 239 家和 176 家，分别占全国历史文化类 A 级旅游景区总数的 8.20% 和 6.04%。

山东省休闲娱乐类景区数量最多，为 470 家，占全国休闲娱乐类 A 级旅游景区总数的 13.51%；其次是浙江省和四川省，分别为 246 家和 217 家，分别占全国休闲娱乐类 A 级旅游景区总数的 7.07% 和 6.24%（表 1-3-4）。

表 1-3-4　2017 年全国 A 级旅游景区数量分大类分省统计

省级行政区	自然景观类（家）	比重（%）	历史文化类（家）	比重（%）	休闲娱乐类（家）	比重（%）	其他（家）	比重（%）
北京市	54	2.16	56	1.92	62	1.78	10	1.81
天津市	9	0.36	40	1.37	43	1.24	8	1.45
河北省	90	3.60	111	3.81	132	3.79	31	5.61
山西省	35	1.40	67	2.30	26	0.75	11	1.99
内蒙古自治区	68	2.72	106	3.64	116	3.33	21	3.80
辽宁省	112	4.47	97	3.33	142	4.08	14	2.53
吉林省	73	2.92	46	1.58	94	2.70	14	2.53
黑龙江省	106	4.23	67	2.30	162	4.66	28	5.06
上海市	7	0.28	27	0.93	55	1.58	9	1.63
江苏省	145	5.79	268	9.20	180	5.17	35	6.33
浙江省	164	6.55	136	4.67	246	7.07	31	5.61
安徽省	127	5.07	176	6.04	140	4.02	23	4.16
福建省	66	2.64	60	2.06	72	2.07	11	1.99
江西省	50	2.00	71	2.44	88	2.53	14	2.53
山东省	210	8.39	239	8.20	470	13.51	67	12.12
河南省	121	4.83	170	5.83	96	2.76	21	3.80
湖北省	116	4.63	118	4.05	99	2.85	15	2.71
湖南省	109	4.35	131	4.50	127	3.65	19	3.44
广东省	68	2.72	80	2.74	156	4.48	32	5.79
广西壮族自治区	125	4.99	92	3.16	140	4.02	17	3.07
海南省	21	0.84	8	0.27	20	0.57	5	0.90
重庆市	50	2.00	65	2.23	88	2.53	11	1.99
四川省	107	4.27	135	4.63	217	6.24	25	4.52
贵州省	72	2.88	49	1.68	123	3.53	7	1.26
云南省	76	3.04	63	2.16	56	1.61	7	1.26

030
2017
中国旅游景区
发展报告
CHINA TOURIST
ATTRACTION
DEVELOPMENT
REPORT 2017

省级行政区	自然景观类（家）	比重（％）	历史文化类（家）	比重（％）	休闲娱乐类（家）	比重（％）	其他（家）	比重（％）
西藏自治区	7	0.28	40	1.37	2	0.06	0	0.00
陕西省	95	3.79	175	6.01	116	3.33	21	3.80
甘肃省	78	3.12	100	3.43	89	2.56	10	1.81
青海省	26	1.04	38	1.30	12	0.35	0	0.00
宁夏回族自治区	18	0.72	17	0.58	15	0.43	7	1.26
新疆维吾尔自治区	84	3.36	55	1.89	76	2.18	23	4.16
新疆生产建设兵团	14	0.56	11	0.38	20	0.57	6	1.08
合　计	2503	100.00	2914	100.00	3480	100.00	553	100.00

从景区亚类来看，森林景观类、度假休闲类和乡村旅游类 A 级旅游景区数量较多。其中，山东省森林景观类景区数量最多，为 90 家，占全国森林景观类总数的 8.20%；其次是辽宁省和江苏省，分别为 68 家和 66 家，分别占全国森林景观类总数的 6.20% 和 6.02%。

山东省度假休闲类景区数量也是最多，为 187 家，占全国度假休闲类景区总数的 11.57%；其次是内蒙古自治区、黑龙江省和广东省，分别为 98 家、96 家和 96 家，分别占全国度假休闲类景区总数的 6.06%、5.94% 和 5.94%。

山东省乡村旅游类景区数量也是最多，为 182 家，占全国乡村旅游类景区总数的 16.22%；其次是四川省和浙江省，分别为 132 家和 120 家，分别占全国乡村旅游类景区总数的 11.76% 和 10.70%（表 1-3-5）。

表 1-3-5　2017 年全国 A 级旅游景区数量分亚类分省统计（单位：家）

省级行政区	森林景观	河湖湿地	地质遗迹	古村古镇	文化遗迹	文博院馆	红色旅游	宗教文化	主题游乐	度假休闲	乡村旅游	城市公园	商贸旅游	其他	合计
北京市	12	15	27	2	26	17	3	8	14	16	11	19	2	10	182
天津市	5	2	4	4	6	21	4	5	9	17	11	3	3	8	100
河北省	41	16	33	11	40	21	20	19	11	60	49	4	8	31	364
山西省	15	11	9	6	27	10	7	17	2	14	9	0	1	11	139

省级行政区	森林景观	河湖湿地	地质遗迹	古村古镇	文化遗迹	文博院馆	红色旅游	宗教文化	主题游乐	度假休闲	乡村旅游	城市公园	商贸旅游	其他	合计
内蒙古自治区	31	18	19	2	21	40	15	28	7	98	7	2	2	21	311
辽宁省	68	22	22	5	30	30	12	20	13	79	38	3	9	14	365
吉林省	45	20	8	1	14	20	7	4	3	57	25	8	1	14	227
黑龙江省	57	36	13	1	11	31	17	7	18	96	33	12	3	28	363
上海市	5	2	0	7	7	10	2	1	11	14	23	7	0	9	98
江苏省	66	65	14	19	83	66	53	47	27	60	50	33	10	35	628
浙江省	65	44	55	30	47	32	15	12	32	80	120	5	9	31	577
安徽省	41	40	46	21	61	37	37	20	12	74	45	6	3	23	466
福建省	24	12	30	10	25	13	7	5	10	38	19	3	2	11	209
江西省	22	6	22	6	30	6	27	2	10	42	34	1	1	14	223
山东省	90	70	50	18	82	64	30	45	69	187	182	15	17	67	986
河南省	51	20	50	11	58	43	26	32	23	42	25	4	2	21	408
湖北省	47	33	36	11	40	26	26	15	15	48	32	2	2	15	348
湖南省	46	21	42	24	41	23	33	10	21	56	49	1	0	19	386
广东省	30	16	22	9	30	25	8	8	29	96	20	3	8	32	336
广西壮族自治区	42	44	39	15	38	18	12	9	18	75	27	13	7	17	374
海南省	11	6	4	1	6	0	1	0	5	10	3	2	0	5	54
重庆市	20	11	19	16	17	13	13	6	7	44	34	2	1	11	214
四川省	53	27	27	24	44	26	21	20	9	64	132	6	6	25	484
贵州省	29	20	23	16	16	3	11	3	7	52	60	3	1	7	251
云南省	30	19	27	22	22	9	2	8	11	24	15	5	1	7	202
西藏自治区	1	3	3	7	5	0	0	28	0	2	0	0	0	0	49
陕西省	44	25	26	24	49	57	25	20	19	53	38	4	2	21	407
甘肃省	38	12	28	14	35	13	13	25	8	55	13	10	3	10	277
青海省	13	7	6	7	7	5	2	17	2	8	1	1	0	0	76
宁夏回族自治区	5	9	4	1	7	5	2	2	3	7	0	1	4	7	57
新疆维吾尔自治区	45	17	22	11	17	13	12	2	14	34	13	8	7	23	238

032
2017
中国旅游景区
发展报告
CHINA TOURIST
ATTRACTION
DEVELOPMENT
REPORT 2017

省级行政区	森林景观	河湖湿地	地质遗迹	古村古镇	文化遗迹	文博院馆	红色旅游	宗教文化	主题游乐	度假休闲	乡村旅游	城市公园	商贸旅游	其他	合计
新疆生产建设兵团	5	6	3	0	0	1	8	2	0	14	4	0	2	6	51
合 计	1097	675	731	356	942	698	471	447	439	1616	1122	186	117	553	9450

（四）A 级旅游景区门票价格统计

1. 全国 A 级旅游景区门票价格情况

2017 年，全国 A 级旅游景区平均门票价格为 29 元。其中，5A 级旅游景区平均门票价格最高，为 96 元；其次是 4A 级和 3A 级旅游景区，平均门票价格分别为 50 元和 20 元；2A 级和 1A 级旅游景区平均门票价格较低，分别为 10 元和 6 元（表 1-4-1）。

表 1-4-1　2017 年全国 A 级旅游景区门票价格分等级统计

景区等级	门票价格总额（元）	景区数量（家）	平均门票价格（元）
5A 级旅游景区	23619	246	96
4A 级旅游景区	152478	3021	50
3A 级旅游景区	80051	4077	20
2A 级旅游景区	19436	2025	10
1A 级旅游景区	455	81	6
合 计	276039	9450	29

注：门票价格取整，此节均同。

2. 分区 A 级旅游景区门票价格情况

中南地区 A 级旅游景区平均门票价格为 38 元，高出全国 A 级旅游景区平均门票价格 9 元；华东地区 A 级旅游景区门票价格为 29 元，等于全国景区平均门票价格水平；其他地区景区平均门票价格均低于全国 A 级旅游景区平均门票价格。其中，东北、西南、华北和西北地区 A 级旅游景区门票价格分别为 27 元、27 元、26 元和 20 元，分别低于全国 A 级旅游景区平均门票价格 2 元、2 元、3 元和 9 元（表 1-4-2）。

表1-4-2　2017年全国A级旅游景区门票价格分区统计

地　区	门票价格总额（元）	景区数量（家）	平均门票价格（元）
华　北	28930	1096	26
东　北	25652	955	27
华　东	93691	3187	29
中　南	73205	1906	38
西　南	32226	1200	27
西　北	22335	1106	20
合　计	276039	9450	29

3. 分省A级旅游景区门票价格情况

海南省、山西省和江西省等16个省（市、自治区）的A级旅游景区平均门票价格均超过全国平均门票价格水平。其中，海南省A级旅游景区平均门票价格最高，为53元，高出全国A级旅游景区平均门票价格24元；其次是山西省和江西省，分别为45元和44元，分别高出全国A级旅游景区平均门票价格16元和15元。

新疆生产建设兵团和青海省、甘肃省A级旅游景区平均门票价格均低于全国平均门票价格水平，分别为13元、14元和14元，分别低于全国水平16元、15元和15元（表1-4-3）。

表1-4-3　2017年全国A级旅游景区门票价格分省统计

省级行政区	门票价格总额（元）	景区数量（家）	平均门票价格（元）
北京市	2816	182	15
天津市	3057	100	31
河北省	10892	364	30
山西省	6228	139	45
内蒙古自治区	5937	311	19
辽宁省	12423	365	34
吉林省	6080	227	27
黑龙江省	7149	363	20
上海市	3631	98	37

034
2017
中国旅游景区
发展报告
CHINA TOURIST
ATTRACTION
DEVELOPMENT
REPORT 2017

省级行政区	门票价格总额（元）	景区数量（家）	平均门票价格（元）
江苏省	13646	628	22
浙江省	21132	577	37
安徽省	12979	466	28
福建省	7518	209	36
江西省	9897	223	44
山东省	24888	986	25
河南省	13368	408	33
湖北省	13376	348	38
湖南省	15152	386	39
广东省	13218	336	39
广西壮族自治区	15250	374	41
海南省	2842	54	53
重庆市	5360	214	25
四川省	9937	484	21
贵州省	8161	251	33
云南省	7500	202	37
西藏自治区	1268	49	26
陕西省	10292	407	25
甘肃省	3822	277	14
青海省	1045	76	14
宁夏回族自治区	1641	57	29
新疆维吾尔自治区	4885	238	21
新疆生产建设兵团	649	51	13
合　计	276039	9450	29

4. 分类型 A 级旅游景区门票价格情况

从景区大类来看，自然景观类景区平均门票价格最高，为 40 元，高出全国 A 级旅游景区平均门票价格 11 元；其次是休闲娱乐类和历史文化类景区，分别为 31 元和 20 元。其中，休闲娱乐类景区平均门票价格高出全国 A 级旅游景区平均门票价格 2 元，历史文化类景区平均门票价格低于全国 A 级旅游景区平均门票价格 9 元。

从景区亚类来看，主题游乐类、地质遗迹类、森林景观类、度假休闲类、河湖湿地类、古村古镇类和文化遗迹类A级旅游景区平均门票价格超过全国平均水平，分别为67元、50元、37元、36元、33元、30元和30元，分别高出全国A级旅游景区平均门票价格38元、21元、8元、7元、4元、1元和1元。

商贸旅游类和城市公园类A级旅游景区平均门票价格较低，分别为4元和6元，分别低于全国A级旅游景区平均门票价格25元和23元。

表1-4-4 2017年全国A级旅游景区门票价格分类型统计

景区大类	门票价格总额（元）	景区数量（家）	平均门票价格（元）	景区亚类	门票价格总额（元）	景区数量（家）	平均门票价格（元）
自然景观类	99723	2503	40	森林景观	40533	1097	37
				河湖湿地	22533	675	33
				地质遗迹	36657	731	50
历史文化类	59630	2914	20	古村古镇	10528	356	30
				文化遗迹	28044	942	30
				文博院馆	9977	698	14
				红色旅游	3440	471	7
				宗教文化	7641	447	17
休闲娱乐类	106586	3480	31	主题游乐	29197	439	67
				度假休闲	57710	1616	36
				乡村旅游	18146	1122	16
				城市公园	1123	186	6
				商贸旅游	410	117	4
其他类	10100	553	18	其 他	10100	553	18
合 计	276039	9450	29	合 计	276039	9450	29

（五）A级旅游景区游客接待统计

1. 全国A级旅游景区游客接待情况

2017年，全国A级旅游景区游客接待量为53.95亿人次，较上年增加9.63亿人次，增长21.73%，平均游客接待量57.09万人次，较上年增加5.91万人次，增长11.55%。

036
2017
中国旅游景区
发展报告
CHINA TOURIST
ATTRACTION
DEVELOPMENT
REPORT 2017

从景区等级来看，4A级旅游景区游客接待量最多，为26.19亿人次，占比48.55%；其次是3A级和5A级旅游景区，分别为14.01亿人次和9.49亿人次，占比分别为25.97%和17.59%。1A级和2A级旅游景区游客接待量相对较少，分别为0.06亿人次和4.20亿人次，占比分别为0.11%和7.78%。

与上年相比，除1A级旅游景区游客接待量有所下降外，5A级、4A级、3A级和2A级旅游景区游客接待量均出现不同程度增长。其中，3A级旅游景区游客接待量增速最快，增长31.55%（表1-5-1、图1-5-1）。

表1-5-1　2016～2017年全国A级旅游景区游客接待量分等级统计

景区等级	2016年		2017年			
	接待量（亿人次）	比重（%）	接待量（亿人次）	比重（%）	增量（亿人次）	增长率（%）
5A级旅游景区	8.66	19.54	9.49	17.59	0.83	9.58
4A级旅游景区	21.15	47.72	26.19	48.55	5.04	23.83
3A级旅游景区	10.65	24.03	14.01	25.97	3.36	31.55
2A级旅游景区	3.79	8.55	4.20	7.78	0.41	10.82
1A级旅游景区	0.07	0.16	0.06	0.11	-0.01	-14.29
合　计	44.32	100.00	53.95	100.00	9.63	21.73

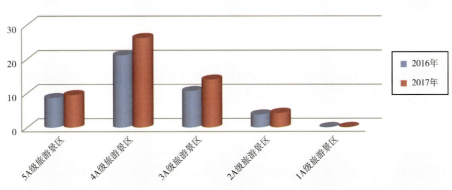

图1-5-1　2016～2017年全国A级旅游景区游客接待量分等级统计（单位：亿人次）

2017年，全国A级旅游景区平均游客接待量为57.09万人次，较上年增加5.91万人次，增长 11.55%。5A 级、4A 级旅游景区平均游客接待量均高于全国平均水平。其中，5A 级旅游景区平均游客接待量最大，为 385.79 万人次（表 1-5-2、图 1-5-2）。

表 1-5-2　2016 ～ 2017 年全国 A 级旅游景区游客平均接待量分等级统计

景区等级	2016 年	2017 年		
	平均接待量 （万人次）	平均接待量 （万人次）	增量 （万人次）	增长率 （%）
5A 级旅游景区	381.50	385.79	4.29	1.12
4A 级旅游景区	75.00	86.70	11.70	15.60
3A 级旅游景区	30.49	34.37	3.88	12.73
2A 级旅游景区	18.68	20.76	2.08	11.13
1A 级旅游景区	7.78	7.91	0.13	1.67
合　计	51.18	57.09	5.91	11.55

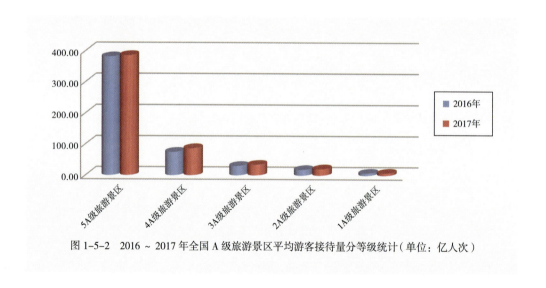

图 1-5-2　2016 ～ 2017 年全国 A 级旅游景区平均游客接待量分等级统计（单位：亿人次）

与上年相比，各 A 级旅游景区平均接待量均呈现增长态势。其中，4A 级旅游景区增长最快，增长 15.60%，5A 级旅游景区增长最慢，增长 1.12%。

2. 分区域 A 级旅游景区游客接待情况

全国 A 级旅游景区游客接待量继续呈现"南多北少"的特征。其中，华东地区 A 级旅游景区游客接待量最大，为 21.70 亿人次，占全国 A 级旅游景区游客接待总

量的 40.22%；其次是中南和西南地区，分别为 11.46 亿人次和 8.06 亿人次，占比分别为 21.24% 和 14.94%；东北地区 A 级旅游景区游客接待量最小，为 2.50 亿人次，占比为 4.64%。

与上年相比，6 个地区 A 级旅游景区游客接待量均呈增长态势，其中西北地区增速最快，为 33.16%；其次是中南地区和西南地区，增速分别为 26.91% 和 25.74%；华北地区增速最慢，为 13.39%（表 1-5-3、图 1-5-3）。

表 1-5-3　2016 ~ 2017 年全国 A 级旅游景区游客接待量分区统计

地　区	2016 年		2017 年			
	接待量（亿人次）	比重（%）	接待量（亿人次）	增量（亿人次）	增长率（%）	比重（%）
华　北	4.63	10.45	5.25	0.62	13.39	9.73
东　北	2.04	4.61	2.50	0.46	22.55	4.64
华　东	18.47	41.67	21.70	3.23	17.49	40.22
中　南	9.03	20.37	11.46	2.43	26.91	21.24
西　南	6.41	14.46	8.06	1.65	25.74	14.94
西　北	3.74	8.44	4.98	1.24	33.16	9.23
合　计	44.32	100.00	53.95	9.63	21.73	100.00

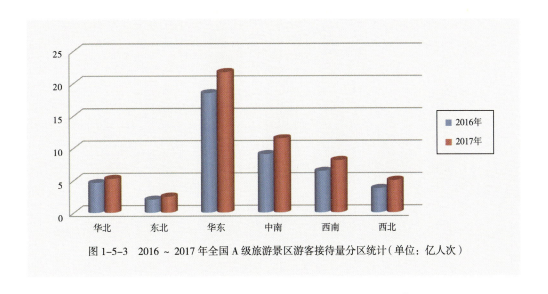

图 1-5-3　2016 ~ 2017 年全国 A 级旅游景区游客接待量分区统计（单位：亿人次）

华东地区 A 级旅游景区平均游客接待量最大，为 68.10 万人次；其次是西南和中南地区，分别 67.17 万人次和 60.14 万人次。东北地区 A 级旅游景区平均游客接待量最小，为 26.19 万人次。

与上年相比，西北地区平均游客接待量增速最快，为 20.78%；其次是东北和中南地区，增速分别 14.92% 和 12.10%；西南地区平均游客接待量增速最慢，为 6.89%（表 1-5-4、图 1-5-4）。

表 1-5-4　2016 ~ 2017 年全国 A 级旅游景区平均游客接待量分区统计

地　区	2016 年	2017 年		
	平均接待量（万人次）	平均接待量（万人次）	增量（万人次）	增长率（%）
华　北	43.52	47.94	4.42	10.16
东　北	22.79	26.19	3.40	14.92
华　东	61.69	68.10	6.41	10.39
中　南	53.65	60.14	6.49	12.10
西　南	62.84	67.17	4.33	6.89
西　北	37.29	45.04	7.75	20.78
合　计	51.18	57.09	5.91	11.55

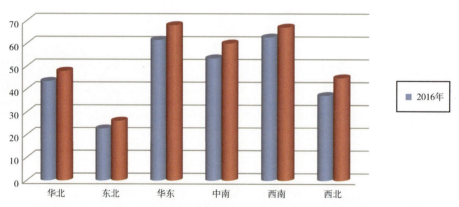

图 1-5-4　2016 ~ 2017 年全国 A 级旅游景区游客平均接待量分区统计（单位：万人次）

3. 分省 A 级旅游景区游客接待情况

A 级旅游景区游客接待量相对较大的三个省份是江苏省、山东省和浙江省，游

040
2017
中国旅游景区
发展报告
CHINA TOURIST
ATTRACTION
DEVELOPMENT
REPORT 2017

客接待量分别为 5.97 亿人次、4.87 亿人次和 4.17 亿人次，分别占全国 A 级旅游景区游客接待总量的 11.06%、9.03% 和 7.73%。新疆生产建设兵团和西藏自治区 A 级旅游景区游客接待量相对较小，分别为 0.06 亿人次和 0.08 亿人次，占比分别为 0.11% 和 0.15%。

除西藏自治区、山西省、云南省和江西省外，全国其他省级行政区域 A 级旅游景区游客接待量均呈增长态势。青海省、贵州省和天津市等 16 个省（市、区）A 级旅游景区游客接待量增速均超过全国 A 级旅游景区平均增速。其中，青海省增速最快，为 95.65%；其次是贵州省和天津市，增速分别为 65.67% 和 52.38%。

北京市、上海市和江苏省 A 级旅游景区平均游客接待量相对较大，分别为 118.68 万人次、103.06 万人次和 95.06 万人次；新疆生产建设兵团和西藏自治区 A 景区平均游客接待量相对较少，分别为 11.76 万人次和 16.33 万人次（表 1-5-5）。

表 1-5-5　2016 ~ 2017 年全国 A 级旅游景区游客接待量分省统计

省级行政区	2016 年接待量（亿人次）	2017 年接待量（亿人次）	增量（亿人次）	增长率（%）	比重（%）	景区数量（家）	平均接待量（万人次）
北京市	2.01	2.16	0.15	7.46	4.00	182	118.68
天津市	0.42	0.64	0.22	52.38	1.19	100	64.00
河北省	1.14	1.30	0.16	14.04	2.41	364	35.71
山西省	0.63	0.61	-0.02	-3.17	1.13	139	43.88
内蒙古自治区	0.44	0.54	0.10	22.73	1.00	311	17.36
辽宁省	1.05	1.33	0.28	26.67	2.47	365	36.44
吉林省	0.36	0.44	0.08	22.22	0.82	227	19.38
黑龙江	0.63	0.73	0.10	15.87	1.35	363	20.11
上海市	0.86	1.01	0.15	17.44	1.87	98	103.06
江苏省	5.14	5.97	0.83	16.15	11.06	628	95.06
浙江省	3.47	4.17	0.70	20.17	7.73	577	72.27
安徽省	2.29	2.61	0.32	13.97	4.84	466	56.01
福建省	1.21	1.52	0.31	25.62	2.82	209	72.73
江西省	1.60	1.54	-0.06	-3.75	2.85	223	69.06
山东省	3.89	4.87	0.98	25.19	9.03	986	49.39

省级行政区	2016年接待量（亿人次）	2017年接待量（亿人次）	增量（亿人次）	增长率（%）	比重（%）	景区数量（家）	平均接待量（万人次）
河南省	1.86	2.35	0.49	26.34	4.35	408	57.60
湖北省	1.44	1.78	0.34	23.61	3.30	348	51.15
湖南省	1.60	2.27	0.67	41.88	4.21	386	58.81
广东省	2.21	2.76	0.55	24.89	5.12	336	82.14
广西壮族自治区	1.50	1.80	0.30	20.00	3.34	374	48.13
海南省	0.42	0.50	0.08	19.05	0.93	54	92.59
重庆市	1.06	1.25	0.19	17.92	2.32	214	58.41
四川省	2.58	3.48	0.90	34.88	6.45	484	71.90
贵州省	1.34	2.22	0.88	65.67	4.11	251	88.45
云南省	1.04	1.03	-0.01	-0.96	1.91	202	50.99
西藏自治区	0.39	0.08	-0.31	-79.49	0.15	49	16.33
陕西省	1.89	2.59	0.70	37.04	4.80	407	63.64
甘肃省	0.91	1.06	0.15	16.48	1.96	277	38.27
青海省	0.23	0.45	0.22	95.65	0.83	76	59.21
宁夏回族自治区	0.18	0.22	0.04	22.22	0.41	57	38.60
新疆维吾尔自治区	0.48	0.61	0.13	27.08	1.13	238	25.63
新疆生产建设兵团	0.05	0.06	0.01	20.00	0.11	51	11.76
合　计	44.32	53.95	9.63	21.73	100.00	9450	57.09

4. 分类型A级旅游景区游客接待情况

从景区大类来看，休闲娱乐类A级旅游景区游客接待量最大，为18.07亿人次，占全国A级旅游景区游客接待总量的33.49%；其次是历史文化类和自然景观类A级旅游景区，分别为17.90亿人次和15.96亿人次，分别占全国A级旅游景区游客接待总量的33.19%和29.58%。

自然景观类A级旅游景区平均游客接待量最大，为63.76万人次；其次是历史文化类和休闲娱乐类A级旅游景区，分别为61.43万人次和51.93万人次。

042
2017
中国旅游景区
发展报告
CHINA TOURIST
ATTRACTION
DEVELOPMENT
REPORT 2017

表 1-5-6　2017 年全国 A 级旅游景区游客接待量分类型统计

景区大类	接待量（亿人次）	比重（%）	平均接待量（万人次）	景区亚类	接待量（亿人次）	比重（%）	景区数量（家）	平均接待量（万人次）
自然景观类	15.96	29.58	63.76	森林景观	6.42	11.90	1097	58.52
				河湖湿地	5.18	9.60	675	76.74
				地质遗迹	4.36	8.08	731	59.64
历史文化类	17.90	33.19	61.43	古村古镇	3.17	5.88	356	89.04
				文化遗迹	7.12	13.20	942	75.58
				文博院馆	2.48	4.60	698	35.53
				红色旅游	2.62	4.86	471	55.63
				宗教文化	2.51	4.65	447	56.15
休闲娱乐类	18.07	33.49	51.93	主题游乐	3.73	6.91	439	84.97
				度假休闲	7.70	14.27	1616	47.65
				乡村旅游	4.17	7.73	1122	37.17
				城市公园	1.62	3.00	186	87.10
				商贸旅游	0.85	1.58	117	72.65
其他类	2.02	3.74	36.53	其他	2.02	3.74	553	36.53
合计	53.95	100.00	57.09	合计	53.95	100.00	9450	57.09

从景区亚类来看，度假休闲类 A 级旅游景区游客接待量最大，为 7.70 亿人次，占全国 A 级旅游景区游客接待总量的 14.27%；其次是文化遗迹类和森林景观类 A 级旅游景区，分别为 7.12 亿人次和 6.42 亿人次，分别占全国 A 级旅游景区游客接待总量的 13.20% 和 11.90%；商贸旅游类 A 级旅游景区游客接待量最小，为 0.85 亿人次，占比为 1.58%。

古村古镇类 A 级旅游景区平均游客接待量最大，为 89.04 万人次；其次是城市公园类和主题游乐类 A 级旅游景区，分别为 87.10 万人次和 84.97 万人次；文博院馆类 A 级旅游景区平均游客接待量最小，为 35.53 万人次（表 1-5-6、图 1-5-5）。

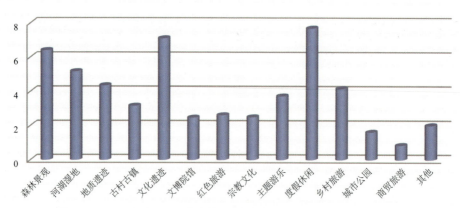

图 1-5-5 2017 年全国 A 级旅游景区游客接待量分亚类统计（单位：亿人次）

5. 政策性免票游客接待情况

2017 年，全国 A 级旅游景区政策性免票游客接待量为 30.42 亿人次，较上年增加 8.43 亿人次，增长 38.34%。A 级旅游景区平均政策性免票游客接待量为 32.19 万人次。

从景区等级来看，4A 级旅游景区政策性免票游客接待量最大，为 13.66 亿人次，占全国 A 级旅游景区游客接待总量的 44.91%；其次是 3A 级和 5A 级旅游景区，分别为 10.11 亿人次和 3.33 亿人次，占比分别为 33.23% 和 10.95%；1A 级和 2A 级旅游景区政策性免票游客接待量较小，分别为 0.05 亿人次和 3.27 亿人次，占比分别为 0.16% 和 10.75%。

与上年相比，各 A 级旅游景区政策性免票游客接待量均呈增长态势，其中 4A 级旅游景区政策性免票游客接待量增长最快，增速为 45.78%；其次是 3A 级和 5A 级旅游景区，增速分别为 41.00% 和 37.04%；2A 级旅游景区政策性免票游客接待量增长较慢，为 10.10%；1A 级旅游景区政策性免票游客接待量没有增长（表 1-5-7、图 1-5-6）。

表 1-5-7 2016 ~ 2017 年全国 A 级旅游景区政策性免票游客量分等级统计

景区等级	2016 年		2017 年			
	免票量（亿人次）	比重（%）	免票量（亿人次）	增量（亿人次）	增长率（%）	比重（%）
5A 级旅游景区	2.43	11.05	3.33	0.90	37.04	10.95
4A 级旅游景区	9.37	42.60	13.66	4.29	45.78	44.91

044
2017
中国旅游景区
发展报告
CHINA TOURIST
ATTRACTION
DEVELOPMENT
REPORT 2017

景区等级	2016 年		2017 年			
	免票量 （亿人次）	比重（%）	免票量 （亿人次）	增量 （亿人次）	增长率 （%）	比重（%）
3A 级旅游景区	7.17	32.61	10.11	2.94	41.00	33.23
2A 级旅游景区	2.97	13.51	3.27	0.30	10.10	10.75
1A 级旅游景区	0.05	0.23	0.05	0.00	0.00	0.16
合　计	21.99	100.00	30.42	8.43	38.34	100.00

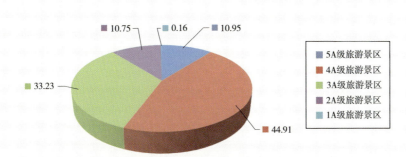

图 1-5-6　2017 年全国 A 级旅游景区免票游客接待量占比分等级统计（单位：%）

从分区来看，华东地区政策性免票游客接待量最大，为 12.26 亿人次，占全国 A 级旅游景区政策性免票游客接待总量的 40.30%；其次是中南和西南地区，分别为 5.87 亿人次和 5.11 亿人次，占比分别为 19.30% 和 16.80%；东北地区政策性免票游客接待量最小，为 1.30 亿人次，占比 4.27%

西南地区的景区平均政策性免票游客接待量最大，为 42.58 万人次；其次是华东和中南地区，分别位 38.47 万人次和 30.80 万人次；东北地区的景区平均政策性免票游客接待量最小，为 13.61 万人次（表 1-5-8）。

表 1-5-8　2017 年全国 A 级旅游景区政策性免票游客接待量分区统计

地　区	免票接待 （亿人次）	比重（%）	景区数量（家）	平均免票接待量 （万人次）
华　北	2.86	9.40	1096	26.09
东　北	1.30	4.27	955	13.61

地 区	免票接待 （亿人次）	比重 （%）	景区数量 （家）	平均免票接待量 （万人次）
华 东	12.26	40.30	3187	38.47
中 南	5.87	19.30	1906	30.80
西 南	5.11	16.80	1200	42.58
西 北	3.02	9.93	1106	27.31
合 计	30.42	100.00	9450	32.19

从分省来看，江苏省 A 级旅游景区政策性免票游客接待量最大，为 4.05 亿人次，占全国 A 级旅游景区政策性免票游客接待量 13.31%；其次是山东省和四川省，分别为 2.97 亿人次和 2.35 亿人次，占比分别为 9.76% 和 7.73%；西藏自治区 A 级旅游景区政策性免票游客接待量最小，为 0.01 亿人次，占比为 0.03%。

北京市 A 级旅游景区平均政策性免票游客接待量最大，为 65.38 万人次；其次是江苏省和贵州省，分别 64.49 万人次和 58.96 万人次；西藏自治区 A 级旅游景区平均政策性免票游客接待量最小，为 2.04 万人次（表 1-5-9）。

表 1-5-9　2017 年全国 A 级旅游景区政策性免票游客接待量分省统计

省级行政区	免票接待（亿人次）	比重（%）	景区数量（家）	平均免票接待量 （万人次）
北京市	1.19	3.91	182	65.38
天津市	0.36	1.18	100	36.00
河北省	0.66	2.17	364	18.13
山西省	0.33	1.09	139	23.74
内蒙古自治区	0.32	1.05	311	10.29
辽宁省	0.65	2.14	365	17.81
吉林省	0.23	0.76	227	10.13
黑龙江省	0.41	1.35	363	11.29
上海市	0.44	1.45	98	44.90
江苏省	4.05	13.31	628	64.49
浙江省	1.85	6.08	577	32.06
安徽省	1.49	4.90	466	31.97

046
2017
中国旅游景区
发展报告
CHINA TOURIST
ATTRACTION
DEVELOPMENT
REPORT 2017

省级行政区	免票接待（亿人次）	比重（%）	景区数量（家）	平均免票接待量（万人次）
福建省	0.85	2.79	209	40.67
江西省	0.61	2.01	223	27.35
山东省	2.97	9.76	986	30.12
河南省	1.09	3.58	408	26.72
湖北省	0.81	2.66	348	23.28
湖南省	1.44	4.73	386	37.31
广东省	1.30	4.27	336	38.69
广西壮族自治区	1.10	3.62	374	29.41
海南省	0.12	0.39	54	22.22
重庆市	0.84	2.76	214	39.25
四川省	2.35	7.73	484	48.55
贵州省	1.48	4.87	251	58.96
云南省	0.44	1.45	202	21.78
西藏自治区	0.01	0.03	49	2.04
陕西省	1.50	4.93	407	36.86
甘肃省	0.77	2.53	277	27.80
青海省	0.26	0.86	76	34.21
宁夏回族自治区	0.08	0.26	57	14.04
新疆维吾尔自治区	0.37	1.22	238	15.55
新疆生产建设兵团	0.05	0.16	51	9.80
合　计	30.42	100.00	9450	32.19

从景区大类来看，历史文化类 A 级旅游景区政策性免票游客接待量最大，为 11.15 亿人次，占全国 A 级旅游景区政策性免票游客接待量的 36.65%；其次是休闲娱乐类和自然景观类 A 级旅游景区，分别为 10.55 亿人次和 7.38 亿人次。

景区平均接待量也是历史文化类 A 级旅游景区最大，为 38.26 万人次，高出全国 A 级旅游景区政策性免票游客平均接待量 6.07 万人次；其次是休闲娱乐类和自然景观类 A 级旅游景区，分别为 30.32 万人次和 29.48 万人次，分别低于全国 A 级旅游景区政策性免票游客平均接待量 1.87 万人次和 2.71 万人次（表 1-5-10）。

从景区亚类来看，度假休闲类 A 级旅游景区政策性免票游客接待量最大，为 4.45 亿人次，占全国 A 级旅游景区政策性免票游客接待总量的 14.63%；其次是文化遗迹类和森林景观类 A 级旅游景区，分别为 3.55 亿人次和 3.09 亿人次，占比分别为 11.67% 和 10.16%。商贸旅游类景区政策性免票游客接待量最小，为 0.74 亿人次，占比为 2.43%。

商贸旅游类 A 级旅游景区平均政策性免票接待量最大，为 63.25 万人次；其次是城市公园类和红色旅游类 A 级旅游景区，分别为 59.14 万人次和 49.47 万人次；地质遗迹类 A 级旅游景区平均政策性免票接待量最小，为 17.92 万人次（表 1-5-10、图 1-5-7）。

表 1-5-10　2017 年全国 A 级旅游景区政策性免票游客接待量分类型统计

景区大类	接待量（亿人次）	比重（%）	平均接待量（万人次）	景区亚类	免票接待量（亿人次）	比重（%）	景区数量（家）	平均免票接待量（万人次）
自然景观类	7.38	24.27	29.48	森林景观	3.09	10.16	1097	28.17
				河湖湿地	2.98	9.80	675	44.15
				地质遗迹	1.31	4.31	731	17.92
历史文化类	11.15	36.65	38.26	古村古镇	1.76	5.79	356	49.44
				文化遗迹	3.55	11.67	942	37.69
				文博院馆	1.91	6.28	698	27.36
				红色旅游	2.33	7.66	471	49.47
				宗教文化	1.60	5.26	447	35.79
休闲娱乐类	10.55	34.68	30.32	主题游乐	1.28	4.21	439	29.16
				度假休闲	4.45	14.63	1616	27.54
				乡村旅游	2.98	9.79	1122	26.56
				城市公园	1.10	3.61	186	59.14
				商贸旅游	0.74	2.43	117	63.25
其他类	1.34	4.40	24.23	其他	1.34	4.40	553	24.23
合计	30.42	100.00	32.19	总计	30.42	100.00	9450	32.19

048
2017
中国旅游景区
发展报告
CHINA TOURIST
ATTRACTION
DEVELOPMENT
REPORT 2017

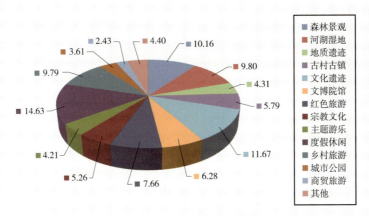

图 1-5-7　2017 年全国 A 级旅游景区政策性免票游客接待量占比分亚类统计（单位：%）

（六）A 级旅游景区旅游收入统计

1. 全国 A 级旅游景区旅游收入情况

2017 年，全国 A 级旅游景区实现旅游总收入 4339.83 亿元，较上年增加 481.63 亿元，增长 12.48%。全国 A 级旅游景区平均旅游收入为 4592.41 万元。

从景区等级来看，A 级旅游景区旅游总收入仍保持"高度集中"，4A 级和 5A 级两个高 A 级旅游景区旅游收入共占全国 A 级旅游景区旅游总收入的 83.05%，旅游收入分别为 1911.36 亿元和 1692.90 亿元，占比分别为 44.04% 和 39.01%。

与上年相比，除 1A 级旅游景区旅游收入下降外，其他等级景区均呈现增长态势。其中以 3A 级旅游景区旅游收入增长最快，增长 15.41%；其次是 4A 级和 5A 级旅游景区，分别增长 13.15% 和 11.60%。2A 级旅游景区旅游收入增长 5.12%；1A 级旅游景区旅游收入下降 6.53%（表 1-6-1、图 1-6-1）。

表 1-6-1　2016 ~ 2017 年全国 A 级旅游景区旅游收入情况分等级统计

景区等级	2016 年		2017 年			
	景区总收入（亿元）	比重（%）	景区总收入（亿元）	比重（%）	增量（亿元）	增长率（%）
5A 级旅游景区	1516.95	39.32	1692.90	39.01	175.95	11.60
4A 级旅游景区	1689.30	43.78	1911.36	44.04	222.06	13.15
3A 级旅游景区	492.97	12.78	568.92	13.11	75.95	15.41

景区等级	2016 年		2017 年			
	景区总收入 （亿元）	比重（%）	景区总收入 （亿元）	比重（%）	增量（亿元）	增长率（%）
2A 级旅游景区	155.00	4.02	162.93	3.75	7.93	5.12
1A 级旅游景区	3.98	0.10	3.72	0.09	-0.26	-6.53
合　计	3858.20	100.00	4339.83	100.00	481.63	12.48

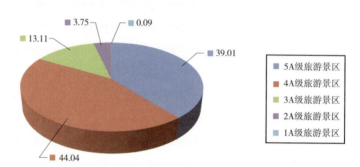

图 1-6-1　2017 年全国 A 级旅游景区旅游收入占比分等级统计（单位：%）

从景区平均收入来看，5A 级旅游景区平均旅游收入最高，为 68817.07 万元，其次是 4A 级和 3A 级旅游景区，分别为 6326.91 万元和 1395.44 万元；1A 级和 2A 级旅游景区平均旅游收入相对较少，分别为 459.26 万元和 804.59 万元（表 1-6-2）。

表 1-6-2　2016 ～ 2017 年全国 A 级旅游景区平均收入情况分等级分析

景区等级	2016 年			2017 年		
	景区总收入 （亿元）	景区数量 （家）	平均收入 （万元）	景区总收入 （亿元）	景区数量 （家）	平均收入 （万元）
5A 级旅游景区	1516.95	227	66825.99	1692.90	246	68817.07
4A 级旅游景区	1689.30	2820	5990.43	1911.36	3021	6326.91
3A 级旅游景区	492.97	3493	1411.31	568.92	4077	1395.44
2A 级旅游景区	155.00	2029	763.92	162.93	2025	804.59
1A 级旅游景区	3.98	90	442.22	3.72	81	459.26
合　计	3858.20	8659	4455.71	4339.83	9450	4592.41

050
2017
中国旅游景区
发展报告
CHINA TOURIST
ATTRACTION
DEVELOPMENT
REPORT 2017

从收入类型构成来看，餐饮收入继续成为 2017 年 A 级旅游景区旅游总收入的首要来源，为 1111.63 亿元，占全国 A 级旅游景区旅游收入总量的 25.61%；其次是门票收入和商品收入，分别为 989.60 亿元和 890.04 亿元，占比分别为 22.80% 和 20.51 亿元。演艺收入最少，为 88.96 亿元，占比为 2.05%（表 1-6-3、图 1-6-2）。

表 1-6-3　2016 ~ 2017 年全国 A 级旅游景区旅游收入构成情况统计

收入类别	2016 年		2017 年	
	景区收入（亿元）	比重（%）	景区收入（亿元）	比重（%）
门票收入	906.20	23.49	989.60	22.80
商品收入	778.14	20.17	890.04	20.51
餐饮收入	991.77	25.71	1111.63	25.61
交通收入	326.45	8.46	348.74	8.04
住宿收入	720.24	18.67	811.60	18.70
演艺收入	75.53	1.96	88.96	2.05
其他收入	59.87	1.54	99.26	2.29
合　计	3858.20	100.00	4339.83	100.00

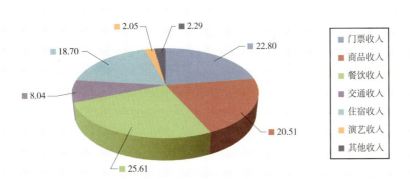

图 1-6-2　2017 年全国 A 级旅游景区旅游收入构成情况占比统计（单位：%）

2. 分区域 A 级旅游景区旅游收入情况

华东地区 A 级旅游景区旅游收入最多，为 1723.85 亿元，占全国 A 级旅游景区旅游总收入的 39.72%；其次是西南和中南地区，分别为 967.33 亿元和 830.83 亿元，占比分别为 22.29% 和 19.15%；东北地区 A 级旅游景区旅游收入最少，为 186.62 亿元，占比 4.30%。

与上年相比，西北地区 A 级旅游景区旅游收入增长最快，增长 24.68%，超过全国平均增速 12.20 个百分点；其次是华东和西南地区，分别增长为 13.65% 和 13.37%，分别超过全国平均增速 1.17 个和 0.89 个百分点。华北地区 A 级旅游景区旅游收入增长最慢，为 1.97%，低于全国平均增速 10.51 个百分点（表 1-6-4、图 1-6-3）。

表 1-6-4　2016～2017 年全国 A 级旅游景区旅游收入分区统计

地　区	2016 年		2017 年				
	景区总收入（亿元）	比重（%）	景区总收入（亿元）	增量（亿元）	增长率（%）	比重（%）	平均收入（万元）
华　北	300.49	7.79	306.42	5.93	1.97	7.06	2795.80
东　北	175.59	4.55	186.62	11.03	6.28	4.30	1954.14
华　东	1516.87	39.32	1723.85	206.98	13.65	39.72	5409.01
中　南	751.54	19.48	830.83	79.29	10.55	19.15	4359.02
西　南	853.22	22.11	967.33	114.11	13.37	22.29	8061.08
西　北	260.49	6.75	324.78	64.29	24.68	7.48	2936.53
合　计	3858.20	100.00	4339.83	481.63	12.48	100.00	4592.41

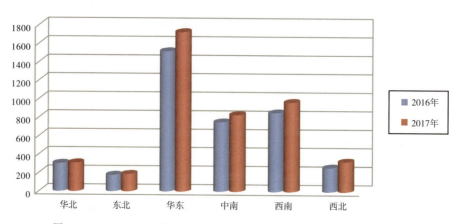

图 1-6-3　2016～2017 年全国 A 级旅游景区旅游收入分区统计（单位：亿元）

052

2017
中国旅游景区
发展报告
CHINA TOURIST
ATTRACTION
DEVELOPMENT
REPORT 2017

从景区平均旅游收入来看，西南地区最高，为 8061.08 万元；其次是华东和中南地区，分别为 5409.01 万元和 4359.02 万元。东北地区最低，为 1954.14 万元（图 1-6-4）。

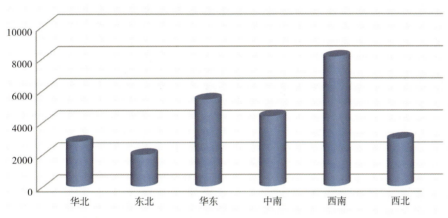

图 1-6-4　2017 年全国 A 级旅游景区平均收入分区统计（单位：万元）

3. 分省 A 级旅游景区旅游收入情况

江西省 A 级旅游景区旅游收入最多，为 588.46 亿元，占全国 A 级旅游景区旅游总收入的 13.56%；其次是四川省和贵州省，分别为 475.99 亿元和 309.18 亿元，占比分别为 10.97% 和 7.12%；西藏自治区 A 级旅游景区旅游收入最少，为 2.04 亿元，占比为 0.05%。

与上年相比，除西藏自治区、云南省、河北省、重庆市和黑龙江省外，其他 27 个省级行政区的 A 级旅游景区旅游收入呈上升发展态势，其中福建省 A 级旅游景区旅游收入增速最快，为 129.42%；其次是新疆生产建设兵团和上海市，增速分别为 51.28% 和 49.84%。

从景区平均旅游收入来看，江西省最多，为 26388.34 万元；其次是贵州省和四川省，分别为 12317.93 万元和 9834.50 万元；西藏自治区最少，为 416.33 万元（表 1-6-5）。

表 1-6-5　2016 ~ 2017 年全国 A 级旅游景区旅游收入分省统计

省级行政区	2016 年景区收入（亿元）	2017 年景区收入（亿元）	增量（亿元）	增长率（%）	比重（%）	平均收入（万元）
北京市	50.33	53.13	2.80	5.56	1.22	2919.23
天津市	18.40	21.45	3.05	16.58	0.49	2145.00
河北省	86.98	82.91	-4.07	-4.68	1.91	2277.75
山西省	105.38	105.43	0.05	0.05	2.43	7584.89
内蒙古自治区	39.40	43.50	4.10	10.41	1.00	1398.71
辽宁省	89.69	100.29	10.60	11.82	2.31	2747.67
吉林省	34.49	37.29	2.80	8.12	0.86	1642.73
黑龙江省	51.42	49.05	-2.37	-4.61	1.13	1351.24
上海市	35.35	52.97	17.62	49.84	1.22	5405.10
江苏省	202.64	223.97	21.33	10.53	5.16	3566.40
浙江省	209.80	221.34	11.54	5.50	5.10	3836.05
安徽省	254.81	277.72	22.91	8.99	6.40	5959.66
福建省	41.64	95.53	53.89	129.42	2.20	4570.81
江西省	538.58	588.46	49.88	9.26	13.56	26388.34
山东省	234.04	263.86	29.82	12.74	6.08	2676.06
河南省	101.06	110.09	9.03	8.94	2.54	2698.28
湖北省	185.44	194.12	8.68	4.68	4.47	5578.16
湖南省	231.95	267.75	35.80	15.43	6.17	6936.53
广东省	146.23	155.39	9.16	6.26	3.58	4624.70
广西壮族自治区	56.41	68.33	11.92	21.13	1.58	1827.01
海南省	30.45	35.15	4.70	15.44	0.81	6509.26
重庆市	111.13	111.10	-0.03	-0.03	2.56	5191.59
四川省	407.13	475.99	68.86	16.91	10.97	9834.50
贵州省	245.56	309.18	63.62	25.91	7.12	12317.93
云南省	85.08	69.02	-16.06	-18.88	1.59	3416.83

054
2017
中国旅游景区
发展报告
CHINA TOURIST
ATTRACTION
DEVELOPMENT
REPORT 2017

省级行政区	2016年景区收入（亿元）	2017年景区收入（亿元）	增量（亿元）	增长率（%）	比重（%）	平均收入（万元）
西藏自治区	4.32	2.04	-2.28	-52.78	0.05	416.33
陕西省	111.74	143.32	31.58	28.26	3.30	3521.38
甘肃省	56.33	73.80	17.47	31.01	1.70	2664.26
青海省	38.27	41.57	3.30	8.62	0.96	5469.74
宁夏回族自治区	10.42	11.92	1.50	14.40	0.28	2091.23
新疆维吾尔自治区	41.78	51.21	9.43	22.57	1.18	2151.68
新疆生产建设兵团	1.95	2.95	1.00	51.28	0.07	578.43
合　计	3858.20	4339.83	481.63	12.48	100.000	4592.41

从景区收入构成来看，以门票收入为主的省级行政区有16个，具体包括天津市、辽宁省、上海市等，其中占比最大的省级行政区域是上海市，为60.53%；餐饮收入为主的省级行政区有12个，具体包括吉林省、河北省和黑龙江省等，其中占比最大的省级行政区域是新疆生产建设兵团，为49.95%；商品收入为主的省级行政区有3个，具体包括北京市、湖南省和江西省，其中占比最大的省级行政区域是北京市，为33.27%；交通收入为主的省级行政区为青海省，占比为28.68%（表1-6-6）。

表1-6-6　2017年全国A级旅游景区收入构成分析（单位：%）

省级行政区	景区总收入	其中						
		门票收入	商品收入	餐饮收入	交通收入	住宿收入	演艺收入	其他收入
北京市	100.00	32.97	33.27	15.19	6.30	7.89	0.86	3.52
天津市	100.00	43.64	10.97	31.40	2.58	5.42	0.54	5.45
河北省	100.00	24.68	10.22	37.74	3.55	19.23	1.16	3.42
山西省	100.00	14.00	17.12	31.08	6.92	28.03	1.89	0.96
内蒙古自治区	100.00	19.35	18.05	25.80	13.61	17.64	1.27	4.28
辽宁省	100.00	38.75	13.59	19.98	5.76	19.48	0.20	2.24
吉林省	100.00	24.69	6.83	48.49	1.11	13.77	1.13	3.98

省级行政区	景区总收入	其中						
		门票收入	商品收入	餐饮收入	交通收入	住宿收入	演艺收入	其他收入
黑龙江省	100.00	22.57	17.61	24.11	9.73	18.80	4.55	2.63
上海市	100.00	60.53	20.21	11.69	0.91	1.53	0.65	4.48
江苏省	100.00	28.09	25.88	21.37	3.91	11.59	5.67	3.49
浙江省	100.00	40.06	9.73	11.64	11.86	23.89	0.36	2.46
安徽省	100.00	16.64	13.84	30.42	10.30	24.38	3.35	1.07
福建省	100.00	29.13	15.66	19.35	13.25	18.94	0.64	3.03
江西省	100.00	9.26	31.16	27.00	6.10	23.24	2.49	0.75
山东省	100.00	32.09	23.56	21.40	4.67	12.80	2.31	3.17
河南省	100.00	45.46	12.59	15.18	9.79	12.36	1.49	3.13
湖北省	100.00	21.07	17.11	28.55	9.17	19.42	1.71	2.97
湖南省	100.00	22.11	22.66	22.62	10.32	19.12	1.55	1.62
广东省	100.00	41.34	15.30	21.11	2.82	16.23	0.72	2.48
广西壮族自治区	100.00	38.92	18.77	17.28	9.69	10.23	0.54	4.57
海南省	100.00	46.41	4.48	17.08	17.51	10.74	0.56	3.22
重庆市	100.00	16.88	18.33	33.16	9.15	18.79	1.22	2.47
四川省	100.00	10.56	27.53	33.05	6.33	19.35	1.53	1.65
贵州省	100.00	10.05	20.83	32.24	9.38	22.93	2.96	1.61
云南省	100.00	41.35	8.17	17.49	10.69	15.41	2.90	3.99
西藏自治区	100.00	39.57	7.30	11.77	22.06	15.77	0.19	3.34
陕西省	100.00	26.34	21.03	25.59	9.33	13.29	1.59	2.83
甘肃省	100.00	19.22	11.95	31.11	13.47	18.33	2.26	3.66
青海省	100.00	15.32	8.03	24.79	28.68	15.30	4.52	3.36
宁夏回族自治区	100.00	36.19	8.42	13.27	24.28	11.77	0.13	5.94
新疆维吾尔自治区	100.00	26.29	19.63	21.49	8.09	18.23	2.05	4.22
新疆生产建设兵团	100.00	10.32	26.09	49.95	0.32	8.20	1.08	4.04
合　计	100.00	22.80	20.51	25.61	8.04	18.70	2.05	2.29

056
2017
中国旅游景区
发展报告
CHINA TOURIST
ATTRACTION
DEVELOPMENT
REPORT 2017

4. 分类型 A 级旅游景区旅游收入情况

从景区大类来看，自然景观类 A 级旅游景区旅游收入最多，为 1640.97 亿元，占全国 A 级旅游景区旅游总收入的 37.81%；其次是休闲娱乐类和历史文化类 A 级旅游景区，分别为 1354.32 和 1240.80 亿元，占比分别为 31.21% 和 28.59%。

自然景观类 A 级旅游景区平均收入最高，为 6556.01 万元，高出全国 A 级旅游景区平均收入 1963.60 元；其次是历史文化类和休闲娱乐类 A 级旅游景区，分别为 4258.06 万元和 3891.72 万元，分别低于全国 A 级旅游景区平均收入水平 334.35 万元和 700.59 万元。

表 1-6-7 2017 年全国 A 级旅游景区旅游收入分类型统计

景区大类	景区总收入（亿元）	比重（%）	平均收入（万元）	景区亚类	景区总收入（亿元）	比重（%）	数量（家）	平均收入（万元）
自然景观类	1640.97	37.81	6556.01	森林景观	517.67	11.93	1097	4718.96
				河湖湿地	284.17	6.55	675	4209.93
				地质遗迹	839.13	19.34	731	11479.21
历史文化类	1240.80	28.59	4258.06	古村古镇	303.73	7.00	356	8531.74
				文化遗迹	426.06	9.82	942	4522.93
				文博院馆	71.63	1.65	698	1026.22
				红色旅游	292.79	6.75	471	6216.35
				宗教文化	146.59	3.38	447	3279.42
休闲娱乐类	1354.32	31.21	3891.72	主题游乐	267.15	6.15	439	6085.42
				度假休闲	727.36	16.76	1616	4500.99
				乡村旅游	308.23	7.10	1122	2747.15
				城市公园	14.09	0.32	186	757.53
				商贸旅游	37.49	0.86	117	3204.27
其他类	103.74	2.39	1875.95	其他	103.74	2.39	553	1875.95
合　计	4339.83	100.00	4592.41	合计	4339.83	100.00	9450	4592.41

从景区亚类来看，地质遗迹类 A 级旅游景区旅游收入最多，为 839.13 亿元，占全国 A 级旅游景区旅游总收入的 19.34%；其次是度假休闲类和森林景观类 A 级旅游

景区，分别为 727.36 亿元和 517.67 亿元，占比分别为 16.76% 和 11.93%；城市公园类 A 级旅游景区旅游收入最少，为 14.09 亿元，占比为 0.32%（表 1-6-7、图 1-6-5）。

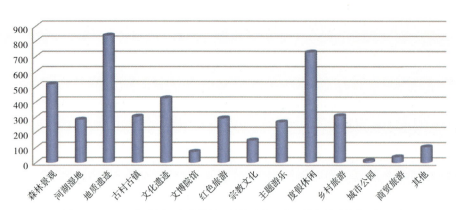

图 1-6-5　2017 年全国 A 级旅游景区旅游总收入分亚类统计（单位：亿元）

从景区平均收入来看，地质遗迹类 A 级旅游景区平均旅游收入最高，为 11479.21 万元；其次是古村古镇类和红色旅游类 A 级旅游景区，分别为 8531.74 万元和 6216.35 万元。城市公园类 A 级旅游景区平均旅游收入最少，为 757.53 万元（图 1-6-6）。

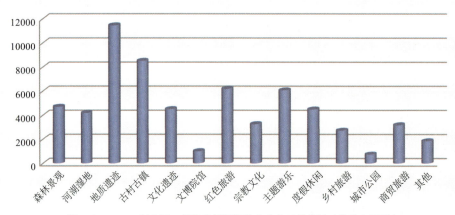

图 1-6-6　2017 年全国 A 级旅游景区平均收入分亚类统计（单位：万元）

058
2017
中国旅游景区
发展报告
CHINA TOURIST
ATTRACTION
DEVELOPMENT
REPORT 2017

从各大类景区收入构成来看，自然景观类 A 级旅游景区以门票收入、餐饮收入和住宿收入为主，分别占本类型旅游景区旅游总收入的 24.20%、23.71% 和 20.87%；历史文化类 A 级旅游景区以餐饮收入和商品收入为主，分别占本类型旅游景区旅游总收入的 26.72% 和 21.76%；休闲娱乐类 A 级旅游景区以餐饮收入、门票收入和商品收入为主，分别占本类型旅游景区旅游总收入的 27.95%、25.31% 和 20.05%（表 1-6-8）。

表 1-6-8　2017 年全国 A 级旅游景区收入构成分大类统计（单位：%）

景区大类	景区总收入	其中						
		门票收入	商品收入	餐饮收入	交通收入	住宿收入	演艺收入	其他收入
自然景观类	100.00	24.20	17.68	23.71	9.52	20.87	2.06	1.96
历史文化类	100.00	18.31	21.76	26.72	10.15	17.66	3.28	2.12
休闲娱乐类	100.00	25.31	20.05	27.95	4.67	18.22	1.01	2.79
其他类	100.00	1.83	65.41	25.42	0.72	4.34	0.63	1.65
合　计	100.00	22.65	20.03	25.94	8.09	18.95	2.07	2.27

从各亚类景区收入构成来看，主题游乐类、文博院馆类、河湖湿地类、森林景观类和文化遗迹类景区门票收入在各类型旅游总收入中所占比重较高，占比分别为66.25%、49.98%、28.16%、27.76% 和 25.75%。商贸旅游类、其他类和城市公园类景区商品收入在各类型旅游总收入中所占比重较高，占比分别为 65.41、56.25% 和36.12%；红色旅游类、乡村旅游类、古村古镇类、度假休闲类和地质遗迹类景区餐饮收入在各类型旅游总收入所占比重较高，占比分别为 37.23%、34.74%、31.13%、30.88% 和 25.49%；宗教文化类景区收入来源较为多元化，景区门票收入、商品收入、交通收入和住宿收入相对均衡（表 1-6-9）。

表 1-6-9　2017 年全国 A 级旅游景区旅游收入构成分亚类统计（单位：%）

景区大类	景区亚类	景区总收入	其中						
			门票收入	商品收入	餐饮收入	交通收入	住宿收入	演艺收入	其他收入
自然景观类	森林景观	100.00	27.76	16.61	21.68	11.67	17.45	2.18	2.65
	河湖湿地	100.00	28.16	19.14	22.17	8.66	16.04	3.26	2.57
	地质遗迹	100.00	20.67	17.84	25.49	8.49	24.61	1.57	1.33

景区大类	景区亚类	景区总收入	其中						
			门票收入	商品收入	餐饮收入	交通收入	住宿收入	演艺收入	其他收入
历史文化类	古村古镇	100.00	12.68	21.53	31.13	9.95	19.93	3.17	1.61
	文化遗迹	100.00	25.75	20.29	24.10	6.99	17.52	2.60	2.75
	文博院馆	100.00	49.98	32.31	10.70	0.85	1.70	0.85	3.61
	红色旅游	100.00	3.62	27.38	37.23	11.68	13.54	5.57	0.98
	宗教文化	100.00	22.26	10.12	12.03	21.19	29.42	2.11	2.87
休闲娱乐类	主题游乐	100.00	66.25	11.77	12.66	1.61	3.74	1.10	2.87
	度假休闲	100.00	17.83	16.37	30.88	6.48	25.06	0.96	2.42
	乡村旅游	100.00	10.81	29.67	34.74	3.55	16.86	1.07	3.30
	城市公园	100.00	15.39	36.12	24.81	4.30	5.79	1.13	12.46
	商贸旅游	100.00	1.83	65.41	25.42	0.72	4.34	0.63	1.65
其他类	其他	100.00	21.58	56.25	11.97	3.23	3.18	0.83	2.96

（七）A 级旅游景区投资统计

1. 全国 A 级旅游景区投资统计

2017 年，全国 A 级旅游景区当年建设投资为 3271.60 亿元，较上年增加 406.96 亿元，增长 14.21%，A 级旅游景区平均建设投资 3462.01 万元（表 1-7-1）。

从景区等级来看，4A 级旅游景区当年建设投资规模最大，为 1841.49 亿元，占全国 A 级旅游景区当年建设投资总量的 56.29%；其次是 3A 级和 5A 级旅游景区，分别为 894.58 亿元和 384.72 亿元，分别占全国 A 级旅游景区当年建设投资总量的 27.34% 和 11.76%；1A 级和 2A 级旅游景区建设投资规模相对较小，分别为 1.49 亿元和 149.32 亿元，占比分别为 0.05% 和 4.56%（图 1-7-1）。

与上年相比，除 2A 级旅游景区建设投资规模下降外，其他等级旅游景区建设投资规模均呈增长态势。其中，5A 级旅游景区建设投资规模增速最快，增长 17.51%；其次是 3A 级和 4A 级旅游景区，分别增长 15.78% 和 14.64%；1A 级旅游景区增长 7.19%；2A 级旅游景区建设投资规模减小，下降 4.86%。

060
2017
中国旅游景区
发展报告
CHINA TOURIST
ATTRACTION
DEVELOPMENT
REPORT 2017

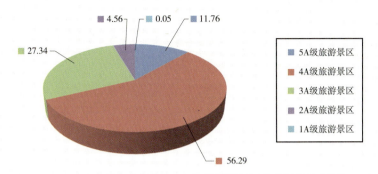

图 1-7-1　2017 年全国 A 级旅游景区当年建设投资占比分等级统计（单位：%）

表 1-7-1　2016 ～ 2017 年全国 A 级旅游景区当年建设投资情况分等级统计

景区等级	2016 年		2017 年				
	投资总量（亿元）	比重（%）	投资总量（亿元）	增量（亿元）	增长率（%）	比重（%）	平均建设投资（万元）
5A 级旅游景区	327.40	11.43	384.72	57.32	17.51	11.76	15639.02
4A 级旅游景区	1606.27	56.07	1841.49	235.22	14.64	56.29	6095.63
3A 级旅游景区	772.64	26.97	894.58	121.94	15.78	27.34	2194.21
2A 级旅游景区	156.94	5.48	149.32	-7.62	-4.86	4.56	737.38
1A 级旅游景区	1.39	0.05	1.49	0.10	7.19	0.05	183.95
合　计	2864.64	100.00	3271.60	406.96	14.21	100.00	3462.01

从景区平均建设投资来看，5A 级旅游景区平均建设投资最大，为 15639.02 万元；其次是 4A 级和 3A 级旅游景区，分别为 6095.63 万元和 2194.21 万元。2A 级和 1A 级旅游景区平均建设投资相对较少，分别为 737.38 万元和 183.95 万元。

2. 分区域 A 级旅游景区投资情况

华东地区 A 级旅游景区当年建设投资规模最大，为 1089.35 亿元，占全国 A 级旅游景区当年建设投资总量的 33.30%；其次是西南和中南地区，分别为 817.48 亿元和 696.13 亿元，分别占全国 A 级旅游景区当年建设投资总量的 24.99% 和 21.28%；东北地区建设投资规模最小，为 158.95 亿元，占比为 4.86%（表 1-7-2、图 1-7-2）。

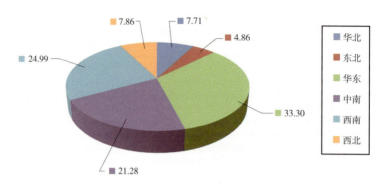

图 1-7-2 2017 年全国 A 级旅游景区当年建设投资占比分区统计（单位：%）

与上年相比，除东北地区 A 级旅游景区建设投资下降外，其他五个地区 A 级旅游景区建设投资规模均有所增长，其中西南地区增长最快，增速为 55.63%；其次是西北和中南地区，增速分别为 34.68% 和 29.35%；东北地区建设投资下降 56.51%（表 1-7-2）。

表 1-7-2 2017 年全国 A 级旅游景区当年建设投资情况分区统计

地 区	当年建设投资（亿元）	增量（亿元）	增长率（%）	比重（%）	景区数量（家）	平均建设投资（万元）
华 北	252.42	35.85	16.55	7.71	1096	2303.10
东 北	158.95	-206.53	-56.51	4.86	955	1664.40
华 东	1089.35	61.24	5.96	33.30	3187	3418.10
中 南	696.13	157.96	29.35	21.28	1906	3652.31
西 南	817.48	292.20	55.63	24.99	1200	6812.33
西 北	257.27	66.24	34.68	7.86	1106	2326.13
合 计	3271.60	406.96	14.21	100.00	9450	3462.01

从景区平均建设投资来看，西南地区平均建设投资规模最大，为 6812.33 万元高出全国景区平均建设投资规模 3350.32 万元；其次是中南地区，为 3652.31 万元，高出全国景区平均建设投资规模 190.30 万元；东北地区平均建设投资规模最小，为 1664.40 万元，低于全国水平 1797.61 万元。

062
2017
中国旅游景区
发展报告
CHINA TOURIST
ATTRACTION
DEVELOPMENT
REPORT 2017

3. 分省 A 级旅游景区投资情况

2017 年，贵州省 A 级旅游景区建设投资规模最大，为 427.37 亿元，占全国 A 级旅游景区当年建设投资总量的 13.06%；其次是浙江省和山东省，分别为 275.04 亿元和 252.74 亿元，分别占全国 A 级旅游景区当年建设投资总量的 8.41% 和 7.73%；西藏自治区建设投资规模最小，为 2.09 亿元，占比为 0.06%（表 1-7-3）。

与上年相比，河北省、山东省和新疆维吾尔自治区等 20 个省级行政区域 A 级旅游景区建设投资呈增长态势，其中新疆维吾尔自治区增长最快，增速为 148.47%。北京市、江西省和天津市等 12 个省级行政区域 A 级旅游景区当年建设投资下降，其中吉林省下降速度最快，下降 71.09%。

从景区平均建设投资来看，贵州省 A 级旅游景区平均建设投资规模最大，为 17026.69 万元；其次是福建省和湖南省，分别为 6932.54 万元和 6033.94 万元。西藏自治区 A 级旅游景区平均建设投资规模最小，为 426.53 万元。

表 1-7-3　2017 年全国 A 级旅游景区当年建设投资情况分省统计

省级行政区	景区当年建设投资（亿元）	增量（亿元）	增长率（%）	比重（%）	景区数量（家）	景区平均建设投资（万元）
北京市	12.39	-6.02	-32.70	0.38	182	680.77
天津市	24.42	-1.66	-6.37	0.75	100	2442.00
河北省	111.13	2.09	1.92	3.40	364	3053.02
山西省	22.62	0.94	4.34	0.69	139	1627.34
内蒙古自治区	81.87	40.50	97.90	2.50	311	2632.48
辽宁省	98.29	-106.74	-52.06	3.00	365	2692.88
吉林省	35.25	-86.68	-71.09	1.08	227	1552.86
黑龙江省	25.41	-13.10	-34.02	0.78	363	700.00
上海市	21.69	-5.84	-21.21	0.66	98	2213.27
江苏省	210.06	1.40	0.67	6.42	628	3344.90
浙江省	275.04	41.87	17.96	8.41	577	4766.72
安徽省	65.42	-45.90	-41.23	2.00	466	1403.86

省级行政区	景区当年建设投资（亿元）	增量（亿元）	增长率（%）	比重（%）	景区数量（家）	景区平均建设投资（万元）
福建省	144.89	70.25	94.12	4.43	209	6932.54
江西省	119.50	-6.87	-5.44	3.65	223	5358.74
山东省	252.74	6.33	2.57	7.73	986	2563.29
河南省	155.25	32.50	26.48	4.75	408	3805.15
湖北省	89.30	11.94	15.43	2.73	348	2566.09
湖南省	232.91	103.55	80.05	7.12	386	6033.94
广东省	138.71	28.22	25.54	4.24	336	4128.27
广西壮族自治区	69.03	-15.82	-18.64	2.11	374	1845.72
海南省	10.93	-2.43	-18.19	0.33	54	2024.07
重庆市	125.91	7.05	5.93	3.85	214	5883.64
四川省	224.04	85.97	62.27	6.85	484	4628.93
贵州省	427.37	195.68	84.46	13.06	251	17026.69
云南省	38.07	4.48	13.34	1.16	202	1884.65
西藏自治区	2.09	-0.98	-31.92	0.06	49	426.53
陕西省	152.86	32.04	26.52	4.67	407	3755.77
甘肃省	33.75	0.77	2.33	1.03	277	1218.41
青海省	7.24	2.23	44.51	0.22	76	952.63
宁夏回族自治区	6.29	-2.12	-25.21	0.19	57	1103.51
新疆维吾尔自治区	53.57	32.01	148.47	1.64	238	2250.84
新疆生产建设兵团	3.56	1.30	57.52	0.11	51	698.04
合　计	3271.60	406.96	14.21	100.00	9450	3462.01

4. 分类型 A 级旅游景区投资情况

从景区大类来看，休闲娱乐类 A 级旅游景区当年建设投资规模最大，为 1416.01 亿元，占全国 A 级旅游景区当年建设投资总量的 43.28%；其次是自然景观类和历史文化类，分别为 938.71 亿元和 748.77 亿元，分别占全国 A 级旅游景区当年建设投资总量的 28.69% 和 22.89%。

064
2017
中国旅游景区
发展报告
CHINA TOURIST
ATTRACTION
DEVELOPMENT
REPORT 2017

从景区平均建设投资来看，休闲娱乐类景区平均建设投资规模最大，为4068.99 万元；其次是自然景观类和其他类，分别为 3750.34 亿元和 3039.96 亿元；历史文化类类景区平均建设投资规模最小，为 2569.56 亿元。

表 1-7-4　2017 年全国 A 级旅游景区当年建设投资情况分类型统计

景区大类	当年建设投资（亿元）	比重（%）	景区平均建设投资（万元）	景区亚类	当年建设投资（亿元）	比重（%）	景区数量（家）	景区平均建设投资（万元）
自然景观类	938.71	28.69	3750.34	森林景观	445.16	13.61	1097	4057.98
				河湖湿地	278.18	8.50	675	4121.19
				地质遗迹	215.37	6.58	731	2946.24
历史文化类	748.77	22.89	2569.56	古村古镇	261.09	7.98	356	7333.99
				文化遗迹	294.91	9.01	942	3130.68
				文博院馆	34.15	1.05	698	489.26
				红色旅游	97.11	2.97	471	2061.78
				宗教文化	61.51	1.88	447	1376.06
休闲娱乐类	1416.01	43.28	4068.99	主题游乐	129.86	3.97	439	2958.09
				度假休闲	914.39	27.95	1616	5658.35
				乡村旅游	323.99	9.90	1122	2887.61
				城市公园	9.44	0.29	186	507.53
				商贸旅游	38.33	1.17	117	3276.07
其他类	168.11	5.14	3039.96	其他	168.11	5.14	553	3039.96
合　计	3271.60	100.00	3462.01	合计	3271.60	100.00	9450	3462.01

从景区亚类来看，度假休闲类 A 级旅游景区当年建设投资规模最大，为 914.39 亿元，占全国 A 级旅游景区当年建设投资总量的 27.95%；其次是森林景观类和乡村旅游类，分别为 445.16 亿元和 323.99 亿元，分别占全国 A 级旅游景区当年建设投资总量的 13.61% 和 9.90%；城市公园类景区建设投资规模最小，为 9.44 亿元，占比为 0.29%（表 1-7-4、图 1-7-3）。

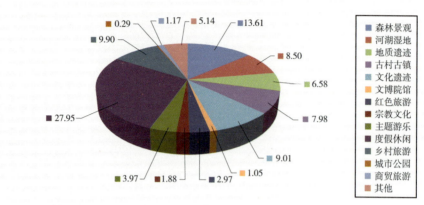

图 1-7-3　2017 年全国 A 级旅游景区当年建设投资占比分亚类统计（单位：%）

从景区平均建设投资来看，古村古镇类 A 级旅游景区平均建设投资规模最大，为 7333.99 万元；其次是度假休闲类和河湖湿地类，分别为 5658.35 万元和 4121.19 万元。文博院馆类景区平均建设投资规模最小，为 489.26 万元。

（八）A 级旅游景区经营管理主体统计

1. 全国 A 级旅游景区经营管理主体情况

2017 年，全国 A 级旅游景区经营管理主体主要包括行政单位、事业单位、企业和部队四种类型。其中企业经营管理主体 A 级旅游景区数量最多，为 6644 家，占比为 70.31%；其次是事业单位和行政单位，分别为 2515 家和 288 家，占比分别为 26.61% 和 3.05%。部队经营管理主体 A 级旅游景区所占比重最小，为 3 家，占比 0.03%。

与上年相比，除部队经营主体保持不变外，其他三种类型经营管理主体 A 级旅游景区数量均呈增长态势，其中行政单位经营管理主体 A 级旅游景区数量增长最快，增长 21.01%；其次是企业和事业单位，分别增长 10.84% 和 3.75%。

表 1-8-1　2016 ~ 2017 年全国 A 级旅游景区运营主体统计

管理主体	2016 年		2017 年			
	数量（家）	比重（%）	数量（家）	比重（%）	增量（家）	增长率（%）
行政单位	238	2.75	288	3.05	50	21.01
事业单位	2424	27.99	2515	26.61	91	3.75

066
2017
中国旅游景区
发展报告
CHINA TOURIST
ATTRACTION
DEVELOPMENT
REPORT 2017

管理主体	2016 年		2017 年			
	数量（家）	比重（%）	数量（家）	比重（%）	增量（家）	增长率（%）
企 业	5994	69.23	6644	70.31	650	10.84
部 队	3	0.03	3	0.03	0	0.00
合 计	8659	100.00	9450	100.00	791	9.14

从景区等级来看，各等级旅游景区均以企业经营管理主体为主，其中以 1A 级旅游景区企业经营管理主体 A 级旅游景区所占比重最大，占 1A 级旅游景区总量的 79.01%，其次是 3A 级和 2A 级旅游景区，占比分别为 72.40% 和 69.93%，5A 级和 4A 级旅游景区企业经营管理主体 A 级旅游景区所占比重相对较小，占比分别为 56.51% 和 68.62%（表 1-8-2）。

表 1-8-2　2017 年全国 A 级旅游景区运营主体情况分等级统计

景区等级	行政单位		事业单位		企业		部队		合计	
	数量（家）	比重（%）	数量（家）	比重（%）	数量（家）	比重（%）	数量（家）	比重（%）	数量（家）	比重（%）
5A 级旅游景区	25	10.16	82	33.33	139	56.51	0	0.00	246	100.00
4A 级旅游景区	67	2.22	880	29.13	2073	68.62	1	0.03	3021	100.00
3A 级旅游景区	132	3.24	991	24.31	2952	72.40	2	0.05	4077	100.00
2A 级旅游景区	62	3.06	547	27.01	1416	69.93	0	0.00	2025	100.00
1A 级旅游景区	2	2.47	15	18.52	64	79.01	0	0.00	81	100.00
合 计	288	3.05	2515	26.61	6644	70.31	3	0.03	9450	100.00

2. 分区域 A 级旅游景区经营管理主体情况

六个地区 A 级旅游景区均以企业经营主体为主，其中以华北、华东和东北三个地区企业经营管理主体 A 级旅游景区所占比重相对较大，分别占本地区 A 级旅游景区总数的 73.54%、72.42% 和 72.35%（表 1-8-3）。

表 1-8-3 2017 年全国 A 级旅游景区运营主体情况分区统计

地区	行政单位		事业单位		企业		部队		合计	
	数量（家）	占比（%）	数量（家）	占比（%）	数量（家）	占比（%）	数量（家）	占比（%）	数量（家）	占比（%）
华北	22	2.01	267	24.36	806	73.54	1	0.09	1096	100.00
东北	31	3.25	233	24.40	691	72.35	0	0.00	955	100.00
华东	90	2.82	788	24.73	2308	72.42	1	0.03	3187	100.00
中南	31	1.63	519	27.23	1355	71.09	1	0.05	1906	100.00
西南	77	6.42	311	25.91	812	67.67	0	0.00	1200	100.00
西北	37	3.34	397	35.90	672	60.76	0	0.00	1106	100.00
合计	288	3.05	2515	26.61	6644	70.31	3	0.03	9450	100.00

3. 分省 A 级旅游景区经营管理主体情况

所有省级行政区域 A 级旅游景区均以企业经营管理主体为主。其中，海南省、西藏自治区和浙江省三个省级行政区企业为经营管理主体的 A 级旅游景区所占比重相对较大，分别占该省 A 级旅游景区总数的 88.89%、87.76% 和 83.53%。（表 1-8-4）。

表 1-8-4 2017 年全国 A 级旅游景区运营主体情况分省统计

省级行政区	行政单位		事业单位		企业		部队	
	数量（家）	比重（%）	数量（家）	比重（%）	数量（家）	比重（%）	数量（家）	比重（%）
北京市	11	6.04	24	13.19	146	80.22	1	0.55
天津市	5	5.00	32	32.00	63	63.00	0	0.00
河北省	3	0.82	103	28.30	258	70.88	0	0.00
山西省	1	0.72	39	28.06	99	71.22	0	0.00
内蒙古自治区	2	0.64	69	22.19	240	77.17	0	0.00
辽宁省	10	2.74	77	21.10	278	76.16	0	0.00
吉林省	5	2.20	48	21.15	174	76.65	0	0.00
黑龙江省	16	4.41	108	29.75	239	65.84	0	0.00
上海市	0	0.00	23	23.47	75	76.53	0	0.00
江苏省	14	2.23	246	39.17	368	58.60	0	0.00

068
2017
中国旅游景区
发展报告
CHINA TOURIST
ATTRACTION
DEVELOPMENT
REPORT 2017

省级 行政区	行政单位		事业单位		企业		部队	
	数量 （家）	比重 （%）	数量 （家）	比重 （%）	数量 （家）	比重 （%）	数量 （家）	比重 （%）
浙江省	23	3.99	72	12.48	482	83.53	0	0.00
安徽省	15	3.22	111	23.82	340	72.96	0	0.00
福建省	4	1.91	48	22.97	157	75.12	0	0.00
江西省	11	4.93	53	23.77	159	71.30	0	0.00
山东省	23	2.33	235	23.84	727	73.73	1	0.10
河南省	2	0.49	145	35.54	261	63.97	0	0.00
湖北省	8	2.30	79	22.70	261	75.00	0	0.00
湖南省	11	2.85	142	36.79	233	60.36	0	0.00
广东省	4	1.19	84	25.00	248	73.81	0	0.00
广西壮族自治区	6	1.60	63	16.85	304	81.28	1	0.27
海南省	0	0.00	6	11.11	48	88.89	0	0.00
重庆市	8	3.74	53	24.77	153	71.49	0	0.00
四川省	44	9.09	162	33.47	278	57.44	0	0.00
贵州省	9	3.59	47	18.72	195	77.69	0	0.00
云南省	11	5.45	48	23.76	143	70.79	0	0.00
西藏自治区	5	10.20	1	2.04	43	87.76	0	0.00
陕西省	7	1.72	159	39.07	241	59.21	0	0.00
甘肃省	4	1.45	132	47.65	141	50.90	0	0.00
青海省	10	13.16	11	14.47	55	72.37	0	0.00
宁夏回族自治区	0	0.00	13	22.81	44	77.19	0	0.00
新疆维吾尔自治区	14	5.88	74	31.09	150	63.03	0	0.00
新疆生产建设兵团	2	3.92	8	15.69	41	80.39	0	0.00
合计	288	3.05	2515	26.61	6644	70.31	3	0.03

4. 分类型 A 级旅游景区经营管理主体情况

从景区大类来看，休闲娱乐类、自然景观类、历史文化类和其他类 A 级旅游景区均以企业为经营管理主体，数量分别为 2919、1781 家、1530 家和 414 家，分别占本大类景区总数的 83.88%、71.15%、52.50% 和 74.86%。

表 1-8-5　2017 年全国 A 级旅游景区运营主体情况分大类统计

景区大类	行政单位		事业单位		企业		部队	
	数量（家）	占比（%）	数量（家）	占比（%）	数量（家）	占比（%）	数量（家）	占比（%）
自然景观类	81	3.24	641	25.61	1781	71.15	0	0.00
历史文化类	87	2.99	1294	44.41	1530	52.50	3	0.10
休闲娱乐类	113	3.25	448	12.87	2919	83.88	0	0.00
其他类	7	1.27	132	23.87	414	74.86	0	0.00
合　计	288	3.05	2515	26.61	6644	70.31	3	0.03

　　从景区亚类来看，红色旅游类和文博院馆类 A 级旅游景区以事业单位经营管理主体为主，数量分别为 311 家和 439 家，分别占该类型 A 级旅游景区总数的 66.03% 和 62.89%；其他类型 A 级旅游景区均以企业经营管理主体为主，其中商贸旅游类和乡村旅游类 A 级旅游景区企业经营管理主体 A 级旅游景区所占比重相对较大，数量分别为 104 家和 981 家，占比分别为 88.89% 和 87.43%（表 1-8-5、表 1-8-6）。

表 1-8-6　2017 年全国 A 级旅游景区运营主体情况分亚类统计

景区大类	景区亚类	行政单位		事业单位		企业		部队		合计	
		数量（家）	占比（%）	数量（家）	占比（%）	数量（家）	占比（%）	数量（家）	占比（%）	数量（家）	占比（%）
自然景观类	森林景观	35	3.19	340	30.99	722	65.82	0	0.00	1097	100.00
	河湖湿地	26	3.85	181	26.82	468	69.33	0	0.00	675	100.00
	地质遗迹	20	2.74	120	16.41	591	80.85	0	0.00	731	100.00
历史文化类	古村古镇	24	6.74	77	21.63	255	71.63	0	0.00	356	100.00
	文化遗迹	32	3.40	350	37.15	559	59.34	1	0.11	942	100.00
	文博院馆	4	0.57	439	62.89	253	36.25	2	0.29	698	100.00
	红色旅游	21	4.46	311	66.03	139	29.51	0	0.00	471	100.00
	宗教文化	6	1.34	117	26.18	324	72.48	0	0.00	447	100.00

070
2017
中国旅游景区
发展报告
CHINA TOURIST
ATTRACTION
DEVELOPMENT
REPORT 2017

景区大类	景区亚类	行政单位		事业单位		企业		部队		合计	
		数量（家）	占比（%）	数量（家）	占比（%）	数量（家）	占比（%）	数量（家）	占比（%）	数量（家）	占比（%）
休闲娱乐类	主题游乐	4	0.91	70	15.95	365	83.14	0	0.00	439	100.00
	度假休闲	38	2.35	201	12.44	1377	85.21	0	0.00	1616	100.00
	乡村旅游	64	5.71	77	6.86	981	87.43	0	0.00	1122	100.00
	城市公园	5	2.69	89	47.85	92	49.46	0	0.00	186	100.00
	商贸旅游	2	1.71	11	9.40	104	88.89	0	0.00	117	100.00
其他类	其他	7	1.27	132	23.87	414	74.86	0	0.00	553	100.00
合计		288	3.05	2515	26.61	6644	70.31	3	0.03	9450	100.00

（九）A 级旅游景区就业统计

1. 全国 A 级旅游景区就业情况

2017 年，全国 A 级旅游景区总就业 263.68 万人，其中固定就业人数为 130.10 万人，较上年增加 1.33 万人，增长 1.03%，景区平均固定就业人数 138 人，较上年下降 7.38%。景区吸纳临时就业 133.58 万人次。

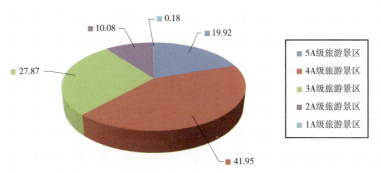

- 5A 级旅游景区
- 4A 级旅游景区
- 3A 级旅游景区
- 2A 级旅游景区
- 1A 级旅游景区

图 1-9-1　2017 年全国 A 级旅游景区固定就业人数占比分等级统计（单位：%）

从景区等级来看，4A级旅游景区固定就业人数最多，为54.57万人，占A级旅游景区总固定就业人数的41.95%；其次是3A级和5A级旅游景区，分别为36.26万人和25.92万人，分别占A级旅游景区总固定就业人数的27.87%和19.92%；1A级和2A级旅游景区固定就业人数相对较少，分别为0.23万人和13.12万人，占比分别为0.18%和10.08%。

从景区平均就业来看，5A级旅游景区平均固定就业人数最多，为1054人；其次是4A级和3A级旅游景区，分别为181人和89人；1A级和2A级旅游景区平均固定就业人数相对较少，分别为28人和65人（表1-9-1、图1-9-1）。

表1-9-1　2017年全国A级旅游景区就业情况分等级统计

景区等级	景区总就业（万人）	景区固定就业（万人）	固定就业比重（%）	景区数量（家）	景区平均固定就业（人）
5A级旅游景区	60.35	25.92	19.92	246	1054
4A级旅游景区	105.03	54.57	41.95	3021	181
3A级旅游景区	75.15	36.26	27.87	4077	89
2A级旅游景区	22.81	13.12	10.08	2025	65
1A级旅游景区	0.34	0.23	0.18	81	28
合　计	263.68	130.10	100.00	9450	138

2. 分区域A级旅游景区就业情况

华东和中南地区A级旅游景区固定就业总人数相对较多，分别为43.72万人和

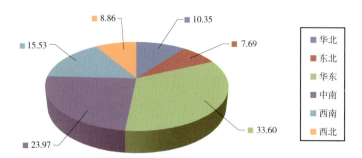

图1-9-2　2017年全国A级旅游景区就业人数占比分区统计（单位：%）

072
2017
中国旅游景区
发展报告
CHINA TOURIST
ATTRACTION
DEVELOPMENT
REPORT 2017

31.18 万人，分别占全国 A 级旅游景区固定就业总量的 33.60% 和 23.97%，东北和西北地区 A 级旅游景区固定就业总人数相对较少，分别为 10.00 万人和 11.52 万人，占比分别为 7.69% 和 8.86%（图 1-9-2）。

西南地区 A 级旅游景区平均固定就业人数最多，为 168 人，高出全国平均固定就业人数 30 人；其次是中南和华东地区，分别为 164 人和 137 人，其中，中南地区高出全国平均固定就业人数 26 人，华东地区低于全国平均就业人数 1 人；西北地区平均固定就业人数最少，为 104 人，低于全国平均就业人数 34 人（表 1-9-2）。

表 1-9-2　2017 年全国 A 级旅游景区就业情况分区统计

地　区	景区固定就业（万人）	固定就业分区比重（%）	景区数量（家）	景区平均固定就业（人）
华　北	13.47	10.35	1096	123
东　北	10.00	7.69	955	105
华　东	43.72	33.60	3187	137
中　南	31.18	23.97	1906	164
西　南	20.21	15.53	1200	168
西　北	11.52	8.86	1106	104
合　计	130.10	100.00	9450	138

3. 分省 A 级旅游景区就业情况

2017 年，山东省 A 级旅游景区固定就业人数最多，为 16.23 万人，占 A 级旅游景区固定就业总人数的 12.48%；其次为四川省和广东省，分别为 8.68 万人和 8.32 万人，分别占 A 级旅游景区固定就业总人数的 6.67% 和 6.40%。西藏自治区固定就业人数最少，为 0.04 万人，占比为 0.03%。

海南省 A 级旅游景区平均固定就业人数最多，为 315 人，高出过全国平均固定就业人数 177 人；其次是云南省和广东省，分别 268 人和 248 人，分别高出过全国平均固定就业人数 130 人和 110 人。西藏自治区固定就业人数最少，为 8 人，低于全国景区平均固定就业 130 人（表 1-9-3）。

表 1-9-3　2017 年全国 A 级旅游景区就业情况分省统计

省级行政区	景区固定就业（万人）	比重（%）	景区数量（家）	景区平均固定就业（人）
北京市	1.68	1.29	182	92
天津市	1.02	0.78	100	102
河北省	7.87	6.05	364	216
山西省	1.22	0.94	139	88
内蒙古自治区	1.68	1.29	311	54
辽宁省	5.82	4.47	365	159
吉林省	1.15	0.88	227	51
黑龙江省	3.03	2.33	363	83
上海市	1.16	0.89	98	118
江苏省	6.99	5.37	628	111
浙江省	6.19	4.76	577	107
安徽省	6.75	5.19	466	145
福建省	2.65	2.04	209	127
江西省	3.75	2.88	223	168
山东省	16.23	12.48	986	165
河南省	5.34	4.10	408	131
湖北省	4.67	3.59	348	134
湖南省	7.84	6.03	386	203
广东省	8.32	6.40	336	248
广西壮族自治区	3.31	2.54	374	89
海南省	1.70	1.31	54	315
重庆市	2.39	1.84	214	112
四川省	8.68	6.67	484	179
贵州省	3.68	2.83	251	147
云南省	5.42	4.17	202	268
西藏自治区	0.04	0.03	49	8
陕西省	4.87	3.74	407	120

2017
中国旅游景区
发展报告
CHINA TOURIST
ATTRACTION
DEVELOPMENT
REPORT 2017

省级行政区	景区固定就业（万人）	比重（%）	景区数量（家）	景区平均固定就业（人）
甘肃省	2.03	1.56	277	73
青海省	1.00	0.77	76	132
宁夏回族自治区	0.60	0.46	57	105
新疆维吾尔自治区	2.86	2.20	238	120
新疆生产建设兵团	0.16	0.12	51	31
合　计	130.10	100.00	9450	138

4. 分类型 A 级旅游景区就业情况

从景区大类来看，2017 年，休闲娱乐类 A 级旅游景区固定就业人数最多，为 56.11 万人，占全国 A 级旅游景区固定就业人数的 43.13%。其次是自然景观类和历史文化类，分别为 30.69 万人和 28.72 万人，占比分别为 23.58% 和 22.08%。

其他类和休闲娱乐类景区平均固定就业人数较多，分别为 264 人和 161 人，分别高出全国 A 级旅游景区平均固定就业 126 人和 23 人；自然景观类和历史文化类景区平均固定就业人数较少，为 99 人和 123 人，分别低于全国 A 级旅游景区平均固定就业人 39 人和 15 人。

表 1-9-4　2017 年全国 A 级旅游景区就业情况分类型统计

景区大类	景区固定就业（万人）	固定就业分类比重（%）	景区平均固定就业（人）	景区亚类	景区固定就业（万人）	固定就业分类比重（%）	景区数量（家）	景区平均固定就业（人）
自然景观类	30.69	23.58	123	森林景观	12.69	9.75	1097	116
				河湖湿地	9.53	7.32	675	141
				地质遗迹	8.47	6.51	731	116
历史文化类	28.72	22.08	99	古村古镇	8.02	6.16	356	225
				文化遗迹	11.16	8.58	942	118
				文博院馆	2.73	2.10	698	39
				红色旅游	4.08	3.14	471	87
				宗教文化	2.73	2.10	447	61

景区大类	景区固定就业（万人）	固定就业分类比重（%）	景区平均固定就业（人）	景区亚类	景区固定就业（万人）	固定就业分类比重（%）	景区数量（家）	景区平均固定就业（人）
				主题游乐	8.38	6.44	439	191
				度假休闲	27.80	21.37	1616	172
休闲娱乐类	56.11	43.13	161	乡村旅游	13.43	10.32	1122	120
				城市公园	1.13	0.87	186	61
				商贸旅游	5.37	4.13	117	459
其他类	14.58	11.21	264	其他	14.58	11.21	553	264
合　计	130.10	100.00	138	合计	130.10	100.00	9450	138

　　从景区亚类来看，2017 年，A 级旅游景区固定就业人数最多的是度假休闲类，为 27.80 万人，占 A 级旅游景区固定就业总人数的 21.37%；其次为其他类和乡村旅游类，分别为 14.58 万人和 13.43 万人，分别占 A 级旅游景区固定就业总人数的 11.21% 和 10.32%。城市公园类固定就业人数最少，为 1.13 万人，占比 0.87%。

　　从景区平均固定就业人数来看，平均固定就业人数最多的是商贸旅游类，为 459 人；其次为其他类和古村古镇类，分别为 264 人和 225 人；文博院馆类景区平均固定就业人数最少，为 39 人（表 1-9-4）。

5. A 级旅游景区导游情况

　　2017 年，全国 A 级旅游景区导游总人数为 64847 人，较上年减少 484 人，下降 0.74%。A 级旅游景区平均导游人数为 7 人，较上年减少 1 人，下降 12.50%。

　　从景区等级来看，4A 级旅游景区导游人数最多，为 29128 人，占 A 级旅游景区导游总数的 44.92%；其次是 5A 级和 3A 级旅游景区，分别为 16071 人和 15441 人，分别占 A 级旅游景区导游总数的 24.78% 和 23.81%。1A 级和 2A 级旅游景区导游人数相对较少，分别为 119 人和 4088 人，占比分别为 0.18% 和 6.31%。

076
2017
中国旅游景区
发展报告
CHINA TOURIST
ATTRACTION
DEVELOPMENT
REPORT 2017

表 1-9-5 2016～2017 年全国 A 级旅游景区导游拥有情况分等级统计

景区等级	2016 年				2017 年			
	导游数量（人）	比重（%）	景区数量（家）	平均导游（人）	导游数量（人）	比重（%）	景区数量（家）	平均导游（人）
5A 级旅游景区	18223	27.89	227	80	16071	24.78	246	65
4A 级旅游景区	28131	43.06	2820	10	29128	44.92	3021	10
3A 级旅游景区	14609	22.36	3493	4	15441	23.81	4077	4
2A 级旅游景区	4239	6.49	2029	2	4088	6.31	2025	2
1A 级旅游景区	129	0.20	90	1	119	0.18	81	1
合　计	65331	100.00	8659	8	64847	100.00	9450	7

　　5A 级旅游景区平均导游人数最多，为 65 人；其次是 4A 级和 3A 级旅游景区，分别为 10 人和 4 人；1A 级和 2A 级旅游景区导游人数相对较少，分别为 1 人和 2 人（表 1-9-5、图 1-9-3）。

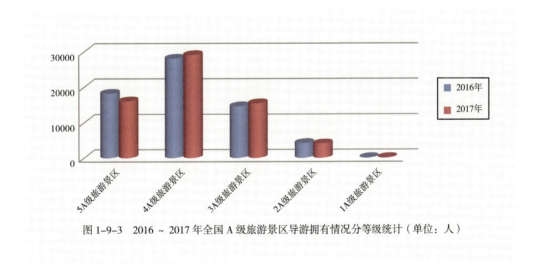

图 1-9-3 2016～2017 年全国 A 级旅游景区导游拥有情况分等级统计（单位：人）

　　从分区来看，华东地区 A 级旅游景区导游人数最多，为 21092 人，占全国 A 级旅游景区导游总数的 32.53%；其次是中南和西南地区，分别 16221 人和 11088 人，分别占全国 A 级旅游景区导游总数的 25.01% 和 17.10%。西北地区 A 级旅游景区导游人数最少，为 5537 人，占比为 8.54%（图 1-9-4）。

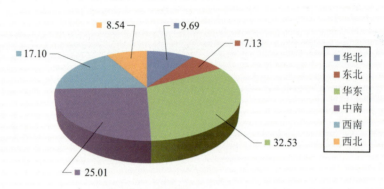

图1-9-4　2017年全国A级旅游景区导游拥有占比分区统计（单位：%）

西南和中南地区A级旅游景区平均导游人数最多，均为9人，东北和西北地区平均导游人数最少，均为5人（表1-9-6）。

表1-9-6　2017年全国A级旅游景区导游拥有情况分区统计

地　区	专职导游人数（人）	比重（%）	景区数量（家）	平均导游人数（人）
华　北	6283	9.69	1096	6
东　北	4626	7.13	955	5
华　东	21092	32.53	3187	7
中　南	16221	25.01	1906	9
西　南	11088	17.10	1200	9
西　北	5537	8.54	1106	5
合　计	64847	100.00	9450	7

从分省来看，山东省A级旅游景区导游人数最多，为5489人，占全国A级旅游景区导游总数的8.46%；其次是云南省和湖南省，分别4745人和4581人，分别占全国A级旅游景区导游总数的7.32%和7.06%；西藏自治区A级旅游景区导游人数最少，为24人，占比为0.04%。

从景区平均导游人数来看，云南省A级旅游景区平均导游人数最多，为23人；其次是海南省和山西省，分别为19人和13人；西藏自治区A级旅游景区平均导游人数最少，不足1人（表1-9-7）。

078
2017
中国旅游景区
发展报告
CHINA TOURIST
ATTRACTION
DEVELOPMENT
REPORT 2017

表 1-9-7　2017 年全国 A 级旅游景区导游拥有情况分省统计

省级行政区	专职导游人数（人）	比重（%）	景区数量（家）	平均导游人数（人）
北京市	426	0.66	182	2
天津市	395	0.61	100	4
河北省	2289	3.53	364	6
山西省	1840	2.84	139	13
内蒙古自治区	1333	2.06	311	4
辽宁省	2200	3.39	365	6
吉林省	916	1.41	227	4
黑龙江省	1510	2.33	363	4
上海市	422	0.65	98	4
江苏省	4006	6.18	628	6
浙江省	3068	4.73	577	5
安徽省	3476	5.36	466	7
福建省	2298	3.54	209	11
江西省	2333	3.60	223	10
山东省	5489	8.46	986	6
河南省	3410	5.26	408	8
湖北省	2859	4.41	348	8
湖南省	4581	7.06	386	12
广东省	2105	3.24	336	6
广西壮族自治区	2244	3.46	374	6
海南省	1022	1.57	54	19
重庆市	1268	1.95	214	6
四川省	3232	4.98	484	7
贵州省	1819	2.81	251	7
云南省	4745	7.32	202	23
西藏自治区	24	0.04	49	0
陕西省	2768	4.27	407	7
甘肃省	1296	2.00	277	5
青海省	375	0.58	76	5
宁夏回族自治区	390	0.60	57	7

省级行政区	专职导游人数（人）	比重（%）	景区数量（家）	平均导游人数（人）
新疆维吾尔自治区	575	0.89	238	2
新疆生产建设兵团	133	0.21	51	3
合计	64847	100.00	9450	7

从景区大类来看，历史文化类和自然景观类景区专职导游人数较多，分别为24598人和21054人，占比分别为37.93%和32.47%。此外，自然景观类和历史文化类景区平均导游人数最多，都为8人，高出全国A级旅游景区平均导游人数1人。

表1-9-8　2017年全国A级旅游景区导游拥有情况分类型统计

景区大类	专职导游人数（人）	比重（%）	平均导游人数（人）	景区亚类	专职导游人数（人）	比重（%）	景区数量（家）	平均导游人数（人）
自然景观类	21054	32.47	8	森林景观	8250	12.72	1097	8
				河湖湿地	4544	7.01	675	7
				地质遗迹	8260	12.74	731	11
历史文化类	24598	37.93	8	古村古镇	7110	10.96	356	20
				文化遗迹	8028	12.38	942	9
				文博院馆	4332	6.68	698	6
				红色旅游	3059	4.72	471	6
				宗教文化	2069	3.19	447	5
休闲娱乐类	15753	24.29	5	主题游乐	2705	4.17	439	6
				度假休闲	7577	11.68	1616	5
				乡村旅游	4592	7.08	1122	4
				城市公园	375	0.58	186	2
				商贸旅游	504	0.78	117	4
其他类	3442	5.31	6	其他	3442	5.31	553	6
合计	64847	100.00	7	合计	64847	100.00	9450	7

从景区亚类来看，地质遗迹类景区导游人数最多，为8260人，占A级旅游景

080
2017
中国旅游景区
发展报告
CHINA TOURIST
ATTRACTION
DEVELOPMENT
REPORT 2017

区导游总数的 12.74%；其次是森林景观类和文化遗迹类，分别为 8250 人和 8028 人，分别占 A 级旅游景区导游总数的 12.72% 和 12.38%。城市公园类景区导游人数最少，为 375 人，占比 0.58%。此外，古村古镇类 A 级旅游景区平均导游人数最多，为 20 人；城市公园类 A 级旅游景区导游人数最少，为 2 人（表 1-9-8）。

（十）2017 年新增旅游景区统计

2017 年，全国 A 级旅游景区数量为 9450 家，较上年增加 791 家，增长 9.14%。

1. 2017 年新增 A 级旅游景区等级统计

3A 级、4A 级和 5A 级旅游景区数量均呈增长态势，其中 3A 级旅游景区增加数量最多，新增 584 家，增长 73.83%；其次是 4A 级和 5A 级旅游景区，分别新增 201 家和 19 家，分别为增长 25.41% 和 2.40%。2A 级和 1A 级旅游景区数量均呈下降态势，分别较上年减少 4 家和 9 家，分别下降 0.50% 和 1.14%（表 1-10-1）。

表 1-10-1　2017 年全国新增 A 级旅游景区分等级统计

	5A 级旅游景区	4A 级旅游景区	3A 级旅游景区	2A 级旅游景区	1A 级旅游景区	合计
数量（家）	19	201	584	-4	-9	791
增长率（%）	2.40	25.41	73.83	-0.50	-1.14	9.14

2. 2017 年新增 A 级旅游景区类型统计

从景区大类来看，休闲娱乐类 A 级旅游景区数量新增最多，新增 371 家；其次为历史文化类和自然景观类 A 级旅游景区，分别新增 211 家和 160 家。

从景区亚类来看，乡村旅游类 A 级旅游景区新增数量最多，新增 173 家，占全国新增 A 级旅游景区总数的 21.85%；其次为度假休闲类和文化遗迹类，分别新增 144 家和 77 家，分别占全国新增 A 级旅游景区总数的 18.24% 和 9.74%。城市公园类景区新增数量最少，新增 5 家，占比为 0.61%（表 1-10-2、图 1-10-1）。

表 1-10-2　2017 年全国新增 A 级旅游景区分类型统计

景区大类	数量（家）	景区亚类	数量（家）	比重（%）
自然景观类	160	森林景观	61	7.76
		河湖湿地	45	5.65
		地质遗迹	54	6.81
历史文化类	211	古村古镇	36	4.56
		文化遗迹	77	9.74
		文博院馆	41	5.24
		红色旅游	31	3.88
		宗教文化	26	3.34
休闲娱乐类	371	主题游乐	36	4.49
		度假休闲	144	18.24
		乡村旅游	173	21.85
		城市公园	5	0.61
		商贸旅游	13	1.63
其他类	49	其他	49	6.20
合　计	791	合计	791	100.00

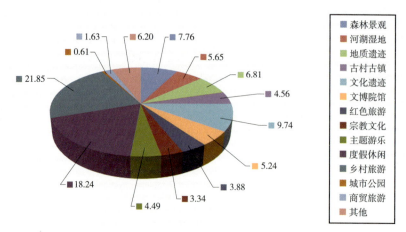

图 1-10-1　2017 年全国新增旅游景区占比分亚类统计（单位：%）

3. 2017 年新增 A 级旅游景区空间分布统计

从分区来看，中南地区 A 级旅游景区新增数量最多，为 223 家，占新增 A 级

082
2017
中国旅游景区
发展报告
CHINA TOURIST
ATTRACTION
DEVELOPMENT
REPORT 2017

旅游景区总数的 28.19%；其次是华东和西南地区，分别新增 193 家和 180 家，分别占新增 A 级旅游景区总数的 24.40% 和 22.76%。华北地区新增景区数量最少，为 32 家，占比为 4.05%（表 1-10-3）。

表 1-10-3　2017 年全国新增 A 级旅游景区分区统计

地　区	华　北	东　北	华　东	中　南	西　南	西　北	合　计
数量（家）	32	60	193	223	180	103	791
比重（%）	4.05	7.58	24.40	28.19	22.76	13.02	100.00

从分省来看，四川省、山东省、湖南省和浙江省新增 A 级旅游景区相对较多，分别为 130 家、108 家、96 家和 87 家，分别占全国新增 A 级旅游景区的 16.44%、13.65%、12.14% 和 11.00%；江西省、西藏自治区、新疆维吾尔自治区和北京市 A 级旅游景区数量减少相对较多，分别减少 32 家、30 家、15 家和 11 家（表 1-10-4）。

表 1-10-4　2017 年全国新增旅游景区分省统计

省级行政区	新增景区		省级行政区	新增景区	
	数量（家）	比重（%）		数量（家）	比重（%）
北京市	-11	-1.39	湖北省	32	4.05
天津市	-1	-0.13	湖南省	96	12.14
河北省	25	3.16	广东省	27	3.41
山西省	-4	-0.51	广西壮族自治区	27	3.41
内蒙古自治区	23	2.91	海南省	1	0.13
辽宁省	56	7.08	重庆市	4	0.51
吉林省	0	0.00	四川省	130	16.44
黑龙江省	4	0.51	贵州省	79	9.99
上海市	2	0.25	云南省	-3	-0.38
江苏省	-4	-0.51	西藏自治区	-30	-3.79
浙江省	87	11.00	陕西省	71	8.98
安徽省	5	0.63	甘肃省	22	2.78
福建省	27	3.41	青海省	2	0.25
江西省	-32	-4.05	宁夏回族自治区	15	1.90
山东省	108	13.65	新疆维吾尔自治区	-15	-1.90
河南省	40	5.06	新疆生产建设兵团	8	1.01

二、5A 级旅游景区情况

（一）5A 级旅游景区数量统计

2017 年，全国 5A 级旅游景区达到 246 家，较上年增加 19 家，增长 8.37%，低于全国 A 级旅游景区平均水平 0.77 个百分点。

1. 分区域 5A 级旅游景区数量情况

华东地区 5A 级旅游景区数量最多，为 88 家，占全国 5A 级旅游景区总数的 35.77%；其次是中南和西南地区，分别为 60 和 33 家，占比分别为 24.39% 和 13.42%；东北地区最少，为 16 家，占比 6.50%。

与上年相比，华东地区 5A 级旅游景区增长最快，新增 12 家，增长 15.79%；其次是中南和东北地区，分别新增 8 家和 2 家，分别增长 15.38% 和 14.29%；华北地区 5A 级景区减少 5 家，下降 20.83%（表 2-1-1）。

表 2-1-1　2016 ～ 2017 年全国 5A 级旅游景区数量情况分区统计

地　区	2016 年景区数量（家）	比重（%）	2017 年景区数量（家）	比重（%）	增量（家）	增长率（%）
华　北	24	10.57	19	7.72	-5	-20.83
东　北	14	6.17	16	6.50	2	14.29
华　东	76	33.48	88	35.77	12	15.79
中　南	52	22.91	60	24.39	8	15.38
西　南	32	14.09	33	13.42	1	3.13
西　北	29	12.78	30	12.20	1	3.45
合　计	227	100.00	246	100.00	19	8.37

2. 分省 5A 级旅游景区数量情况

江苏省 5A 级旅游景区数量最多，为 23 家，占全国 5A 级旅游景区总数的 9.35%，其次为河南省、浙江省和安徽省，分别为 17 家、16 家和 16 家，占比分别为 6.91%、

084
2017
中国旅游景区
发展报告
CHINA TOURIST
ATTRACTION
DEVELOPMENT
REPORT 2017

6.50% 和 6.50%。新疆生产建设兵团 5A 级旅游景区数量最少，为 1 家，占比为 0.41%（表 2-1-2）。

表 2-1-2 2016 ~ 2017 年全国 5A 级旅游景区数量情况分省统计

省级行政区	2016 年		2017 年			
	数量（家）	比重（%）	数量（家）	比重（%）	增量（家）	增长率（%）
北京市	7	3.08	3	1.22	-4	-57.14
天津市	2	0.88	2	0.81	0	0.00
河北省	6	2.64	5	2.03	-1	-16.67
山西省	6	2.64	6	2.44	0	0.00
内蒙古自治区	3	1.32	3	1.22	0	0.00
辽宁省	4	1.76	5	2.03	1	25.00
吉林省	5	2.21	6	2.44	1	20.00
黑龙江省	5	2.21	5	2.03	0	0.00
上海市	3	1.32	3	1.22	0	0.00
江苏省	22	9.69	23	9.35	1	4.55
浙江省	14	6.17	16	6.50	2	14.29
安徽省	11	4.85	16	6.50	5	45.45
福建省	9	3.96	10	4.07	1	11.11
江西省	8	3.52	7	2.85	-1	-12.50
山东省	9	3.96	13	5.28	4	44.44
河南省	12	5.29	17	6.91	5	41.67
湖北省	10	4.41	11	4.47	1	10.00
湖南省	8	3.52	9	3.66	1	12.50
广东省	12	5.29	12	4.88	0	0.00
广西壮族自治区	4	1.76	5	2.03	1	25.00
海南省	6	2.64	6	2.44	0	0.00
重庆市	7	3.08	8	3.25	1	14.29
四川省	11	4.85	12	4.88	1	9.09
贵州省	4	1.76	5	2.03	1	25.00
云南省	8	3.52	8	3.25	0	0.00
西藏自治区	2	0.88	0	0.00	-2	-100.00

省级行政区	2016 年		2017 年			
	数量（家）	比重（%）	数量（家）	比重（%）	增量（家）	增长率（%）
陕西省	8	3.52	7	2.85	-1	-12.50
甘肃省	4	1.77	4	1.63	0	0.00
青海省	2	0.88	3	1.22	1	50.00
宁夏回族自治区	4	1.77	4	1.63	0	0.00
新疆维吾尔自治区	11	4.85	11	4.47	0	0.00
新疆生产建设兵团	0	0.00	1	0.41	1	100.00
合计	227	100.00	246	100.00	19	8.37

3. 分类型 5A 级旅游景区数量情况

从景区大类来看，5A 级旅游景区数量以自然景观类和历史文化类景区为主，两类景区共计 206 家，占 5A 级旅游景区总数的 83.73%，其中自然景观类景区 117 家，占比 47.56%；历史文化类景区 89 家，占比 36.17%；休闲娱乐类和其他类景区所占比重较低，分别为 31 家和 9 家，占比分别为 12.61% 和 3.66%。

从景区亚类来看，5A 级旅游景区数量中地质遗迹类景区最多，为 48 家，占 5A 级旅游景区总数的 19.51%；其次是森林景观类和文化遗迹类景区，分别为 43 家和 42 家，占比分别为 17.48% 和 17.07%；5A 级旅游景区中没有城市公园类和商贸旅游类景区（表 2-1-3、图 2-1-1）。

表 2-1-3　2017 年全国 5A 级旅游景区数量情况分类型统计

景区大类	数量（家）	占比（%）	景区亚类	数量（家）	占比（%）
自然景观类	117	47.56	森林景观	43	17.48
			河湖湿地	26	10.57
			地质遗迹	48	19.51
历史文化类	89	36.17	古村古镇	22	8.94
			文化遗迹	42	17.07
			文博院馆	8	3.25
			红色旅游	9	3.66
			宗教文化	8	3.25

景区大类	数量（家）	占比（%）	景区亚类	数量（家）	占比（%）
			主题游乐	12	4.88
			度假休闲	18	7.32
休闲娱乐类	31	12.61	乡村旅游	1	0.41
			城市公园	0	0.00
			商贸旅游	0	0.00
其他类	9	3.66	其他	9	3.66
合计	246	100.00	合计	246	100.00

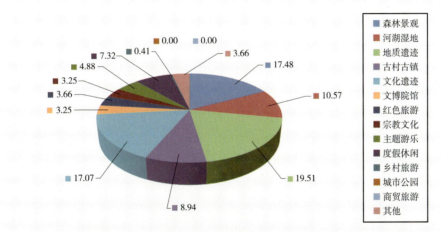

图 2-1-1　2017 年全国 5A 级旅游景区数量占比分亚类统计（单位：%）

（二）5A 级旅游景区门票价格统计

2017 年，全国 5A 级旅游景区平均门票价格为 96 元（联合申报景区门票价格合并），较上年减少 5 元，下降 4.95%。

1. 分区 5A 级旅游景区门票价格情况

华东地区 5A 级旅游景区平均门票价格最高，为 106 元，高出全国 5A 级旅游景区平均门票价格 10 元；其次是西南和中南地区，分别为 100 元和 98 元，分别高出全国 5A 级旅游景区平均门票价格 4 元和 2 元；西北地区 5A 级旅游景区平均门票价格最低，为 74 元，低于全国 5A 级旅游景区平均门票价格 22 元（表 2-2-1）。

表 2-2-1　2017 年全国 5A 级旅游景区门票价格分区统计

地区	累计门票价格（元）	景区数量（家）	景区平均门票价格（元）
华北	1654	19	87
东北	1270	16	79
华东	9314	88	106
中南	5867	60	98
西南	3288	33	100
西北	2227	30	74
合计	23620	246	96

2. 分省 5A 级旅游景区门票价格情况

江西省平均门票价格最高，为 144 元，高出全国 5A 级旅游景区平均门票价格 48 元；其次是湖南省和贵州省，分别为 131 元和 125 元，分别高出全国 5A 级旅游景区平均门票价格 35 元和 29 元。新疆生产建设兵团 5A 级旅游景区平均门票价格最低，为 23 元，低于全国 5A 级旅游景区平均门票价格 73 元（表 2-2-2）。

表 2-2-2　2017 年全国 5A 级旅游景区门票价格分省统计

省级行政区	累计门票价格（元）	景区数量（家）	平均门票价格（元）
北京市	78	3	26
天津市	85	2	43
河北省	540	5	108
山西省	657	6	110
内蒙古自治区	295	3	98
辽宁省	410	5	82
吉林省	567	6	95
黑龙江省	293	5	59
上海市	340	3	113
江苏省	2753	23	120
浙江省	1708	16	107

2017
中国旅游景区
发展报告
CHINA TOURIST
ATTRACTION
DEVELOPMENT
REPORT 2017

省级行政区	累计门票价格（元）	景区数量（家）	平均门票价格（元）
安徽省	1570	16	98
福建省	774	10	77
江西省	1008	7	144
山东省	1161	13	89
河南省	1601	17	94
湖北省	1066	11	97
湖南省	1181	9	131
广东省	990	12	83
广西壮族自治区	420	5	84
海南省	609	6	102
重庆市	916	8	115
四川省	967	12	81
贵州省	624	5	125
云南省	780	8	98
西藏自治区	0	0	0
陕西省	671	7	96
甘肃省	390	4	98
青海省	160	3	53
宁夏回族自治区	283	4	71
新疆维吾尔自治区	700	11	64
新疆维生产建设兵团	23	1	23
合计	23620	246	96

注：西藏自治区因数据未填报，导致此处价格为 0。

3 分类型 5A 级旅游景区门票价格情况

从景区大类来看，休闲娱乐类 A 级旅游景区平均门票价格最高，为 118 元，高出 5A 级旅游景区平均门票价格 22 元。其次是自然景观类和历史文化类 5A 级旅游景区，分别为 98 元和 89 元，其中自然景观类 5A 级旅游景区平均门票价格高出 5A 级旅游景区平均门票价格 2 元，历史文化类 5A 级旅游景区平均门票价格低于 5A 级旅游景区平均门票价格 7 元。

从景区亚类来看，乡村旅游类 5A 级旅游景区平均门票价格最高，180 元，高出全国 5A 级旅游景区平均门票价格 84 元；其次是主题游乐类和宗教文化类 5A 级旅游景区，分别为 145 元和 135 元，分别高出全国 5A 级旅游景区平均门票价格 49 元和 39 元；文博院馆类 5A 级旅游景区平均门票价格最低，为 35 元，低于全国 5A 级旅游景区平均门票价格 61 元（表 2-2-3）。

表 2-2-3　2017 年全国 5A 级旅游景区门票价格分类型统计

景区大类	门票价格（元）	数量（家）	平均门票价格（元）	景区亚类	门票价格（元）	数量（家）	平均门票价格（元）
自然景观类	11451	117	98	森林景观	3838	43	89
				河湖湿地	2322	26	89
				地质遗迹	5291	48	110
历史文化类	7906	89	89	古村古镇	1672	22	76
				文化遗迹	4290	42	102
				文博院馆	276	8	35
				红色旅游	590	9	66
				宗教文化	1078	8	135
休闲娱乐类	3655	31	118	主题游乐	1737	12	145
				度假休闲	1738	18	97
				乡村旅游	180	1	180
				城市公园	0	0	0
				商贸旅游	0	0	0
其他类	608	9	68	其　他	608	9	68
合　计	23620	246	96	合　计	23620	246	96

（三）5A 级旅游景区游客接待统计

2017 年，全国 5A 级旅游景区游客接待总量为 9.49 亿人次，较上年增加 0.83 亿人次，增长 9.58%。5A 级旅游景区平均游客接待量为 385.77 万人次。

1. 分区域 5A 级旅游景区接待情况

华东地区 5A 级旅游景区游客接待量最多，为 4.79 亿人次，占全国 5A 级旅游景区游客接待总量的 50.47%；其次是中南和西南地区，分别为 2.09 亿人次和 0.91

090
2017
中国旅游景区
发展报告
CHINA TOURIST
ATTRACTION
DEVELOPMENT
REPORT 2017

亿人次，分别占全国 5A 级旅游景区游客接待总量的 22.02% 和 9.59%；东北地区 5A 级旅游景区游客接待量最少，为 0.24 亿人次，占比 2.53%。

华东地区 5A 级旅游景区平均游客接待量最多，为 544.32 万人次；其次是中南和华北地区，分别为 348.33 万人次和 331.58 万人次；东北地区 5A 级旅游景区平均游客接待量最少，为 150.00 万人次（表 2-3-1）。

表 2-3-1 2017 年全国 5A 级旅游景区游客接待量分区统计

地 区	游客接待量（亿人次）	比重（%）	景区数量（家）	平均接待量（万人次）
华 北	0.63	6.64	19	331.58
东 北	0.24	2.53	16	150.00
华 东	4.79	50.47	88	544.32
中 南	2.09	22.02	60	348.33
西 南	0.91	9.59	33	275.76
西 北	0.83	8.75	30	276.67
合 计	9.49	100.00	246	385.77

2. 分省 5A 级旅游景区接待情况

江苏省 5A 级旅游景区游客接待量最多，为 1.73 亿人次，占全国 5A 级旅游景区游客接待总量的 18.23%；其次是浙江省和湖南省，分别为 1.22 亿人次和 0.58 亿人次，分别占全国 5A 级旅游景区游客接待总量的 12.85% 和 6.11%。新疆生产建设兵团 5A 级旅游景区游客接待量最少，不足 0.01 亿人次。

天津市 5A 级旅游景区平均游客接待量最多，为 850.00 万人次；其次是浙江省和江苏省，分别为 762.50 万人次和 752.17 万人次；内蒙古自治区和黑龙江省 5A 级景区平均游客接待量最少，均为 100 万人次（表 2-3-2）。

表 2-3-2 2017 年全国 5A 级旅游景区游客接待量分省统计

省级行政区	游客接待量（亿人次）	比重（%）	景区数量（家）	平均接待量（万人次）
北京市	0.12	1.26	3	400.00
天津市	0.17	1.79	2	850.00
河北省	0.16	1.69	5	320.00

省级行政区	游客接待量 （亿人次）	比重（%）	景区数量（家）	平均接待量 （万人次）
山西省	0.15	1.58	6	250.00
内蒙古自治区	0.03	0.31	3	100.00
辽宁省	0.11	1.16	5	220.00
吉林省	0.09	0.95	6	150.00
黑龙江省	0.05	0.53	5	100.00
上海市	0.11	1.16	3	366.67
江苏省	1.73	18.23	23	752.17
浙江省	1.22	12.85	16	762.50
安徽省	0.41	4.32	16	256.25
福建省	0.39	4.11	10	390.00
江西省	0.47	4.95	7	671.43
山东省	0.45	4.74	13	346.15
河南省	0.33	3.48	17	194.12
湖北省	0.39	4.11	11	354.55
湖南省	0.58	6.11	9	644.44
广东省	0.57	6.01	12	475.00
广西壮族自治区	0.07	0.74	5	140.00
海南省	0.16	1.69	6	266.67
重庆市	0.11	1.16	8	137.50
四川省	0.37	3.90	12	308.33
贵州省	0.25	2.63	5	500.00
云南省	0.17	1.79	8	212.50
西藏自治区	0.00	0.00	0	0.00
陕西省	0.44	4.64	7	628.57
甘肃省	0.10	1.05	4	250.00
青海省	0.11	1.16	3	366.67
宁夏回族自治区	0.05	0.53	4	125.00
新疆维吾尔自治区	0.13	1.37	11	118.18
新疆生产建设兵团	0.00	0.00	1	0.00
合　计	9.49	100.00	246	385.77

注：因相关数据未填报导致西藏自治区 5A 级景区游客接待量为零；因新疆生产建设兵团接待量过小，导致此处接待量为 0。

092
2017
中国旅游景区
发展报告
CHINA TOURIST
ATTRACTION
DEVELOPMENT
REPORT 2017

3. 分类型 5A 级旅游景区接待情况

从景区大类来看，历史文化类 5A 级旅游景区游客接待量最多，为 4.16 亿人次，占全国 5A 级旅游景区游客接待总量的 43.84%；其次是自然景观类和休闲娱乐类 5A 级旅游景区，分别为 4.01 亿人次和 1.03 亿人次，占比分别为 42.25% 和 10.85%。

历史文化类 5A 级旅游景区平均游客接待量最多，为 467.42 万人次；其次是自然景观类和休闲娱乐类 5A 级旅游景区，分别为 342.74 万人次和 332.26 万人次。

从景区亚类来看，文化遗迹类 5A 级旅游景区游客接待量最多，为 1.95 亿人次，占全国 5A 级旅游景区游客接待总量的 20.55%；其次是地质遗迹类和河湖湿地类 5A 级旅游景区，分别为 1.67 亿人次和 1.25 亿人次，分别占全国 5A 级旅游景区游客接待总量的 17.60% 和 13.17%；乡村旅游类、城市公园类和商贸旅游类 5A 级旅游景区游客接待总量均不足 0.01 亿人次。

宗教文化类 5A 级旅游景区平均游客接待量最多，为 812.50 万人次；其次是河湖湿地类和红色旅游类，分别为 480.77 万人次和 466.67 万人次；乡村旅游类、城市公园类和商贸旅游类 5A 级旅游景区平均游客接待最少。

表 2-3-3　2017 年全国 5A 级旅游游客接待量分类型统计

景区大类	游客接待量（亿人次）	比重（%）	景区平均接待量（万人次）	景区亚类	游客接待量（亿人次）	比重（%）	景区平均接待量（万人次）
自然景观类	4.01	42.25	342.74	森林景观	1.09	11.49	253.49
				河湖湿地	1.25	13.17	480.77
				地质遗迹	1.67	17.60	347.92
历史文化类	4.16	43.84	467.42	古村古镇	0.89	9.38	404.55
				文化遗迹	1.95	20.55	464.29
				文博院馆	0.25	2.63	312.50
				红色旅游	0.42	4.42	466.67
				宗教文化	0.65	6.85	812.50

景区大类	游客接待量（亿人次）	比重（%）	景区平均接待量（万人次）	景区亚类	游客接待量（亿人次）	比重（%）	景区平均接待量（万人次）
				主题游乐	0.52	5.48	433.33
				度假休闲	0.51	5.37	283.33
休闲娱乐类	1.03	10.85	332.26	乡村旅游	0.00	0.00	0.00
				城市公园	0.00	0.00	0.00
				商贸旅游	0.00	0.00	0.00
其他类	0.29	3.06	322.22	其他	0.29	3.06	322.22
合 计	9.49	100.00	385.77	合计	9.49	100.00	385.77

4. 政策性免票游客接待情况

2017 年，全国 5A 级旅游景区政策性免票游客接待量为 3.33 亿人次，较上年增加 0.90 亿人次，增长 37.04%。5A 级旅游景区平均政策性免票游客接待量为 135.19 万人次。

从分区来看，华东地区政策性免票游客接待量最多，为 19811.22 万人次，占全国 A 级旅游景区政策性免票游客接待总量 59.57%；其次为中南地区和西南地区，分别为 5468.84 万人次和 3483.40 万人次，占比分别为 16.45% 和 10.47%；东北地区政策性免票游客接待量最少，为 332.75 亿元，占比为 1.00%。

华东地区平均政策性免票游客接待量最多，为 225.13 万人次；其次是华北和西南地区，分别为 156.38 万人次和 105.56 万人次；东北地区平均政策性免票游客接待量最少，为 20.80 万人次（表 2-3-4）。

表 2-3-4 2017 年全国 5A 级旅游景区政策性免票游客接待量分区统计

地 区	政策性免票接待（万人次）	比重（%）	景区数量（家）	平均政策性免票接待（万人次）
华 北	2971.27	8.93	19	156.38
东 北	332.75	1.00	16	20.80
华 东	19811.22	59.57	88	225.13
中 南	5468.84	16.45	60	91.15
西 南	3483.40	10.47	33	105.56

094
2017
中国旅游景区
发展报告
CHINA TOURIST
ATTRACTION
DEVELOPMENT
REPORT 2017

地 区	政策性免票接待 （万人次）	比重（%）	景区数量（家）	平均政策性免票接待 （万人次）
西北	1190.08	3.58	30	39.67
合计	33257.56	100.00	246	135.19

从分省来看，江苏省5A级旅游景区政策性免票游客接待量最多，为10683.78万人次，占比全国5A级旅游景区政策性免票游客接待量的32.12%；其次是浙江省和湖南省，分别为3640.07万人次和3495.92万人次，占比分别为10.95%和10.51%。

天津市5A级旅游景区平均政策性免票游客接待量最多，为747.31万人次；其次是江苏省和湖南省，分别为464.51万人次和388.44万人次（表2-3-5）。

表2-3-5 2017年全国5A级旅游景区政策性免票游客接待量分省统计

省级行政区	政策性免票接待 （万人次）	比重（%）	景区数量（家）	平均政策性免票接待 （万人次）
北京市	25.04	0.08	3	8.35
天津市	1494.61	4.49	2	747.31
河北省	734.46	2.21	5	146.89
山西省	606.64	1.82	6	101.11
内蒙古自治区	110.52	0.33	3	36.84
黑龙江省	35.99	0.11	5	7.20
辽宁省	87.16	0.26	6	14.53
吉林省	209.60	0.63	5	41.92
上海市	106.92	0.32	3	35.64
江苏省	10683.78	32.12	23	464.51
浙江省	3640.07	10.95	16	227.50
安徽省	879.30	2.64	16	54.96
福建省	1582.66	4.76	10	158.27
江西省	535.47	1.61	7	76.50
山东省	2383.02	7.17	13	183.31
河南省	309.75	0.93	17	18.22

省级行政区	政策性免票接待（万人次）	比重（%）	景区数量（家）	平均政策性免票接待（万人次）
湖北省	499.16	1.50	11	45.38
湖南省	3495.92	10.51	9	388.44
广东省	1047.47	3.15	12	87.29
广西壮族自治区	30.67	0.09	5	6.13
海南省	85.87	0.26	6	14.31
重庆市	127.80	0.39	8	15.98
四川省	1446.84	4.35	12	120.57
贵州省	1430.64	4.30	5	286.13
云南省	478.12	1.44	8	59.77
西藏自治区	0.00	0.00	0	0.00
陕西省	312.96	0.94	7	44.71
甘肃省	299.25	0.90	4	74.81
青海省	252.39	0.76	3	84.13
宁夏回族自治区	91.77	0.28	4	22.94
新疆维吾尔自治区	223.91	0.67	11	20.36
新疆生产建设兵团	9.80	0.03	1	9.80
合计	33257.56	100.00	246	135.19

从景区大类来看，历史文化类 5A 级旅游景区政策性免票游客接待量最多，为 18008.89 万人次，占全国 5A 级旅游景区政策性免票游客接待量的 54.15%；其次是自然景观类和休闲娱乐类，分别为 11589.00 万人次和 1912.79 万人次，占比分别为 34.85% 和 5.75%。

历史文化类 5A 级旅游景区平均政策性免票接待量最多，为 202.35 万人次；休闲娱乐类 5A 级旅游景区平均政策性免票接待量最少，为 61.70 万人次。

从景区亚类来看，河湖湿地类 5A 级旅游景区政策性免票游客接待量最多，为 5844.98 万人次，占全国 5A 级旅游景区政策性免票游客接待量的 17.58%；其次是文化遗迹类和红色旅游类，分别 5165.12 万人次和 3883.39 万人次，占比分别为 15.53% 和 11.68%。乡村旅游类、城市公园类和商贸旅游类 5A 级景区政策性免票游

096
2017
中国旅游景区
发展报告
CHINA TOURIST
ATTRACTION
DEVELOPMENT
REPORT 2017

客接待量不足 0.01 万人次。

宗教文化类 5A 级旅游景区平均政策性免票接待量最多，为 471.48 万人次；乡村旅游类、城市公园类和商贸旅游类 5A 级景区平均政策性免票游客接待量最少（表 2-3-6）。

表 2-3-6　2017 年全国 5A 级旅游景区政策性免票游客接待量分类型统计

景区大类	政策性免票人数（万人次）	比重（%）	平均政策性免票人数（万人次）	景区亚类	政策性免票人数（万人次）	比重（%）	平均政策性免票人数（万人次）
自然景观类	11589.00	34.85	99.05	森林景观	2423.68	7.29	56.36
				河湖湿地	5844.98	17.58	224.81
				地质遗迹	3320.34	9.98	69.17
历史文化类	18008.89	54.15	202.35	古村古镇	3527.63	10.61	160.35
				文化遗迹	5165.12	15.53	122.98
				文博院馆	1660.90	4.99	207.61
				红色旅游	3883.39	11.68	431.49
				宗教文化	3771.85	11.34	471.48
休闲娱乐类	1912.79	5.75	61.70	主题游乐	554.44	1.67	46.20
				度假休闲	1358.35	4.08	75.46
				乡村旅游	0.00	0.00	0.00
				城市公园	0.00	0.00	0.00
				商贸旅游	0.00	0.00	0.00
其他类	1746.88	5.25	194.10	其他	1746.88	5.25	194.10
合计	33257.56	100.00	135.19	合计	33257.56	100.00	135.19

（四）5A 级旅游景区旅游收入统计

2017 年，全国 5A 级旅游景区旅游总收入为 1692.90 亿元，较上年增加 175.95 亿元，增长 11.60%。全国 5A 级旅游景区平均旅游收入为 6.88 亿元。

1. 分区 5A 级旅游景区收入情况

华东地区 5A 级旅游景区旅游总收入最多，为 965.18 亿元，占全国 5A 级旅游景区旅游总收入的 57.01%；其次是中南和西南地区，分别为 350.83 亿元和 153.87 亿元，分别占全国 5A 级旅游景区旅游总收入的 20.72% 和 9.09%；东北地区 5A 级旅游景区旅游总收入较少，为 43.99 亿元，占比为 2.60%（表 2-4-1、图 2-4-1）。

表 2-4-1　2017 年全国 5A 级旅游景区旅游收入分区统计

地区	景区总收入（亿元）	比重（%）	景区数量（家）	平均收入（亿元）
华北	96.86	5.72	19	5.10
东北	43.99	2.60	16	2.75
华东	965.18	57.01	88	10.97
中南	350.83	20.72	60	5.85
西南	153.87	9.09	33	4.66
西北	82.17	4.86	30	2.74
合计	1692.90	100.00	246	6.88

华东地区 5A 级旅游景区平均旅游收入最多，为 10.97 亿元；其次是中南和华北地区，分别为 5.85 亿元和 5.10 亿元；西北地区 5A 级旅游景区平均旅游收入最少，为 2.74 亿元。

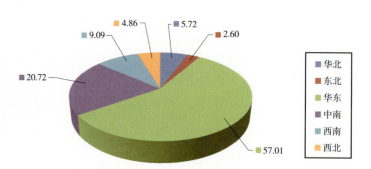

图 2-4-1　2017 年全国 5A 级旅游景区旅游收入占比分区统计（单位：%）

2. 分省 5A 级旅游景区收入情况

江西省 5A 级旅游景区旅游收入最多，为 469.28 亿元，占全国 5A 级旅游景区旅游总收入的 27.72%；其次是安徽省和湖南省，分别为 178.80 亿元和 167.26 亿元，

098
2017
中国旅游景区
发展报告
CHINA TOURIST
ATTRACTION
DEVELOPMENT
REPORT 2017

分别占全国 5A 级旅游景区旅游总收入的 10.56% 和 9.88%；新疆生产建设兵团 5A 级旅游景区旅游收入最少，为 0.62 亿元，占比为 0.04%。

从景区平均收入来看，江西省 5A 级旅游景区平均旅游收入最多，为 67.04 亿元；其次是湖南省和山西省，分别为 18.58 亿元和 11.65 亿元，天津市 5A 级景区平均旅游收入最少，为 0.49 亿元（表 2-4-2）。

表 2-4-2　2017 年全国 5A 级旅游景区旅游收入分省统计

省级行政区	景区总收入（亿元）	比重（%）	景区数量（家）	平均收入（亿元）
北京市	4.14	0.24	3	1.38
天津市	0.98	0.06	2	0.49
河北省	18.20	1.08	5	3.64
山西省	69.91	4.13	6	11.65
内蒙古自治区	3.63	0.21	3	1.21
辽宁省	28.36	1.68	5	5.67
吉林省	6.18	0.37	6	1.03
黑龙江省	9.46	0.56	5	1.89
上海市	11.13	0.66	3	3.71
江苏省	122.44	7.23	23	5.32
浙江省	114.93	6.79	16	7.18
安徽省	178.80	10.56	16	11.18
福建省	26.83	1.58	10	2.68
江西省	469.28	27.72	7	67.04
山东省	41.78	2.47	13	3.21
河南省	35.14	2.08	17	2.07
湖北省	59.97	3.54	11	5.45
湖南省	167.26	9.88	9	18.58
广东省	62.93	3.72	12	5.24
广西壮族自治区	7.52	0.44	5	1.50
海南省	18.00	1.06	6	3.00
重庆市	18.88	1.12	8	2.36
四川省	80.49	4.75	12	6.71
贵州省	31.67	1.87	5	6.33

省级行政区	景区总收入（亿元）	比重（%）	景区数量（家）	平均收入（亿元）
云南省	22.82	1.35	8	2.85
西藏自治区	0.00	0.00	0	0.00
陕西省	21.29	1.26	7	3.04
甘肃省	9.18	0.54	4	2.30
青海省	15.63	0.92	3	5.21
宁夏回族	6.25	0.37	4	1.56
新疆维吾尔自治区	29.20	1.72	11	2.65
新疆生产建设兵团	0.62	0.04	1	0.62
合计	1692.90	100.00	246	6.88

注：因相关数据未填报导致西藏自治区 5A 级旅游景区旅游总收入为零。

　　从景区收入构成来看，门票收入是 5A 级旅游景区收入的主体。具体来看，全国 5A 级旅游景区中以门票收入为主的省级行政区域有 19 个，分别为北京市、天津市、内蒙古自治区、吉林省、上海市、浙江省、福建省、山东省、河南省、湖北省、广东省、海南省、重庆市、四川省、云南省、陕西省、甘肃省、宁夏回族自治区和新疆维吾尔自治区；以商品收入为主的省级行政区域有 3 个，分别为江苏省、江西省和湖南省；以餐饮收入为主的省级行政区域有 6 个，分别为河北省、山西省、黑龙江省、安徽省、贵州省、新疆生产建设兵团；以交通收入为主的省级行政区域有 2 个，分别为广西壮族自治区和青海省；以住宿收入为主的省级行政区域有 1 个，为辽宁省（表 2-4-3）。

表 2-4-3　2017 年全国 5A 级旅游景区收入构成分省统计（单位：%）

省级行政区	景区总收入	其中						
		门票收入	商品收入	餐饮收入	交通收入	住宿收入	演艺收入	其他收入
北京市	100.00	89.31	1.94	0.36	7.91	0.00	0.00	0.48
天津市	100.00	46.43	0.00	0.00	40.75	0.00	10.58	2.24
河北省	100.00	24.27	0.13	74.86	0.42	0.18	0.00	0.14
山西省	100.00	11.95	16.72	36.11	0.96	33.89	0.19	0.18

省级行政区	景区总收入	其中						
		门票收入	商品收入	餐饮收入	交通收入	住宿收入	演艺收入	其他收入
内蒙古自治区	100.00	57.50	9.18	9.64	1.82	21.27	0.59	0.00
黑龙江省	100.00	19.78	13.76	21.88	17.21	16.06	10.17	1.14
辽宁省	100.00	32.47	16.48	12.34	2.68	35.71	0.00	0.32
吉林省	100.00	78.31	13.27	1.94	3.32	0.10	0.21	2.85
上海市	100.00	59.32	15.29	16.76	0.00	0.00	2.88	5.75
江苏省	100.00	28.05	28.16	16.51	5.15	13.36	8.24	0.53
浙江省	100.00	33.27	6.84	6.49	20.66	31.92	0.51	0.31
安徽省	100.00	12.54	8.04	32.92	13.50	30.35	2.64	0.01
福建省	100.00	40.26	7.25	11.57	15.51	20.38	1.12	3.91
江西省	100.00	6.07	31.39	28.17	6.39	25.07	2.46	0.45
山东省	100.00	45.80	21.69	13.77	6.99	10.07	0.75	0.93
河南省	100.00	50.82	7.18	13.05	14.78	9.97	2.23	1.97
湖北省	100.00	25.31	12.98	19.39	18.58	18.87	3.03	1.84
湖南省	100.00	13.31	28.56	21.35	14.23	21.69	0.78	0.08
广东省	100.00	53.08	15.73	16.64	3.88	9.69	0.50	0.48
广西壮族自治区	100.00	33.88	0.42	5.62	57.50	0.00	0.10	2.48
海南省	100.00	38.68	4.54	13.06	34.03	6.94	1.08	1.67
重庆市	100.00	42.61	12.52	14.42	7.15	17.88	5.34	0.08
四川省	100.00	25.11	15.54	24.04	12.58	18.65	3.77	0.31
贵州省	100.00	27.56	6.63	31.90	19.16	9.00	1.42	4.33
云南省	100.00	52.44	5.98	8.37	19.57	9.04	4.30	0.30
西藏自治区	00.00	0.00	0.00	0.00	0.00	0.00	0.00	0.00
陕西省	100.00	78.36	3.89	7.23	4.17	1.28	4.72	0.35
甘肃省	100.00	45.77	3.83	11.84	22.04	11.62	1.51	3.39
青海省	100.00	21.45	1.85	27.85	35.56	10.67	0.98	1.64
宁夏回族自治区	100.00	42.37	5.26	5.58	38.36	5.45	0.00	2.98
新疆维吾尔自治区	100.00	33.62	14.21	19.96	9.67	16.52	3.37	2.65
新疆生产建设兵团	100.00	18.68	22.01	37.24	0.36	21.67	0.00	0.04

注：因相关数据未填报导致西藏自治区 5A 级景区旅游总收入为零。

3. 分类型 5A 级旅游景区收入情况

从景区大类来看，自然景观类 5A 级旅游景区旅游总收入最多，为 883.36 亿元，占全国 5A 级旅游景区旅游总收入的 52.18%；其次是历史文化类和休闲娱乐类 5A 级旅游景区，旅游总收入分别为 640.33 亿元和 156.13 亿元，占比分别为 37.83% 和 9.22%。此外，自然景观类 5A 级旅游景区平均旅游收入最多，为 7.55 亿元；其次是历史文化类和休闲娱乐类 5A 级旅游景区，分别为 7.19 亿元和 5.04 亿元。

从景区亚类来看，地质遗迹类 5A 级旅游景区旅游总收入最多，为 611.14 亿元，占全国 5A 级旅游景区旅游总收入的 36.10%；其次是文化遗迹类和红色旅游类 5A 级旅游景区，分别为 266.09 亿元和 214.34 亿元，占比为 15.72% 和 12.66%。

红色旅游类 5A 级旅游景区平均旅游收入最多，为 23.82 亿元；其次是地质遗迹类和宗教文化类 5A 级旅游景区，分别为 12.73 亿元和 11.49 亿元（表 2-4-4）。

表 2-4-4　2017 年全国 5A 级旅游景区旅游收入分类型统计

景区大类	景区总收入（亿元）	比重（%）	平均收入（亿元）	景区亚类	景区总收入（亿元）	比重（%）	平均收入（亿元）
自然景观类	883.36	52.18	7.55	森林景观	146.25	8.64	3.40
				河湖湿地	125.97	7.44	4.85
				地质遗迹	611.14	36.10	12.73
历史文化类	640.33	37.83	7.19	古村古镇	57.29	3.38	2.60
				文化遗迹	266.09	15.72	6.34
				文博院馆	10.68	0.63	1.34
				红色旅游	214.34	12.66	23.82
				宗教文化	91.93	5.43	11.49
休闲娱乐类	156.13	9.22	5.04	主题游乐	65.63	3.88	5.47
				度假休闲	90.32	5.34	5.02
				乡村旅游	0.18	0.01	0.18
				城市公园	0.00	0.00	0.00
				商贸旅游	0.00	0.00	0.00
其他类	13.08	0.77	1.45	其他	13.08	0.77	1.45
合计	1692.90	100.00	6.88	合计	1692.90	100.00	6.88

（五）5A 级旅游景区投资统计

2017 年，全国 5A 级旅游景区当年建设投资为 384.72 亿元，较上年增加 57.32

102
2017
中国旅游景区
发展报告
CHINA TOURIST
ATTRACTION
DEVELOPMENT
REPORT 2017

亿元，增长 17.51%。5A 级旅游景区平均建设投资 1.56 亿元。

1. 分区 5A 级旅游景区投资情况

华东地区 5A 级旅游景区当年建设投资规模最大，为 144.30 亿元，占全国 5A 级旅游景区当年建设投资总量的 37.51%；其次是中南和西南地区，分别 112.04 亿元和 65.94 亿元，分别占全国 5A 级旅游景区当年建设投资总量的 29.12% 和 17.14%；东北地区建设投资规模最小，为 6.20 亿元，占比为 1.61%。

西南地区 5A 级旅游景区平均建设投资规模最大，为 19981.82 万元；其次是中南和华北地区，分别为 18673.33 万元和 18021.05 万元；东北地区 5A 级旅游景区平均建设投资规模最小，为 3875.00 万元（表 2-5-1）。

表 2-5-1　2017 年全国 5A 级旅游景区当年建设投资分区统计

地区	当年建设投资（亿元）	增量（亿元）	增长率（%）	比重（%）	景区数量（家）	平均建设投资（万元）
华北	34.24	13.66	66.38	8.90	19	18021.05
东北	6.20	-0.90	-12.68	1.61	16	3875.00
华东	144.30	5.86	4.23	37.51	88	16397.73
中南	112.04	29.00	34.92	29.12	60	18673.33
西南	65.94	11.29	20.66	17.14	33	19981.82
西北	22.00	-1.59	-6.74	5.72	30	7333.33
合计	384.72	57.32	17.51	100.00	246	15639.02

2. 分省 5A 级旅游景区投资情况

浙江省 5A 级旅游景区建设投资规模最大，为 52.71 亿元，占全国 5A 级旅游景区建设总投资的 13.70%；其次是湖南省和江苏省，分别 52.09 亿元和 40.38 亿元，分别占全国 5A 级旅游景区建设总投资的 13.54% 和 10.50%；天津市 5A 级旅游景区建设投资规模最小，为 0.17 亿元，占比为 0.04%。

湖南省 5A 级旅游景区平均建设投资规模最大，为 57877.78 万元；其次是贵州省和河北省，分别为 57540.00 万元和 41200.00 万元，天津市 5A 级旅游景区平均建设投资最小，为 850.00 万元（表 2-5-2）。

表 2-5-2　2017 年全国 5A 级旅游景区当年建设投资分省统计

省级行政区	景区当年建设投资（亿元）	比重（%）	景区数量（家）	平均建设投资（万元）
北京市	0.86	0.22	3	2866.67
天津市	0.17	0.04	2	850.00
河北省	20.60	5.35	5	41200.00
山西省	9.84	2.56	6	16400.00
内蒙古自治区	2.77	0.72	3	9233.33
辽宁省	0.74	0.19	5	1480.00
吉林省	3.73	0.97	6	6216.67
黑龙江省	1.72	0.45	5	3440.00
上海市	1.03	0.27	3	3433.33
江苏省	40.38	10.50	23	17556.52
浙江省	52.71	13.70	16	32943.75
安徽省	19.09	4.96	16	11931.25
福建省	17.34	4.51	10	17340.00
江西省	9.72	2.53	7	13885.71
山东省	4.04	1.05	13	3107.69
河南省	26.38	6.86	17	15517.65
湖北省	22.75	5.91	11	20681.82
湖南省	52.09	13.54	9	57877.78
广东省	7.37	1.92	12	6141.67
广西壮族自治区	1.73	0.45	5	3460.00
海南省	1.73	0.45	6	2883.33
重庆市	19.11	4.97	8	23887.50
四川省	9.99	2.60	12	8325.00
贵州省	28.77	7.48	5	57540.00

104
2017
中国旅游景区
发展报告
CHINA TOURIST
ATTRACTION
DEVELOPMENT
REPORT 2017

省级行政区	景区当年建设投资（亿元）	比重（%）	景区数量（家）	平均建设投资（万元）
云南省	8.06	2.09	8	10075.00
西藏自治区	0.00	0.00	0	0.00
陕西省	2.29	0.59	7	3271.43
甘肃省	2.97	0.77	4	7425.00
青海省	2.66	0.69	3	8866.67
宁夏回族自治区	2.01	0.52	4	5025.00
新疆维吾尔自治区	11.14	2.90	11	10127.27
新疆生产建设兵团	0.93	0.24	1	9300.00
合计	384.72	100.00	246	15639.02

注：因相关数据未填报导致西藏自治区 5A 级景区建设投资额为零。

3. 分类型 5A 级旅游景区投资情况

从景区大类来看，历史文化类 5A 级旅游景区建设投资规模最大，为 195.81 亿元，占全国 5A 级旅游景区建设总投资的 50.90%；其次是自然景观类和休闲娱乐类 5A 级旅游景区，分别为 145.04 亿元和 36.06 亿元，分别占全国 5A 级旅游景区建设总投资的 37.70% 和 9.37%。

历史文化大类 5A 级旅游景区平均建设投资最大，为 22001.12 万元，其次是自然景观类和休闲娱乐类 5A 级旅游景区，分别为 12396.58 万元和 11632.26 万元。

从景区亚类来看，文化遗迹类 5A 级旅游景区建设投资规模最大，为 83.40 亿元，占全国 5A 级旅游景区建设总投资的 21.68%；其次是地质遗迹类和古村古镇类 5A 级旅游景区，分别为 77.84 亿元和 57.05 亿元，分别占全国 5A 级旅游景区建设总投资的 20.23% 和 14.83%。

红色旅游类 5A 级旅游景区平均建设投资最大，为 42300.00 万元；其次是古村古镇类和文化遗迹类 5A 级旅游景区，分别为 25931.82 万元和 19857.14 万元；文博院馆类 5A 级旅游景区平均建设投资较小，为 2812.50 万元（表 2-5-3）。

表 2-5-3 2017 年全国 5A 级旅游景区旅游投资分类型统计

景区大类	当年建设投资（亿元）	比重（%）	平均建设投资（万元）	景区亚类	当年建设投资（亿元）	比重（%）	平均建设投资（万元）
自然景观类	145.04	37.70	12396.58	森林景观	50.63	13.16	11774.42
				河湖湿地	16.57	4.31	6373.08
				地质遗迹	77.84	20.23	16216.67
历史文化类	195.81	50.90	22001.12	古村古镇	57.05	14.83	25931.82
				文化遗迹	83.40	21.68	19857.14
				文博院馆	2.25	0.58	2812.50
				红色旅游	38.07	9.90	42300.00
				宗教文化	15.04	3.91	18800.00
休闲娱乐类	36.06	9.37	11632.26	主题游乐	6.28	1.63	5233.33
				度假休闲	29.78	7.74	16544.44
				乡村旅游	0.00	0.00	0.00
				城市公园	0.00	0.00	0.00
				商贸旅游	0.00	0.00	0.00
其他类	7.81	2.03	8677.78	其他	7.81	2.03	8677.78
合计	384.72	100.00	15639.02	合计	384.72	100.00	15639.02

（六）5A 级旅游景区经营管理主体统计

2017 年，5A 级旅游景区经营管理主体主要包括行政单位、事业单位、企业三种类型。其中，企业经营管理主体景区数量最多，为 139 家，占 5A 级旅游景区总数的 56.51%，其次是事业单位和行政单位，分别为 82 家和 25 家，占比分别为 33.33% 和 10.16%（图 2-6-1）。

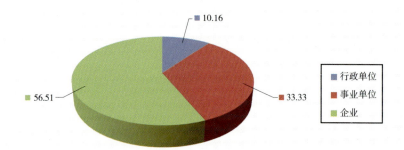

图 2-6-1 2017 年全国 5A 级旅游景区经营主体数量占比统计（单位：%）

106
2017
中国旅游景区
发展报告
CHINA TOURIST
ATTRACTION
DEVELOPMENT
REPORT 2017

1. 分区 5A 级旅游景区经营管理主体情况

华北和西南两个地区 5A 级旅游景区以事业单位经营管理主体为主，中南、东北、西北和华东四个地区 5A 级旅游景区以企业经营管理主体为主。其中，华北和西南两个地区事业单位经营管理主体 5A 级旅游景区数量分别为 11 家和 16 家，分别占该地区 5A 级旅游景区总数的 57.90% 和 48.49%。中南、东北、西北和华东四个地区企业经营管理主体 5A 级旅游景区数量分别为 40 家、9 家、18 家和 49 家，占比分别为 66.67%、56.25%、60.00% 和 55.68%（表 2-6-1）。

表 2-6-1　2017 年全国 5A 级旅游景区经营主体情况分区统计

地区	行政单位（家）	比重（%）	事业单位（家）	比重（%）	企业（家）	比重（%）	合计（家）	比重（%）
华北	1	5.26	11	57.90	7	36.84	19	100.00
东北	3	18.75	4	25.00	9	56.25	16	100.00
华东	12	13.64	27	30.68	49	55.68	88	100.00
中南	6	10.00	14	23.33	40	66.67	60	100.00
西南	1	3.03	16	48.49	16	48.48	33	100.00
西北	2	6.67	10	33.33	18	60.00	30	100.00
合计	25	10.16	82	33.33	139	56.51	246	100.00

2. 分省份 5A 级旅游景区经营管理主体情况

以事业单位经营管理主体为主的省级行政区有 7 个地区，分别为河北省、山西省、山东省、湖南省、四川省、贵州省和甘肃省；以企业经营管理主体为主的省级行政区有 20 个地区，分别为北京市、内蒙古自治区、吉林省、黑龙江省、上海市、江苏省、浙江省、安徽省、福建省、河南省、湖北省、广东省、广西壮族自治区、海南省、重庆市、云南省、陕西省、青海省、宁夏回族自治区、新疆维吾尔自治区和新疆生产建设兵团。天津市、江西省和辽宁省 5A 级旅游景区以事业单位和企业为主要经营管理主体。

其中，河北省事业单位性质 5A 级旅游景区所占比重最大，其数量为 5 家，占比为 100.00%；其次是甘肃省、四川省和贵州省，其数量分别为 3 家、8 家和 3 家，占比分别为 75.00%、66.67% 和 60.00%。海南省、青海省、宁夏回族自治区和新疆生产建设兵团等 4 个省（市、自治区）企业性质 5A 级旅游景区所占比重最大，均为 100.00%；其次是安徽省、湖北省和广西壮族自治区，其数量分别为 14 家、9 家和 4 家，占比分别为 87.50%、81.82% 和 80.00%（表 2-6-2）。

表 2-6-2　2017 年全国 5A 级旅游景区经营主体情况分省统计

省级行政区	行政单位（家）	比重（%）	事业单位（家）	比重（%）	企业（家）	比重（%）
北京市	0	0.00	1	33.33	2	66.67
天津市	0	0.00	1	50.00	1	50.00
河北省	0	0.00	5	100.00	0	0.00
山西省	1	16.67	3	50.00	2	33.33
内蒙古自治区	0	0.00	1	33.33	2	66.67
辽宁省	1	20.00	2	40.00	2	40.00
吉林省	0	0.00	2	33.33	4	66.67
黑龙江省	2	40.00	0	0.00	3	60.00
上海市	0	0.00	1	33.33	2	66.67
江苏省	6	26.09	8	34.78	9	39.13
浙江省	2	12.50	4	25.00	10	62.50
安徽省	1	6.25	1	6.25	14	87.50
福建省	1	10.00	3	30.00	6	60.00
江西省	1	14.28	3	42.86	3	42.86
山东省	1	7.69	7	53.85	5	38.46
河南省	0	0.00	5	29.41	12	70.59
湖北省	1	9.09	1	9.09	9	81.82
湖南省	1	11.11	5	55.56	3	33.33
广东省	3	25.00	3	25.00	6	50.00
广西壮族自治区	1	20.00	0	0.00	4	80.00
海南省	0	0.00	0	0.00	6	100.00

108
2017
中国旅游景区
发展报告
CHINA TOURIST
ATTRACTION
DEVELOPMENT
REPORT 2017

省级行政区	行政单位（家）	比重（%）	事业单位（家）	比重（%）	企业（家）	比重（%）
重庆市	0	0.00	3	37.50	5	62.50
四川省	0	0.00	8	66.67	4	33.33
贵州省	0	0.00	3	60.00	2	40.00
云南省	1	12.50	2	25.00	5	62.50
西藏自治区	0	0.00	0	0.00	0	0.00
陕西省	0	0.00	3	42.86	4	57.14
甘肃省	0	0.00	3	75.00	1	25.00
青海省	0	0.00	0	0.00	3	100.00
宁夏回族自治区	0	0.00	0	0.00	4	100.00
新疆维吾尔自治区	2	18.18	4	36.36	5	45.46
新疆生产建设兵团	0	0.00	0	0.00	1	100.00
合　计	25	10.16	82	33.33	139	56.51

3. 分类型 5A 级旅游景区经营管理主体情况

从景区大类来看，各大类均是以企业经营管理主体为主。其中，自然景观类以企业经营管理主体景区数量最多，为 60 家；其次是历史文化类和休闲娱乐类 5A 级旅游景区，分别为 48 家和 26 家。

从景区亚类来看，除文博院馆类景区以事业单位经营管理主体为主外，其余各亚类 5A 级旅游景区均以企业经营管理主体为主。其中，地质遗迹类 5A 级旅游景区以企业经营管理主体景区数量最多，为 24 家；其次是森林景观类和文化遗迹类 5A 级旅游景区，均为 21 家（表 2-6-3）。

表 2-6-3　2017 年全国 5A 级旅游景区经营主体情况分类型统计

景区大类	行政单位（家）	事业单位（家）	企业（家）	景区亚类	行政单位（家）	比重（%）	事业单位（家）	比重（%）	企业（家）	比重（%）
自然景观类	12	45	60	森林景观	5	11.63	17	39.53	21	48.84
				河湖湿地	2	7.69	9	34.62	15	57.69
				地质遗迹	5	10.42	19	39.58	24	50.00

景区大类	行政单位（家）	事业单位（家）	企业（家）	景区亚类	行政单位（家）	比重（%）	事业单位（家）	比重（%）	企业（家）	比重（%）
历史文化类	11	30	48	古村古镇	2	9.09	5	22.73	15	68.18
				文化遗迹	8	19.05	13	30.95	21	50.00
				文博院馆	0	0.00	6	75.00	2	25.00
				红色旅游	0	0.00	4	44.44	5	55.56
				宗教文化	1	12.50	2	25.00	5	62.50
休闲娱乐类	1	4	26	主题游乐	0	0.00	1	8.33	11	91.67
				度假休闲	1	5.55	3	16.67	14	77.78
				乡村旅游	0	0.00	0	0.00	1	100.00
				城市公园	0	0.00	0	0.00	0	0.00
				商贸旅游	0	0.00	0	0.00	0	0.00
其他类	1	3	5	其 他	1	11.11	3	33.33	5	55.56
合 计	25	82	139	合 计	25	10.16	82	33.33	139	56.51

（七）5A 级旅游景区就业统计

2017 年，全国 5A 级旅游景区总就业 60.35 万人，其中固定就业人数为 25.92 万人，较上年增加 1.63 万人，增长 6.71%。5A 级旅游景区平均固定就业人数为 1053 人。

1. 分区 5A 级旅游景区就业情况

中南地区固定就业人数最多，为 93181 人，占全国 5A 级旅游景区固定就业总人数的 35.95%；其次是华东地区和西南地区，分别为 81782 人和 38008 人，分别占全国 5A 级旅游景区固定就业总人数的 31.56% 和 14.67%；东北地区固定就业人数最少，为 8289 人，占比为 3.20%。

中南地区 5A 级旅游景区平均固定就业人数最多，为 1553 人；其次是西南地区和西北地区，分别为 1152 人和 964 人；华北地区 5A 级旅游景区平均固定就业人数最少，为 473 人（表 2-7-1）。

110
2017
中国旅游景区
发展报告
CHINA TOURIST
ATTRACTION
DEVELOPMENT
REPORT 2017

表 2-7-1　2017 年全国 5A 级旅游景区固定就业情况分区统计

地　区	固定就业（人）	固定就业分区比重（％）	景区数量（家）	景区平均固定就业（人）
华　北	8978	3.46	19	473
东　北	8289	3.20	16	518
华　东	81782	31.56	88	929
中　南	93181	35.95	60	1553
西　南	38008	14.67	33	1152
西　北	28921	11.16	30	964
合　计	259159	100.00	246	1053

2. 分省 5A 级旅游景区就业情况

湖南省 5A 级旅游景区固定就业人数最多，为 38830 人，占全国 5A 级旅游景区固定就业人数的 14.98%；其次是江苏省和云南省，分别为 26094 人和 24508 人，分别占全国 5A 级旅游景区固定就业人数的 10.07% 和 9.46%；新疆生产建设兵团 5A 级旅游景区固定就业人数最少，为 25 人，占比为 0.01%。

湖南省 5A 级旅游景区平均固定就业人数最多，为 4314 人；其次是云南省和青海省，分别为 3064 人和 2168 人；新疆生产建设兵团 5A 级旅游景区平均固定就业人数最少，为 25 人（表 2-7-2）。

表 2-7-2　2017 年全国 5A 级旅游景区固定就业情况分省统计

省级行政区	景区固定就业（人）	比重（％）	景区数量（家）	景区平均固定就业（人）
北京市	942	0.36	3	314
天津市	556	0.22	2	278
河北省	2957	1.14	5	591
山西省	3801	1.47	6	634
内蒙古自治区	722	0.28	3	241
辽宁省	3647	1.41	5	729
吉林省	1226	0.47	6	204
黑龙江省	3416	1.32	5	683

省级行政区	景区固定就业（人）	比重（%）	景区数量（家）	景区平均固定就业（人）
上海市	1325	0.51	3	442
江苏省	26094	10.07	23	1135
浙江省	22509	8.69	16	1407
安徽省	12889	4.97	16	806
福建省	6619	2.55	10	662
江西省	6282	2.42	7	897
山东省	6064	2.34	13	466
河南省	6946	2.68	17	409
湖北省	14577	5.62	11	1325
湖南省	38830	14.98	9	4314
广东省	22963	8.86	12	1914
广西壮族自治区	4098	1.58	5	820
海南省	5767	2.23	6	961
重庆市	4483	1.73	8	560
四川省	5764	2.22	12	480
贵州省	3253	1.26	5	651
云南省	24508	9.46	8	3064
西藏自治区	0	0.00	0	0
陕西省	3999	1.54	7	571
甘肃省	1338	0.52	4	335
青海省	6504	2.51	3	2168
宁夏回族自治区	1981	0.76	4	495
新疆维吾尔自治区	15074	5.82	11	1370
新疆生产建设兵团	25	0.01	1	25
合计	259159	100.00	246	1053

注：因相关数据未填报导致西藏自治区 5A 级景区固定就业人数为零。

3. 分类型 5A 级旅游景区就业情况

从景区大类来看，历史文化类 5A 级旅游景区固定就业人数较多，为 119614 人，占全国 5A 级旅游景区固定就业总数的 46.16%；其次为自然景观类和休闲娱乐类

112
2017
中国旅游景区
发展报告
CHINA TOURIST
ATTRACTION
DEVELOPMENT
REPORT 2017

5A 级旅游景区，分别为 103583 人和 31604 人，占比分别为 39.97% 和 12.19%。

其中，历史文化类 5A 级旅游景区平均固定就业人数最多，为 1344 人，其次是休闲娱乐类和自然景观类 5A 级旅游景区，分别为 1019 人和 885 人。

从景区亚类来看，文化遗迹类 5A 级旅游景区固定就业人数最多，为 52289 人，占全国 5A 级旅游景区固定就业总数的 20.18%；其次是地质遗迹和河湖湿地类 5A 级旅游景区，分别为 43111 人和 35000 人，分别占全国 5A 级旅游景区固定就业总数的 16.63% 和 13.51%；文博院馆类 5A 级旅游景区固定就业人数最少，为 1330 人，占比为 0.51%。

红色旅游类 5A 级旅游景区平均固定就业人数最多，为 2823 人；其次是主题游乐类和古村古镇类，分别为 1611 人和 1360 人；文博院馆类 5A 级旅游景区平均固定就业人数最少，为 166 人（表 2-7-3）。

表 2-7-3　2017 年全国 5A 级旅游景区固定就业情况分类型统计

景区大类	景区固定就业（人）	比重（%）	景区平均固定就业（人）	景区亚类	景区固定就业（人）	比重（%）	景区平均固定就业（人）
自然景观类	103583	39.97	885	森林景观	25472	9.83	592
				河湖湿地	35000	13.51	1346
				地质遗迹	43111	16.63	898
历史文化类	119614	46.16	1344	古村古镇	29915	11.54	1360
				文化遗迹	52289	20.18	1245
				文博院馆	1330	0.51	166
				红色旅游	25409	9.80	2823
				宗教文化	10671	4.12	1334
休闲娱乐类	31604	12.19	1019	主题游乐	19331	7.46	1611
				度假休闲	12273	4.74	682
				乡村旅游	0	0.00	0
				城市公园	0	0.00	0
				商贸旅游	0	0.00	0
其他类	4358	1.68	484	其他	4358	1.68	484
合计	259159	100.00	1053	合计	259159	100.00	1053

4. 5A 级旅游景区导游情况

2017 年，5A 级旅游景区导游总人数为 16071 人，占当年全国 A 级旅游景区导游总数的 24.78%，较上年减少 2152 人，下降 11.81%。5A 级旅游景区平均导游人数为 65 人（表 2-7-4）。

表 2-7-4　2017 年全国 5A 级旅游景区导游拥有情况分区统计

地　区	专职导游人数（人）	比重（%）	景区数量（家）	景区平均导游人数（人）
华　北	1014	6.31	19	53
东　北	446	2.77	16	28
华　东	6153	38.29	88	70
中　南	3327	20.70	60	55
西　南	4378	27.24	33	133
西　北	753	4.69	30	25
合　计	16071	100.00	246	65

从分区来看，华东地区 5A 级旅游景区导游人数最多为 6153 人，占全国 5A 级旅游景区导游人数的 38.29%；其次是西南和中南地区，分别为 4378 人和 3327 人，占比分别为 27.24% 和 20.70%；东北地区 5A 级旅游景区导游人数最少，为 446 人，占比为 2.77%。

西南地区 5A 级旅游景区平均导游人数最多，为 133 人；其次是华东和中南地区，分别为 70 人和 55 人；西北地区 5A 级旅游景区平均导游人数最少，为 25 人（图 2-7-1）。

从分省来看，云南省 5A 级旅游景区导游人数最多，为 3312 人，占全国 5A 级旅游景区导游人数的 20.61%；其次是安徽省和江苏省，分别为 1571 人和 1123 人，占比分比为 9.77% 和 6.99%；新疆生产建设兵团 5A 级旅游景区导游人数最少，为 6 人，占比 0.04%。

云南省 5A 级旅游景区平均导游人数最多，为 414 人；其次是江西省和山西

114
2017
中国旅游景区
发展报告
CHINA TOURIST
ATTRACTION
DEVELOPMENT
REPORT 2017

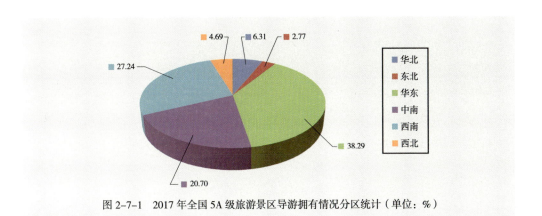

图 2-7-1　2017 年全国 5A 级旅游景区导游拥有情况分区统计（单位：%）

省，分别为 134 人和 118 人；上海市 5A 级旅游景区平均导游人数最少，为 2 人（表 2-7-5）。

表 2-7-5　2017 年全国 5A 级旅游景区导游拥有情况分省统计

省级行政区	专职导游人数（人）	比重（%）	景区数量（家）	景区平均导游人数（人）
北京市	17	0.11	3	6
天津市	13	0.08	2	7
河北省	232	1.44	5	46
山西省	705	4.39	6	118
内蒙古自治区	47	0.29	3	16
辽宁省	112	0.70	5	22
吉林省	163	1.01	6	27
黑龙江省	171	1.06	5	34
上海市	7	0.04	3	2
江苏省	1123	6.99	23	49
浙江省	649	4.04	16	41
安徽省	1571	9.77	16	98
福建省	1040	6.47	10	104
江西省	936	5.82	7	134
山东省	827	5.15	13	64
河南省	467	2.91	17	27
湖北省	1052	6.55	11	96

省级行政区	专职导游人数（人）	比重（%）	景区数量（家）	景区平均导游人数（人）
湖南省	980	6.10	9	109
广东省	310	1.93	12	26
广西壮族自治区	116	0.72	5	23
海南省	402	2.50	6	67
重庆市	291	1.81	8	36
四川省	547	3.40	12	46
贵州省	228	1.42	5	46
云南省	3312	20.61	8	414
西藏自治区	0	0.00	0	0
陕西省	286	1.78	7	41
甘肃省	116	0.72	4	29
青海省	122	0.76	3	41
宁夏回族自治区	108	0.67	4	27
新疆维吾尔自治区	115	0.72	11	10
新疆生产建设兵团	6	0.04	1	6
合　计	16071	100.00	246	65

注：因相关数据未填报导致西藏自治区 5A 级景区专职导游人数为零。

从景区大类来看，历史文化类 5A 级旅游景区导游人数最多，为 7918 人，占全国 5A 级旅游景区导游总数的 49.27%；其次是自然景观类和休闲娱乐类 5A 级旅游景区，分别为 7123 人和 853 人，占比分别为 44.32% 和 5.31%。其中，历史文化类和自然景观类 5A 级旅游景区平均导游人数也相对较多，分别为 89 人和 61 人。

从景区亚类来看，地质遗迹类 5A 级旅游景区导游人数最多，为 3936 人，占全国 5A 级旅游景区导游人数的 24.49%；其次是古村古镇类和文化遗迹类 5A 级旅游景区，分别为 3682 人和 2922 人，占比分别为 22.91% 和 18.18%；文博院馆类和其他类 5A 级旅游景区导游人数较少，分别为 206 人和 177 人，占比分别为 1.28% 和 1.10%。其中，古村古镇类和地质遗迹类 5A 级旅游景区平均导游人数相对较多，分

116
2017
中国旅游景区
发展报告
CHINA TOURIST
ATTRACTION
DEVELOPMENT
REPORT 2017

别为 167 人和 82 人（表 2-7-6）。

表 2-7-6　2017 年全国 5A 级旅游景区导游拥有情况分类型统计

景区大类	专职导游人数（人）	比重（%）	景区平均导游人数（人）	景区亚类	专职导游人数（人）	比重（%）	景区平均导游人数（人）
自然景观类	7123	44.32	61	森林景观	2017	12.55	47
				河湖湿地	1170	7.28	45
				地质遗迹	3936	24.49	82
历史文化类	7918	49.27	89	古村古镇	3682	22.91	167
				文化遗迹	2922	18.18	70
				文博院馆	206	1.28	26
				红色旅游	638	3.97	71
				宗教文化	470	2.93	59
				主题游乐	400	2.49	33
休闲娱乐类	853	5.31	28	度假休闲	453	2.82	25
				乡村旅游	0	0.00	0
				城市公园	0	0.00	0
				商贸旅游	0	0.00	0
其他类	177	1.10	20	其他	177	1.10	20
合　计	16071	100.00	65	合计	16071	100.00	65

三、华北地区 A 级旅游景区情况

（一）旅游景区数量、等级、类型及门票价格情况

2017 年，华北地区 A 级旅游景区共计 1096 家，占全国 A 级旅游景区总数的 11.60%，较上年增加 32 家，增长 3.01%。

1. 等级构成

（1）数量及比重

从景区等级来看，华北地区 3A 级旅游景区数量最多，为 387 家，占该地区 A

级旅游景区总数的 35.31%；其次是 4A 级和 2A 级旅游景区，分别为 381 家和 305 家，占比分别为 34.76% 和 27.83%；1A 级和 5A 级旅游景区数量相对较少，分别为 4 家和 19 家，占比分别为 0.37% 和 1.73%（图 3-1-1）。

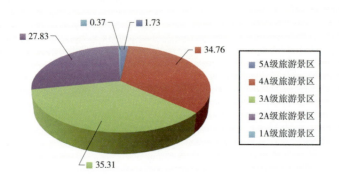

图 3-1-1　2017 年华北地区 A 级旅游景区数量占比分等级统计（单位：%）

（2）增量及增长率

与上年相比，除 3A 级旅游景区数量增长外，其他等级旅游景区均呈现不同程度的下降。其中，3A 级旅游景区数量增加 40 家，增长 11.53%；5A 级旅游景区数量下降最快，减少 5 家，下降 20.83%；其次是 4A 级、2A 级和 1A 级旅游景区，均减少 1 家，分别下降 0.26%、0.33% 和 20.00%（表 3-1-1、图 3-1-2）。

表 3-1-1　2016 ~ 2017 年华北地区 A 级旅游景区数量分等级统计

景区等级	2016 年数量（家）	2017 年数量（家）	比重（%）	增量（家）	增长率（%）
5A 级旅游景区	24	19	1.73	-5	-20.83
4A 级旅游景区	382	381	34.76	-1	-0.26
3A 级旅游景区	347	387	35.31	40	11.53
2A 级旅游景区	306	305	27.83	-1	-0.33
1A 级旅游景区	5	4	0.37	-1	-20.00
合计	1064	1096	100.00	32	3.01

2017
中国旅游景区
发展报告
CHINA TOURIST
ATTRACTION
DEVELOPMENT
REPORT 2017

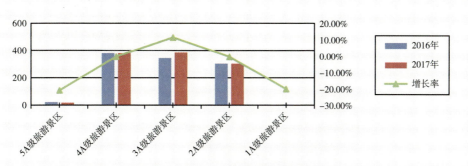

图 3-1-2　2016～2017 年华北地区 A 级旅游景区数量分等级统计（单位：家）

2. 类型构成

从景区大类来看，华北地区历史文化类 A 级旅游景区数量最多，为 380 家，占该地区 A 级旅游景区总数的 34.67%；其次是休闲娱乐类和自然景观类景区，分别为 379 家和 256 家，占比分别为 34.58% 和 23.36%（表 3-1-2）。

从景区大类和等级综合来看，自然景观类中 4A 级旅游景区数量最多，为 117 家；历史文化类、休闲娱乐类和其他类中均是 3A 级旅游景区数量最多，分别为 141 家、144 家和 31 家（表 3-1-2）。

表 3-1-2　2017 年华北地区 A 级旅游景区数量分大类等级统计（单位：家）

景区大类	5A 级旅游景区	4A 级旅游景区	3A 级旅游景区	2A 级旅游景区	1A 级旅游景区	合计
自然景观类	3	117	71	63	2	256
历史文化类	14	122	141	103	0	380
休闲娱乐类	2	118	144	113	2	379
其他类	0	24	31	26	0	81
合　计	19	381	387	305	4	1096

从景区亚类来看，华北地区度假休闲类景区数量最多，为 205 家，占该地区 A 级旅游景区总数的 18.70%；其次是文化遗迹类和文博院馆类景区，分别为 120 家和 109 家，占比分别为 10.95% 和 9.95%；商贸旅游类景区数量最少，为 16 家，占该区 A 级旅游景区总数的 1.46%（表 3-1-3、图 3-1-3）。

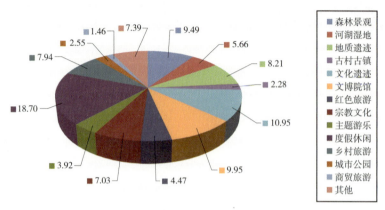

图 3-1-3 2017 年华北地区 A 级景区数量占比分亚类统计（单位：%）

从景区亚类和等级综合来看，森林景观类、河湖湿地类、地质遗迹类、文化遗迹类、宗教文化类和主题游乐类景区中 4A 级旅游景区数量最多，分别为 46 家、33 家、38 家、43 家、30 家和 24 家；古村古镇类、文博院馆类、度假休闲类、城市公园类和其他类景区中 3A 旅游景区数量最多，分别为 12 家、51 家、78 家、12 家和 31 家；红色旅游类、乡村旅游类和商贸旅游类景区中 2A 级旅游景区数量最多，分别为 18 家、41 家和 7 家（表 3-1-3）。

表 3-1-3 2017 年华北地区 A 级旅游景区数量分亚类等级统计（单位：家）

景区大类	景区亚类	5A 级旅游景区	4A 级旅游景区	3A 级旅游景区	2A 级旅游景区	1A 级旅游景区	合计
自然景观类	森林景观	2	46	29	26	1	104
	河湖湿地	0	33	16	13	0	62
	地质遗迹	1	38	26	24	1	90
历史文化类	古村古镇	3	7	12	3	0	25
	文化遗迹	8	43	42	27	0	120
	文博院馆	2	25	51	31	0	109
	红色旅游	0	17	14	18	0	49
	宗教文化	1	30	22	24	0	77
休闲娱乐类	主题游乐	1	24	13	5	0	43
	度假休闲	1	70	78	55	1	205

120
2017
中国旅游景区
发展报告
CHINA TOURIST
ATTRACTION
DEVELOPMENT
REPORT 2017

景区大类	景区亚类	5A 级旅游景区	4A 级旅游景区	3A 级旅游景区	2A 级旅游景区	1A 级旅游景区	合计
休闲娱乐类	乡村旅游	0	10	35	41	1	87
	城市公园	0	11	12	5	0	28
	商贸旅游	0	3	6	7	0	16
其他类	其　他	0	24	31	26	0	81
合　计		19	381	387	305	4	1096

3. 门票价格

2017 年，华北地区 1096 家 A 级旅游景区平均门票价格为 26 元，较全国平均门票价格水平低 3 元。

从景区等级来看，5A 级旅游景区的平均门票价格最高，为 87 元；其次是 4A 级和 3A 级旅游景区，平均门票价格分别为 45 元和 18 元；1A 级和 2A 级旅游景区平均门票价格相对较低，分别为 16 元和 10 元（表 3-1-4）。

表 3-1-4　2017 年华北地区 A 级旅游景区门票价格分等级统计

景区等级	门票价格总额（元）	景区数量（家）	平均门票价格（元）
5A 级旅游景区	1654	19	87
4A 级旅游景区	17305	381	45
3A 级旅游景区	6806	387	18
2A 级旅游景区	3100	305	10
1A 级旅游景区	64	4	16
合计	28930	1096	26

从景区大类来看，华北地区自然景观类 A 级旅游景区平均门票价格最高，为 37 元；其次是休闲娱乐类和历史文化类 A 级旅游景区，平均门票价格分别为 25 元和 23 元（表 3-1-5）。

从景区亚类来看，华北地区主题游乐类 A 级旅游景区平均门票价格最高，为 61 元；其次是地质遗迹类和森林景观类 A 级旅游景区，平均门票价格分别为 45 元和 39 元；商贸旅游类 A 级旅游景区平均门票价格最低，为 0 元（表 3-1-5）。

2017 年中国 A 级旅游景区统计报告 **121**

表 3-1-5　2017 年华北地区 A 级旅游景区门票价格分类型统计

景区大类	门票价格总额（元）	景区数量（家）	平均门票价格（元）	景区亚类	门票价格总额（元）	景区数量（家）	平均门票价格（元）
自然景观类	9445	256	37	森林景观	4007	104	39
				河湖湿地	1427	62	23
				地质遗迹	4011	90	45
历史文化类	8589	380	23	古村古镇	924	25	37
				文化遗迹	3885	120	32
				文博院馆	1447	109	13
				红色旅游	461	49	9
				宗教文化	1872	77	24
休闲娱乐类	9620	379	25	主题游乐	2610	43	61
				度假休闲	5659	205	28
				乡村旅游	1267	87	15
				城市公园	85	28	3
				商贸旅游	0	16	0
其他类	1276	81	16	其　他	1276	81	16
合　计	28930	1096	26	合　计	28930	1096	26

（二）旅游景区游客接待情况

2017 年，华北地区 A 级旅游景区游客接待量为 5.25 亿人次，占全国 A 级旅游景区接待总量的 9.73%，较上年增加 0.62 亿人次，增长 13.39%，其中政策性免票游客接待量为 2.86 亿人次。景区平均游客接待量为 47.94 万人次。

1. 分等级接待量

（1）数量及比重

2017 年，华北地区 4A 级旅游景区游客接待量最多，为 28250.71 万人次，占该地区 A 级旅游景区游客接待总量的 53.77%；其次是 3A 级和 5A 级旅游景区，游客接待量分别为 12023.79 万人次和 6245.30 万人次，占比分别为 22.88% 和 11.89%；2A 级和 1A 级旅游景区游客接待量相对较少，分别为 5963.94 万人次和 60.02 万人次，

122
2017
中国旅游景区
发展报告
CHINA TOURIST
ATTRACTION
DEVELOPMENT
REPORT 2017

占比分别为 11.35% 和 0.11%（表 3-2-1、图 3-2-1）。

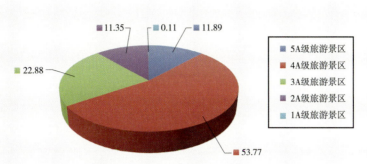

图 3-2-1　2017 年华北地区 A 级旅游景区游客接待量占比分等级统计（单位：%）

（2）增量及增长率

与上年相比，除 5A 级旅游景区游客接待量下降外，其他等级旅游景区游客接待量均呈现不同程度的增长。其中，1A 级旅游景区游客接待量增长最快，增加 25.21 万人次，增长 72.42%；其次是 3A 级和 2A 级旅游景区，分别增加 4083.26 万人次和 1997.15 万人次，分别增长 51.42% 和 50.35%；4A 级旅游景区增加 6634.33 万人次，增长 30.69%；5A 级旅游景区游客接待量减少 6536.53 万人次，下降 51.14%（表 3-2-1、图 3-2-2）。

表 3-2-1　2016 ~ 2017 年华北地区旅游景区游客接待量分等级统计

景区等级	2016 年接待量（万人次）	2017 年接待量（万人次）	比重（%）	增量（万人次）	增长率（%）
5A 级旅游景区	12781.83	6245.30	11.89	-6536.53	-51.14
4A 级旅游景区	21616.38	28250.71	53.77	6634.33	30.69
3A 级旅游景区	7940.53	12023.79	22.88	4083.26	51.42
2A 级旅游景区	3966.79	5963.94	11.35	1997.15	50.35
1A 级旅游景区	34.81	60.02	0.11	25.21	72.42
合　　计	46340.34	52543.76	100.00	6203.42	13.39

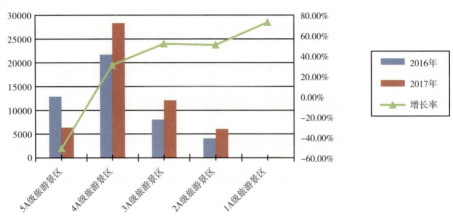

图 3-2-2　2016 ~ 2017 年华北地区 A 级旅游景区游客接待量分等级统计（单位：万人次）

2. 分类型接待量

从景区大类来看，华北地区休闲娱乐类旅游景区游客接待量最多，为 19542.69 万人次，占该地区 A 级旅游景区游客接待总量的 37.19%；其次是历史文化类和自然景观类旅游景区，分别为 17783.22 万人次和 12364.00 万人次，占比分别为 33.84% 和 23.53%（表 3-2-2）。

从景区大类和等级综合来看，自然景观类、历史文化类和休闲娱乐类中均是 4A 级旅游景区游客接待量最多，分别为 9370.15 万人次、8154.09 万人次和 10080.08 万人次（表 3-2-2）。

表 3-2-2　2017 年华北地区 A 级旅游景区游客接待量分大类等级统计（单位：万人次）

景区大类	5A 级旅游景区	4A 级旅游景区	3A 级旅游景区	2A 级旅游景区	1A 级旅游景区	合　计
自然景观类	803.70	9370.15	1540.31	593.49	56.35	12364.00
历史文化类	5245.31	8154.09	3361.86	1021.96	0.00	17783.22
休闲娱乐类	196.29	10080.08	6405.30	2857.35	3.67	19542.69
其他类	0.00	646.39	716.32	1491.14	0.00	2853.85
合　计	6245.30	28250.71	12023.79	5963.94	60.02	52543.76

从景区亚类来看，华北地区文化遗迹类旅游景区游客接待量最多，为 7490.78

124
2017
中国旅游景区
发展报告
CHINA TOURIST
ATTRACTION
DEVELOPMENT
REPORT 2017

万人次，占该地区 A 级旅游景区游客接待总量的 14.26%；其次是河湖湿地类和度假休闲类旅游景区，游客接待量分别为 6527.70 万人次和 5805.64 万人次，占比分别为 12.42% 和 11.05%；宗教文化类和红色旅游类旅游景区游客接待量较少，分别为 2044.07 万人次和 1905.05 万人次，分别占该地区 A 级旅游景区游客接待总量的 3.89% 和 3.63%（表 3-2-3、图 3-2-3）。

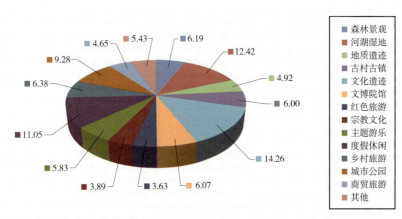

图 3-2-3　2017 年华北地区 A 级旅游景区游客接待量占比分亚类统计（单位：%）

　　从景区亚类和等级综合来看，古村古镇类中 5A 级旅游景区游客接待量最多，为 1877.32 万人次；森林景观类、河湖湿地类、地质遗迹类、文化遗迹类、文博院馆类、红色旅游类、宗教文化类、主题游乐类、度假休闲类和城市公园类中 4A 级旅游景区游客接待量均最多，分别为 1906.30 万人次、5943.41 万人次、1520.44 万人次、3325.93 万人次、1320.83 万人次、1367.79 万人次、1127.99 万人次、2385.45 万人次、3364.36 万人次和 3286.30 万人次；商贸旅游类中 3A 级旅游景区游客接待量最多，为 1935.71 万人次；乡村旅游类和其他类中 2A 级旅游景区游客接待量均最多，分别为 1613.78 万人次和 1491.14 万人次（表 3-2-3）。

表 3-2-3　2017 年华北地区 A 级旅游景区游客接待量分亚类等级统计（单位：万人次）

景区大类	景区亚类	5A 级旅游景区	4A 级旅游景区	3A 级旅游景区	2A 级旅游景区	1A 级旅游景区	合计
自然景观类	森林景观	353.70	1906.30	713.42	276.81	0.15	3250.38
	河湖湿地	0.00	5943.41	378.54	205.75	0.00	6527.70
	地质遗迹	450.00	1520.44	448.35	110.93	56.20	2585.92
历史文化类	古村古镇	1877.32	1011.55	260.08	2.97	0.00	3151.92
	文化遗迹	2258.52	3325.93	1662.83	243.50	0.00	7490.78
	文博院馆	800.43	1320.83	797.25	272.89	0.00	3191.40
	红色旅游	0.00	1367.79	270.00	267.26	0.00	1905.05
	宗教文化	309.04	1127.99	371.70	235.34	0.00	2044.07
休闲娱乐类	主题游乐	125.42	2385.45	478.31	75.57	0.00	3064.75
	度假休闲	70.87	3364.36	1844.35	524.39	1.67	5805.64
	乡村旅游	0.00	637.04	1101.52	1613.78	2.00	3354.34
	城市公园	0.00	3286.30	1045.41	543.16	0.00	4874.87
	商贸旅游	0.00	406.93	1935.71	100.45	0.00	2443.09
其他类	其 他	0.00	646.39	716.32	1491.14	0.00	2853.85
合 计		6245.30	28250.71	12023.79	5963.94	60.02	52543.76

（三）旅游景区经营与投资情况

1. 旅游景区总收入

2017 年，华北地区 A 级旅游景区旅游收入为 306.42 亿元，占全国 A 级旅游景区旅游总收入的 7.06%，较上年增加 5.93 亿元，增长 1.97%。景区平均旅游收入为 2795.80 万元。

（1）分等级收入

华北地区 4A 级旅游景区旅游收入最高，为 155.82 亿元，占该地区 A 级旅游景区旅游收入的 50.85%；其次是 5A 级和 3A 级旅游景区，旅游收入分别为 96.86 亿元和 39.48 亿元，占比分别为 31.61% 和 12.89%；1A 级和 2A 级旅游景区旅游收入较少，分别为 0.37 亿元和 13.89 亿元，占比分别为 0.12% 和 4.53%（表 3-3-1、图 3-3-1）。

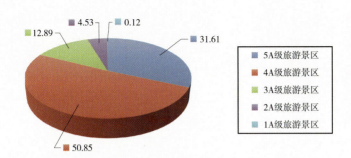

图 3-3-1　2017 年华北地区 A 级旅游景区收入占比分等级统计（单位：%）

与上年相比，除 5A 级旅游景区旅游收入下降外，其他等级旅游景区旅游收入均呈现不同程度的增长。其中，1A 级旅游景区旅游收入增长最快，增加 0.24 亿元，增长 184.62%；其次是 3A 级和 2A 级旅游景区，旅游收入分别增加 15.18 亿元和 2.10 亿元，分别增长 62.47% 和 17.81%；4A 级旅游景区旅游收入增加 1.31 亿元，增长 0.85%；5A 级旅游景区旅游收入减少 12.90 亿元，下降 11.75%（表 3-3-1、图 3-3-2）。

表 3-3-1　2016 ~ 2017 年华北地区 A 级景区旅游收入分等级统计

景区等级	2016 年景区总收入（亿元）	2017 年景区总收入（亿元）	比重（%）	增量（亿元）	增长率（%）
5A 级旅游景区	109.76	96.86	31.61	-12.90	-11.75
4A 级旅游景区	154.51	155.82	50.85	1.31	0.85
3A 级旅游景区	24.30	39.48	12.89	15.18	62.47
2A 级旅游景区	11.79	13.89	4.53	2.10	17.81
1A 级旅游景区	0.13	0.37	0.12	0.24	184.62
合　计	300.49	306.42	100.00	5.93	1.97

（2）分类型收入

从景区大类来看，休闲娱乐类 A 级旅游景区旅游收入最多，为 110.00 亿元，占该地区 A 级旅游景区旅游总收入的 35.90%；其次是历史文化类和自然景观类景区，分别为 109.67 亿元和 78.37 亿元，分别占该地区 A 级旅游景区旅游总收入的

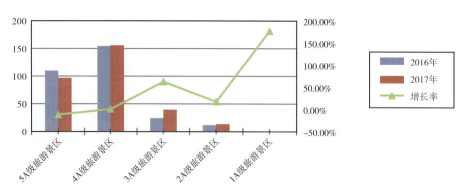

图 3-3-2 2016 ~ 2017 年华北地区 A 级旅游景区收入分等级统计（单位：亿元）

35.79% 和 25.58%。（表 3-3-2 ）。

从景区大类和等级综合来看，自然景观类、休闲娱乐类和其他类中 4A 级旅游景区旅游收入均最多，分别为 53.98 亿元、73.49 亿元和 3.93 亿元；历史文化类中 5A 级旅游景区旅游收入最多，为 77.63 亿元（表 3-3-2 ）。

表 3-3-2 华北地区 A 级旅游景区总收入分大类等级统计（单位：亿元）

景区大类	5A 级旅游景区	4A 级旅游景区	3A 级旅游景区	2A 级旅游景区	1A 级旅游景区	合 计
自然景观类	16.72	53.98	5.70	1.64	0.33	78.37
历史文化类	77.63	24.42	6.53	1.09	0.00	109.67
休闲娱乐类	2.51	73.49	24.82	9.14	0.04	110.00
其他类	0.00	3.93	2.43	2.02	0.00	8.38
合 计	96.86	155.82	39.48	13.89	0.37	306.42

从景区亚类来看，文化遗迹类 A 级旅游景区旅游收入最多，为 80.24 亿元，占该地区 A 级旅游景区旅游总收入的 26.19%；其次是度假休闲类和森林景观类景区，分别为 57.96 亿元和 39.30 亿元，占比分别为 18.91% 和 12.83%；城市公园类景区旅游收入最少，为 3.00 亿元，占比为 0.98%（表 3-3-3、图 3-3-3 ）。

128
2017
中国旅游景区
发展报告
CHINA TOURIST
ATTRACTION
DEVELOPMENT
REPORT 2017

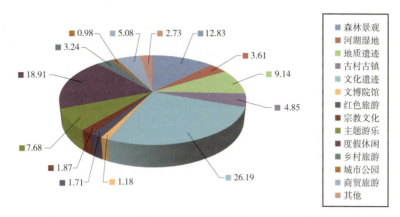

图 3-3-3　2017 年华北地区 A 级旅游景区收入占比分亚类统计（%）

从景区亚类和等级综合来看，地质遗迹类、文化遗迹类和宗教文化类中 5A 级旅游景区旅游收入均最多，分别为 15.00 亿元、68.43 亿元和 2.46 亿元；森林景观类、河湖湿地类、古村古镇类、文博院馆类、红色旅游类、主题游乐类、度假休闲类、城市公园类和其他类中 4A 级旅游景区旅游收入均最多，分别为 34.97 亿元、7.95 亿元、6.42 亿元、1.29 亿元、4.92 亿元、20.64 亿元、46.19 亿元、1.83 亿元和3.93 亿元；商贸旅游类中 3A 级旅游景区收入最多，为 13.93 亿元；乡村旅游类中2A 级旅游景区收入最多，为 3.78 亿元（表 3-3-3）。

表 3-3-3　华北地区 A 级旅游景区总收入分亚类等级统计（单位：亿元）

景区大类	景区亚类	5A 级旅游景区	4A 级旅游景区	3A 级旅游景区	2A 级旅游景区	1A 级旅游景区	合 计
自然景观类	森林景观	1.72	34.97	1.54	1.07	0.00	39.30
	河湖湿地	0.00	7.95	2.88	0.22	0.00	11.05
	地质遗迹	15.00	11.06	1.28	0.35	0.33	28.02
历史文化类	古村古镇	5.52	6.42	2.91	0.00	0.00	14.85
	文化遗迹	68.43	9.38	2.18	0.25	0.00	80.24
	文博院馆	1.22	1.29	1.01	0.11	0.00	3.63
	红色旅游	0.00	4.92	0.06	0.25	0.00	5.23
	宗教文化	2.46	2.41	0.37	0.48	0.00	5.72

景区大类	景区亚类	5A级旅游景区	4A级旅游景区	3A级旅游景区	2A级旅游景区	1A级旅游景区	合计
	主题游乐	0.91	20.64	1.89	0.09	0.00	23.53
	度假休闲	1.60	46.19	5.28	4.88	0.01	57.96
休闲娱乐类	乡村旅游	0.00	3.50	2.62	3.78	0.03	9.93
	城市公园	0.00	1.83	1.10	0.07	0.00	3.00
	商贸旅游	0.00	1.33	13.93	0.32	0.00	15.58
其他类	其他	0.00	3.93	2.43	2.02	0.00	8.38
合计		96.86	155.82	39.48	13.89	0.37	306.42

2. 旅游景区分项收入

2017年，餐饮收入是华北地区 A 级旅游景区旅游总收入的首要来源，为90.09亿元，占该地区 A 级旅游景区旅游总收入的29.40%；其次是门票收入和住宿收入，总量分别为70.52亿元和58.52亿元，占比分别为23.01%和19.10%；演艺收入最少，为4.07亿元，占比为1.33%（表3-3-4、图3-3-4）。

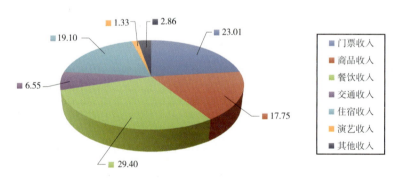

图3-3-4　2017年华北地区 A 级旅游景区收入占比分项统计（单位：%）

与上年相比，除门票收入、交通收入和演艺收入下降外，其他各项收入均呈现增长。其中，餐饮收入增长最快，增加10.45亿元，增长13.12%；其次是住宿收入和商品收入，分别增加5.77亿元和0.95亿元，分别增长10.94%和1.78%；门票收

130
2017
中国旅游景区
发展报告
CHINA TOURIST
ATTRACTION
DEVELOPMENT
REPORT 2017

入、交通收入和演艺收入，分别减少 9.46 亿元、5.54 亿元和 0.64 亿元，分别下降 11.84%、21.65% 和 13.59%（表 3-3-4、图 3-3-5）。

表 3-3-4 2016～2017 年华北地区 A 级旅游景区收入构成统计

类别	2016 年景区分项收入（亿元）	2017 年景区分项收入（亿元）	比重（%）	增量（亿元）	增长率（%）
门票收入	79.98	70.52	23.01	-9.46	-11.84
商品收入	53.45	54.40	17.75	0.95	1.78
餐饮收入	79.64	90.09	29.40	10.45	13.12
交通收入	25.59	20.05	6.55	-5.54	-21.65
住宿收入	52.75	58.52	19.10	5.77	10.94
演艺收入	4.71	4.07	1.33	-0.64	-13.59
其他收入	4.37	8.77	2.86	4.4	100.69
合　计	300.49	306.42	100.00	5.93	1.97

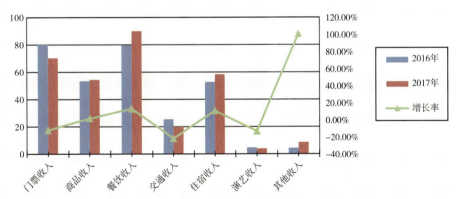

图 3-3-5　2016～2017 年华北地区 A 级旅游景区收入分项统计（单位：亿元）

（1）分等级收入

4A 级和 5A 级旅游景区旅游收入较大，分别为 155.82 亿元和 96.86 亿元。其中，4A 级旅游景区收入构成中以门票收入、餐饮收入和住宿收入为主，分别为 42.67 亿元、39.11 亿元和 28.63 亿元；5A 级旅游景区收入构成中以餐饮收入、住宿收入和门票收入为主，分别是 39.23 亿元、24.50 亿元和 19.00 亿元（表 3-3-5）。

表 3-3-5　2017 年华北地区 A 级旅游景区收入构成分等级统计（单位：亿元）

景区等级	门票收入	商品收入	餐饮收入	交通收入	住宿收入	演艺收入	其他收入	合　计
5A 级旅游景区	19.00	12.12	39.23	1.55	24.50	0.26	0.20	96.86
4A 级旅游景区	42.67	19.76	39.11	16.21	28.63	3.36	6.08	155.82
3A 级旅游景区	7.04	17.77	7.27	1.13	4.09	0.41	1.77	39.48
2A 级旅游景区	1.55	4.74	4.40	1.16	1.30	0.02	0.72	13.89
1A 级旅游景区	0.26	0.01	0.08	0.00	0.00	0.02	0.00	0.37
合　计	70.52	54.40	90.09	20.05	58.52	4.07	8.77	306.42

（2）分类型收入

从景区大类来看，自然景观类旅游景区以餐饮收入、门票收入和住宿收入为主，分别为 24.86 亿元、18.61 亿元和 11.27 亿元；历史文化类旅游景区以餐饮收入、住宿收入和门票收入为主，分别为 35.99 亿元、26.84 亿元和 25.88 亿元；休闲娱乐类旅游景区以餐饮收入、商品收入和门票收入为主，分别为 28.38 亿元、25.18 亿元和 24.19 亿元（表 3-3-6）。

表 3-3-6　2017 年华北地区 A 级旅游景区收入构成分大类统计（单位：亿元）

景区大类	门票收入	商品收入	餐饮收入	交通收入	住宿收入	演艺收入	其他收入	合　计
自然景观类	18.61	9.30	24.86	9.64	11.27	2.76	1.93	78.37
历史文化类	25.88	15.28	35.99	2.68	26.84	0.59	2.41	109.67
休闲娱乐类	24.19	25.18	28.38	7.03	20.38	0.72	4.12	110.00
其他类	1.84	4.64	0.86	0.70	0.03	0.00	0.31	8.38
合　计	70.52	54.40	90.09	20.05	58.52	4.07	8.77	306.42

从景区亚类来看，文化遗迹类、度假休闲类和森林景观类旅游景区旅游收入规模较大，分别为 80.24 亿元、57.97 亿元和 39.28 亿元。其中，文化遗迹类旅游景区以餐饮收入和住宿收入为主，分别为 27.21 亿元和 24.22 亿元；度假休闲类旅游景区以餐饮收入和住宿收入为主，分别为 19.60 亿元和 16.18 亿元；森林景观类旅游景区收入相对均衡（表 3-3-7）。

2017
中国旅游景区
发展报告
CHINA TOURIST
ATTRACTION
DEVELOPMENT
REPORT 2017

表 3-3-7　2017 年华北地区 A 级旅游景区收入构成分亚类统计（单位：亿元）

景区大类	景区亚类	门票收入	商品收入	餐饮收入	交通收入	住宿收入	演艺收入	其他收入	合计
自然景观类	森林景观	6.72	6.86	7.26	8.08	7.54	2.35	0.47	39.28
	河湖湿地	3.27	1.47	2.31	0.61	2.47	0.34	0.60	11.07
	地质遗迹	8.62	0.97	15.30	0.95	1.26	0.06	0.86	28.02
历史文化类	古村古镇	3.88	1.66	5.42	1.05	2.09	0.15	0.59	14.84
	文化遗迹	14.08	12.25	27.21	1.23	24.22	0.41	0.84	80.24
	文博院馆	2.65	0.59	0.20	0.03	0.07	0.00	0.11	3.65
	红色旅游	0.93	0.25	3.00	0.20	0.43	0.03	0.39	5.23
	宗教文化	4.34	0.53	0.16	0.17	0.03	0.00	0.48	5.71
休闲娱乐类	主题游乐	14.95	2.35	2.30	0.70	2.01	0.29	0.92	23.52
	度假休闲	6.32	7.47	19.60	5.97	16.18	0.18	2.25	57.97
	乡村旅游	2.09	1.80	3.38	0.10	1.95	0.08	0.52	9.92
	城市公园	0.83	0.33	1.15	0.26	0.00	0.00	0.43	3.00
	商贸旅游	0.00	13.23	1.94	0.00	0.24	0.18	0.00	15.59
其他类	其　他	1.84	4.64	0.86	0.70	0.03	0.00	0.31	8.38
合　计		70.52	54.40	90.09	20.05	58.52	4.07	8.77	306.42

3. 旅游景区投资

2017 年，华北地区 A 级旅游景区总建设投资为 252.42 亿元，占全国 A 级旅游景区总建设投资的 7.71%，较上年增加 35.85 亿元，增长 16.55%。其中，景区内部建设投资为 197.20 亿元，外部建设投资为 55.22 亿元。景区平均建设投资为 2303.10 万元。

从景区等级来看，华北地区 4A 级旅游景区建设投资规模最大，为 139.74 亿元，占该地区 A 级旅游景区总建设投资的 55.36%；其次是 3A 级和 5A 级旅游景区，分别为 57.54 亿元和 34.24 亿元，占比分别为 22.80% 和 13.56%；1A 级和 2A 级旅游景区建设投资规模相对较小，分别为 0.18 亿元和 20.72 亿元，占比分别为 0.07% 和 8.21%（表 3-3-8）。

从景区大类来看，休闲娱乐类旅游景区建设投资规模最大，为 133.66 亿元；其次是自然景观类和历史文化类旅游景区，建设投资分别为 59.47 亿元和 47.80 亿元（表 3-3-8）。

从景区大类和等级综合来看，自然景观类、历史文化类和休闲娱乐类中 4A 级旅游景区建设投资均最大，分别为 30.58 亿元、24.22 元和 81.91 亿元（表 3-3-8）。

表 3-3-8 2017 年华北地区 A 级旅游景区建设投资分大类等级统计（单位：亿元）

景区大类	5A 级旅游景区	4A 级旅游景区	3A 级旅游景区	2A 级旅游景区	1A 级旅游景区	合 计
自然景观类	19.97	30.58	6.23	2.52	0.16	59.47
历史文化类	12.78	24.22	9.43	1.37	0.00	47.80
休闲娱乐类	1.49	81.91	37.46	12.78	0.02	133.66
其他类	0.00	3.03	4.42	4.05	0.00	11.51
合 计	34.24	139.74	57.54	20.72	0.18	252.42

从景区亚类来看，度假休闲类旅游景区建设投资规模最大，为 79.04 亿元；其次是地质遗迹类和乡村旅游类景区，建设投资分别为 31.67 亿元和 26.45 亿元；城市公园类旅游景区建设投资规模最小，为 1.26 亿元（表 3-3-9）。

从景区亚类和等级综合来看，地质遗迹类和文化遗迹类中 5A 级旅游景区建设投资规模均最大，分别为 19.90 亿元和 10.29 亿元；森林景观类、河湖湿地类、古村古镇类、文博院馆类、红色旅游类、主题游乐类、度假休闲类和城市公园类中 4A 级旅游景区建设投资规模均最大，分别为 16.98 亿元、4.74 亿元、8.16 亿元、2.76 亿元、2.72 亿元、22.98 亿元、55.90 亿元和 0.77 亿元；宗教文化类、乡村旅游类、商贸旅游类和其他类中 3A 级旅游景区建设投资规模均最大，分别为 3.20 亿元、21.95 亿元、1.71 亿元和 4.42 亿元（表 3-3-9）。

表 3-3-9 2017 年华北地区 A 级旅游景区建设投资分亚类等级统计（单位：亿元）

景区大类	景区亚类	5A 级旅游景区	4A 级旅游景区	3A 级旅游景区	2A 级旅游景区	1A 级旅游景区	合 计
自然景观类	森林景观	0.07	16.98	2.71	1.21	0.00	20.97
	河湖湿地	0.00	4.74	1.33	0.76	0.00	6.83
	地质遗迹	19.90	8.86	2.19	0.56	0.16	31.67

134
2017
中国旅游景区
发展报告
CHINA TOURIST
ATTRACTION
DEVELOPMENT
REPORT 2017

景区大类	景区亚类	5A级旅游景区	4A级旅游景区	3A级旅游景区	2A级旅游景区	1A级旅游景区	合　计
历史文化类	古村古镇	0.42	8.16	1.41	0.02	0.00	10.01
	文化遗迹	10.29	8.52	2.37	0.49	0.00	21.67
	文博院馆	1.70	2.76	1.93	0.51	0.00	6.90
	红色旅游	0.00	2.72	0.53	0.18	0.00	3.43
	宗教文化	0.37	2.05	3.20	0.16	0.00	5.78
休闲娱乐类	主题游乐	0.55	22.98	1.20	0.02	0.00	24.75
	度假休闲	0.94	55.90	12.18	10.01	0.01	79.04
	乡村旅游	0.00	2.12	21.95	2.37	0.01	26.45
	城市公园	0.00	0.77	0.41	0.08	0.00	1.26
	商贸旅游	0.00	0.15	1.71	0.30	0.00	2.16
其他类	其他	0.00	3.03	4.42	4.05	0.00	11.50
合计		34.24	139.74	57.54	20.72	0.18	252.42

（四）旅游景区经营管理主体与人员情况

1. 经营管理主体

2017年，华北地区 A 级旅游景区经营管理主体包括行政单位、事业单位、企业和部队 4 种，共计 1096 家，较上年增加 32 家，增长 3.01%。其中，企业类经营管理主体数量最多，为 806 家，占经营管理主体总数的 73.54%；其次是事业单位类经营管理主体，为 267 家，占比为 24.36%；行政单位和部队类的经营管理主体数量较少，分别为 22 家和 1 家，占比分别为 2.01% 和 0.09%（图 3-4-1）。

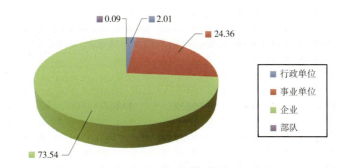

图 3-4-1　2017 年华北地区 A 级旅游景区经营管理机构数量占比统计（单位：%）

从景区等级来看，华北地区除 5A 级旅游景区以事业单位经营管理主体为主外，其他等级旅游景区经营管理主体均以企业为主。其中，3A 级旅游景区企业经营管理主体数量最多，为 292 家，其次是 4A 级和 2A 级旅游景区，分别为 280 家和 223 家；1A 级旅游景区企业经营管理主体数量最少，为 4 家；5A 级旅游景区以事业单位为经营管理主体，为 11 家（表 3-4-1）。

表 3-4-1　2017 年华北地区 A 级旅游景区经营主体分等级统计（单位：家）

管理主体	5A 级旅游景区	4A 级旅游景区	3A 级旅游景区	2A 级旅游景区	1A 级旅游景区	合　计
行政单位	1	5	11	5	0	22
事业单位	11	95	84	77	0	267
企　业	7	280	292	223	4	806
部　队	0	1	0	0	0	1
合　计	19	381	387	305	4	1096

2. 就业情况

2017 年，华北地区 A 级旅游景区固定就业人数为 134664 人，占全国 A 级旅游景区固定就业总人数的 10.35%，较上年增加 5254 人，增长 4.06%。景区平均固定就业人数为 123 人。

从景区等级来看，4A 级旅游景区固定就业人数最多，为 57654 人，占该地区 A 级旅游景区固定就业总人数的 42.81%；其次是 3A 级和 2A 级旅游景区，分别为 56632 人和 11307 人，占比分别为 42.05% 和 8.40%；1A 级和 5A 级旅游景区固定就业人数较少，分别为 93 人和 8978 人，占比分别为 0.07% 和 6.67%（表 3-4-2）。

表 3-4-2　2017 年华北地区 A 级旅游景区固定用工分等级统计

	5A 级旅游景区	4A 级旅游景区	3A 级旅游景区	2A 级旅游景区	1A 级旅游景区	合计
固定用工（人）	8978	57654	56632	11307	93	134664
比例（%）	6.67	42.81	42.05	8.40	0.07	100.00

从景区大类来看，休闲娱乐类旅游景区固定就业人数最多，为 56742 人，其次

136
2017
中国旅游景区
发展报告
CHINA TOURIST
ATTRACTION
DEVELOPMENT
REPORT 2017

是其他类和历史文化类旅游景区，分别为 36542 人和 23741 人，自然景观类旅游景区固定就业人数最少，为 17639 人。

从景区大类和等级综合来看，自然景观类、历史文化类和休闲娱乐类中 4A 级旅游景区固定就业人数均最多，分别为 10843 人、10432 人和 33675 人（表 3-4-3）。

表 3-4-3 2017 年华北地区 A 级旅游景区固定用工分大类等级统计（单位：人）

景区大类	5A 级旅游景区	4A 级旅游景区	3A 级旅游景区	2A 级旅游景区	1A 级旅游景区	合　计
自然景观类	1414	10843	3744	1593	45	17639
历史文化类	7037	10432	4857	1415	0	23741
休闲娱乐类	527	33675	17806	4686	48	56742
其他类	0	2704	30225	3613	0	36542
合　计	8978	57654	56632	11307	93	134664

从景区亚类来看，其他类旅游景区固定就业人数最多，为 36542 人；其次是度假休闲类和乡村旅游类旅游景区，分别为 28823 人和 13437 人；红色旅游类旅游景区固定就业人数最少，为 1456 人。

从景区亚类和等级综合来看，文化遗迹类中 5A 级旅游景区固定就业人数最多，为 4769 人；森林景观类、河湖湿地类、地质遗迹类、古村古镇类、文博院馆类、红色旅游类、宗教文化类、主题游乐类、度假休闲类和城市公园类中 4A 级旅游景区固定就业人数均最多，分别为 4288 人、2389 人、4166 人、1768 人、1584 人、1143 人、1917 人、6621 人、22701 人和 1698 人；乡村旅游类、商贸旅游类和其他类中 3A 级旅游景区固定就业人数均最多，分别为 9176 人、3089 人和 30225 人（表 3-4-4）。

表 3-4-4 2017 年华北地区 A 级旅游景区固定用工分亚类等级统计（单位：人）

景区大类	景区亚类	5A 级旅游景区	4A 级旅游景区	3A 级旅游景区	2A 级旅游景区	1A 级旅游景区	合　计
自然景观类	森林景观	1194	4288	1152	909	0	7543
	河湖湿地	0	2389	1924	425	0	4738
	地质遗迹	220	4166	668	259	45	5358

景区大类	景区亚类	5A 级旅游景区	4A 级旅游景区	3A 级旅游景区	2A 级旅游景区	1A 级旅游景区	合　计
历史文化类	古村古镇	350	1768	645	5	0	2768
	文化遗迹	4769	4020	1858	548	0	11195
	文博院馆	304	1584	1527	416	0	3831
	红色旅游	0	1143	185	128	0	1456
	宗教文化	1614	1917	642	318	0	4491
休闲娱乐类	主题游乐	67	6621	1118	49	0	7855
	度假休闲	460	22701	3971	1673	18	28823
	乡村旅游	0	1912	9176	2319	30	13437
	城市公园	0	1698	452	248	0	2398
	商贸旅游	0	743	3089	397	0	4229
其他类	其　他	0	2704	30225	3613	0	36542
合　计		8978	57654	56632	11307	93	134664

3. 导游情况

2017 年，华北地区 A 级旅游景区导游总数为 6283 人，占全国 A 级旅游景区导游总数的 9.69%，较上年减少 608 人，下降 8.82%。景区平均导游人数为 6 人。

从景区等级来看，4A 级旅游景区导游人数最多，为 3218 人，占该地区 A 级旅游景区导游总数的 51.22%；其次是 3A 级和 5A 级旅游景区，分别为 1323 人和 1014 人，占比分别为 21.06% 和 16.14%；1A 级和 2A 级旅游景区导游人数相对较少，分别为 6 人和 722 人，占比分别为 0.09% 和 11.49%（表 3-4-5）。

表 3-4-5　2017 年华北地区 A 级旅游景区导游数量分等级统计

景区等级	5A 级旅游景区	4A 级旅游景区	3A 级旅游景区	2A 级旅游景区	1A 级旅游景区	合　计
导游人数（人）	1014	3218	1323	722	6	6283
占比（%）	16.14	51.22	21.06	11.49	0.09	100.00

从景区大类来看，历史文化类旅游景区导游人数最多，为 3026 人；其次是自然景观类和休闲娱乐类旅游景区，导游人数分别为 1393 人和 1375 人。

138
2017
中国旅游景区
发展报告
CHINA TOURIST
ATTRACTION
DEVELOPMENT
REPORT 2017

从景区亚类来看，文化遗迹类旅游景区导游人数最多，为 1337 人；其次是度假休闲类和文博院馆类旅游景区，分别为 768 人和 763 人；城市公园类旅游景区导游人数最少，为 26 人（表 3-4-6）。

表 3-4-6　2017 年华北地区 A 级旅游景区导游数量分类型统计

景区大类	专职导游人数（人）	景区类型	专职导游人数（人）
自然景观类	1393	森林景观	573
		河湖湿地	263
		地质遗迹	557
历史文化类	3026	古村古镇	269
		文化遗迹	1337
		文博院馆	763
		红色旅游	327
		宗教文化	330
休闲娱乐类	1375	主题游乐	158
		度假休闲	768
		乡村旅游	364
		城市公园	26
		商贸旅游	59
其他类	489	其　他	489
合　计	6283	合　计	6283

四、东北地区 A 级旅游景区情况

（一）旅游景区数量、等级、类及门票价格情况

2017 年，东北地区 A 级旅游景区共计 955 家，占全国 A 级旅游景区总数的 10.11%，较上年增加 60 家，增长 6.70%。

1.等级构成

（1）数量及比重

从景区等级来看，东北地区 3A 级旅游景区数量最多，为 423 家，占该地区 A

级旅游景区总数的 44.29%；其次是 4A 级和 2A 级旅游景区，分别为 245 家和 235 家，占比分别为 25.65% 和 24.61%；5A 级和 1A 级旅游景区数量相对较少，分别为 16 家和 36 家，占比分别为 1.68% 和 3.77%（图 4-1-1）。

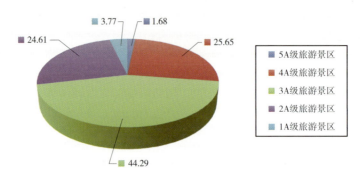

图 4-1-1　2017 年东北地区 A 级旅游景区数量占比分等级统计（单位：%）

（2）增量及增长率

与上年相比，除 1A 级旅游景区数量下降外，其他等级旅游景区均呈现不同程度的增长。其中，5A 级旅游景区数量增长最快，增加 2 家，增长 14.29%；其次是 3A 级、4A 级和 2A 级旅游景区，分别增加 36 家、17 家和 8 家，分别增长 9.30%、7.46% 和 3.52%；1A 级旅游景区数量减少 3 家，下降 7.69%（表 4-1-1、图 4-1-2）。

表 4-1-1　2016 ~ 2017 年东北地区 A 级旅游景区数量分等级统计

景区等级	2016 年数量（家）	2017 年数量（家）	比重（%）	增量（家）	增长率（%）
5A 级旅游景区	14	16	1.68	2	14.29
4A 级旅游景区	228	245	25.65	17	7.46
3A 级旅游景区	387	423	44.29	36	9.30
2A 级旅游景区	227	235	24.61	8	3.52
1A 级旅游景区	39	36	3.77	-3	-7.69
合　计	895	955	100.00	60	6.70

2017
中国旅游景区
发展报告
CHINA TOURIST
ATTRACTION
DEVELOPMENT
REPORT 2017

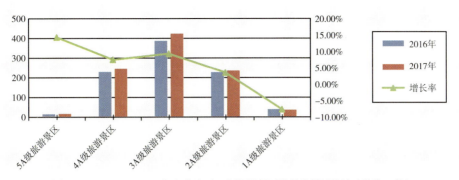

图 4-1-2　2016 ~ 2017 年东北地区 A 级旅游景区数量分等级统计（单位：家）

2. 类型构成

从景区大类来看，东北地区休闲娱乐类 A 级旅游景区数量最多，为 398 家，占该地区 A 级旅游景区总数的 41.68%；其次是自然景观类和历史文化类景区，分别为 291 家和 210 家，占比分别为 30.47% 和 21.99%（表 4-1-2）。

从景区大类和等级综合来看，自然景观类、历史文化类、休闲娱乐类和其他类中均是 3A 级旅游景区数量最多，分别为 115 家、105 家、176 家和 27 家（表 4-1-2）。

表 4-1-2　2017 年东北地区 A 级旅游景区数量分大类等级统计（单位：家）

景区大类	5A 级旅游景区	4A 级旅游景区	3A 级旅游景区	2A 级旅游景区	1A 级旅游景区	合　计
自然景观类	10	84	115	74	8	291
历史文化类	2	57	105	39	7	210
休闲娱乐类	4	90	176	108	20	398
其他类	0	14	27	14	1	56
合　计	16	245	423	235	36	955

从景区亚类来看，东北地区度假休闲类景区数量最多，为 232 家，占该地区 A 级旅游景区总数的 24.29%；其次是森林景观类和乡村旅游类景区，分别 170 家和 96 家，占比分别为 17.80% 和 10.05%；古村古镇类景区数量最少，为 7 家，占该地区 A 级旅游景区总数的 0.73%（表 4-1-3、图 4-1-3）。

从景区亚类和等级综合来看，主题游乐类中 4A 级旅游景区数量最多，为 16 家；森林景观类、河湖湿地类、古村古镇类、文化遗迹类、文博院馆类、红色旅游类、宗教文化类、度假休闲类、乡村旅游类、商贸旅游类和其他类中 3A 级旅游景区数量均最多，分别为 69 家、31 家、5 家、28 家、39 家、23 家、10 家、107 家、42 家、10 家和 27 家；地质遗迹类和城市公园类中 2A 旅游景区数量最多，分别为 17 家和 14 家（表 4-1-3）。

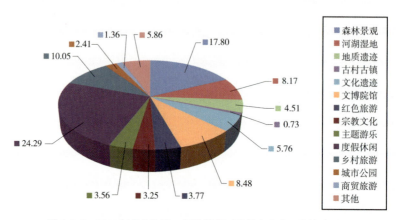

图 4-1-3　2017 年东北地区 A 级旅游景区数量占比分亚类统计（%）

表 4-1-3　2017 年东北地区 A 级旅游景区分亚类等级数量统计（单位：家）

景区大类	景区亚类	5A 级旅游景区	4A 级旅游景区	3A 级旅游景区	2A 级旅游景区	1A 级旅游景区	合　计
自然景观类	森林景观	7	54	69	35	5	170
	河湖湿地	0	23	31	22	2	78
	地质遗迹	3	7	15	17	1	43
历史文化类	古村古镇	0	1	5	1	0	7
	文化遗迹	1	15	28	10	1	55
	文博院馆	1	29	39	12	0	81
	红色旅游	0	6	23	6	1	36
	宗教文化	0	6	10	10	5	31

142
2017
中国旅游景区
发展报告
CHINA TOURIST
ATTRACTION
DEVELOPMENT
REPORT 2017

景区大类	景区亚类	5A级旅游景区	4A级旅游景区	3A级旅游景区	2A级旅游景区	1A级旅游景区	合　计
休闲娱乐类	主题游乐	2	16	11	5	0	34
	度假休闲	2	62	107	51	10	232
	乡村旅游	0	9	42	37	8	96
	城市公园	0	1	6	14	2	23
	商贸旅游	0	2	10	1	0	13
其他类	其　他	0	14	27	14	1	56
合　计		16	245	423	235	36	955

3. 门票价格

2017 年，东北地区 955 家 A 级旅游景区平均门票价格为 27 元，较全国平均门票价格水平低 2 元。

从景区等级来看，5A 级旅游景区的平均门票价格最高，为 79 元；其次是 4A 级和 3A 级旅游景区，平均门票价格分别为 51 元和 22 元；2A 级和 1A 级旅游景区平均门票价格相对较低，分别为 10 元和 4 元（表 4-1-4）。

表 4-1-4　2017 年东北地区 A 级旅游景区门票价格分等级统计

景区等级	门票价格总额（元）	景区数量（家）	平均门票价格（元）
5A 级旅游景区	1270	16	79
4A 级旅游景区	12464	245	51
3A 级旅游景区	9401	423	22
2A 级旅游景区	2371	235	10
1A 级旅游景区	146	36	4
合　计	25652	955	27

从景区大类来看，东北地区自然景观类 A 级旅游景区平均门票价格最高，为 32 元；其次是休闲娱乐类和历史文化类 A 级旅游景区，平均门票价格分别为 31 元和 16 元（表 4-1-5）。

从景区亚类来看，东北地区主题游乐类 A 级旅游景区平均门票价格最高，为 75 元；其次是地质遗迹类和度假休闲类 A 级旅游景区，平均门票价格分别为 37 元和 35 元；城市公园类和商贸旅游类 A 级旅游景区平均门票价格最低，均为 2 元（表 4-1-5）。

表 4-1-5　2017 年东北地区 A 级旅游景区门票价格分类统计

景区大类	门票价格总额（元）	景区数量（家）	平均门票价格（元）	景区亚类	门票价格总额（元）	景区数量（家）	平均门票价格（元）
自然景观类	9278	291	32	森林景观	5394	170	32
				河湖湿地	2294	78	29
				地质遗迹	1590	43	37
历史文化类	3345	210	16	古村古镇	152	7	22
				文化遗迹	1600	55	29
				文博院馆	976	81	12
				红色旅游	201	36	6
				宗教文化	416	31	13
休闲娱乐类	12264	398	31	主题游乐	2563	34	75
				度假休闲	8039	232	35
				乡村旅游	1592	96	17
				城市公园	40	23	2
				商贸旅游	30	13	2
其他类	765	56	14	其他	765	56	14
合计	25654	955	27	合计	25654	955	27

（二）旅游景区游客接待情况

2017 年，东北地区 A 级旅游景区游客接待量为 2.50 亿人次，占全国 A 级旅游景区接待总量的 4.64%，较上年增加 0.46 亿人次，增长 22.55%，其中政策性免票游客接待量为 1.30 亿人次。景区平均游客接待量为 26.19 万人次。

1. 分等级接待量

（1）数量及比重

2017 年，东北地区 4A 级旅游景区游客接待量最多，为 12042.61 万人次，占该

144
2017
中国旅游景区
发展报告
CHINA TOURIST
ATTRACTION
DEVELOPMENT
REPORT 2017

地区 A 级旅游景区游客接待总量的 48.14%；其次是 3A 级和 2A 级旅游景区，游客接待量分别为 7680.88 万人次和 2686.59 万人次，占比分别为 30.71% 和 10.74%；5A 级和 1A 级旅游景区游客接待量相对较少，分别为 2393.86 万人次和 209.84 万人次，占比分别为 9.57% 和 0.84%（表 4-2-1、图 4-2-1）。

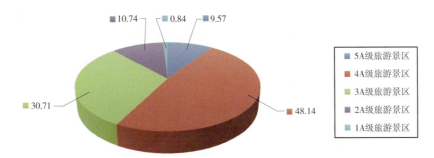

图 4-2-1　2017 年东北地区 A 级旅游景区游客接待量占比分等级统计（单位：%）

（2）增量及增长率

与上年相比，除 1A 级旅游景区游客接待量下降外，其他等级旅游景区游客接待量均呈现不同程度的增长。其中，5A 级旅游景区游客接待量增长最快，增加 515.90 万人次，增长 27.47%；其次是 2A 级和 4A 级旅游景区，分别较上年增加 532.33 万人次和 2238.19 万人次，分别增长 24.71% 和 22.83%；3A 级旅游景区增加 1336.76 万人次，增长 21.07%；1A 级旅游景区游客接待量较上年减少 36.68 万人次，下降 14.88%（表 4-2-1、图 4-2-2）。

表 4-2-1　2016 ~ 2017 年东北地区 A 级旅游景区游客接待量分等级统计

景区等级	2016 年接待量（万人次）	2017 年接待量（万人次）	比重（%）	增量（万人次）	增长率（%）
5A 级旅游景区	1877.96	2393.86	9.57	515.90	27.47
4A 级旅游景区	9804.42	12042.61	48.14	2238.19	22.83
3A 级旅游景区	6344.12	7680.88	30.71	1336.76	21.07
2A 级旅游景区	2154.26	2686.59	10.74	532.33	24.71
1A 级旅游景区	246.52	209.84	0.84	-36.68	-14.88
合　计	20427.28	25013.78	100.00	4586.50	22.45

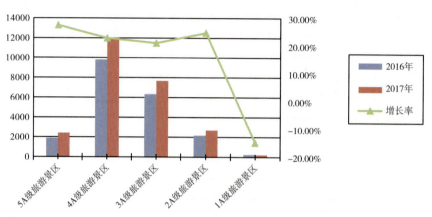

图 4-2-2　2016 ～ 2017 年东北地区 A 级旅游景区游客接待量分等级统计（单位：万人次）

2. 分类型接待量

从景区大类来看，东北地区休闲娱乐类旅游景区游客接待量最多，为 10430.22 万人次，占该地区 A 级旅游景区游客接待总量的 41.70%；其次是自然景观类和历史文化类旅游景区，分别为 7765.60 万人次和 6063.21 万人次，占比分别为 31.05% 和 24.24%（表 4-2-2）。

从景区大类和等级综合来看，自然景观类、历史文化类、休闲娱乐类和其他类中均是 4A 级旅游景区游客接待量最多，分别为 3665.95 万人次、3150.58 万人次、4798.57 万人次和 427.51 万人次（表 4-2-2）。

表 4-2-2　2017 年东北地区 A 级旅游景区游客接待量分大类等级统计（单位：万人次）

景区大类	5A 级旅游景区	4A 级旅游景区	3A 级旅游景区	2A 级旅游景区	1A 级旅游景区	合　计
自然景观类	1242.11	3665.95	2027.43	787.31	42.80	7765.60
历史文化类	296.60	3150.58	2115.85	476.57	23.61	6063.21
休闲娱乐类	855.15	4798.57	3256.11	1377.52	142.87	10430.22
其他类	0.00	427.51	281.49	45.19	0.56	754.75
合计	2393.86	12042.61	7680.88	2686.59	209.84	25013.78

从景区亚类来看，东北地区度假休闲类旅游景区游客接待量最多，为 5466.76

146
2017
中国旅游景区
发展报告
CHINA TOURIST
ATTRACTION
DEVELOPMENT
REPORT 2017

万人次，占该地区 A 级旅游景区游客接待总量的 21.85%；其次是森林景观类和文博院馆类旅游景区，游客接待量分别为 4554.20 万人次和 2372.51 万人次，占比分别为 18.21% 和 9.48%；古村古镇类和商贸游类旅游景区游客接待量较少，分别为 490.50 万人次和 337.47 万人次，分别占该地区 A 级旅游景区游客接待总量的 1.96% 和 1.35%（表 4-2-3、图 4-2-3）。

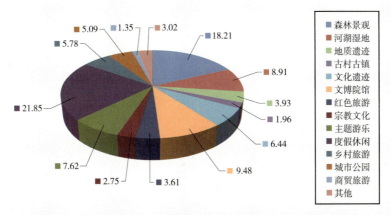

图 4-2-3 2017 年东北地区 A 级旅游景区游客接待量占比分亚类统计（单位：%）

从景区亚类和等级综合来看，地质遗迹类中 5A 级旅游景区游客接待量最多，为 336.10 万人次；森林景观类、河湖湿地类、古村古镇类、文博院馆类、红色旅游类、宗教文化类、主题游乐类、度假休闲类和其他类中 4A 级旅游景区游客接待量均最多，分别为 1975.66 万人次、1443.79 万人次、289.15 万人次、1412.33 万人次、488.63 万人次、369.20 万人次、1222.28 万人次、2716.11 万人次和 427.51 万人次；文化遗迹类、乡村旅游类和商贸旅游类中 3A 级旅游景区游客接待量均最多，分别为 824.72 万人次、693.97 万人次和 320.91 万人次；城市公园类中 2A 级旅游景区游客接待量最多，为 575.46 万人次（表 4-2-3）。

表 4-2-3　2017 年东北地区 A 级旅游景区游客接待量分亚类分级统计（单位：万人次）

景区大类	景区亚类	5A 级旅游景区	4A 级旅游景区	3A 级旅游景区	2A 级旅游景区	1A 级旅游景区	合　计
自然景观类	森林景观	906.01	1975.66	1246.64	395.89	30.00	4554.20
	河湖湿地	0.00	1443.79	623.57	149.26	12.80	2229.42
	地质遗迹	336.10	246.50	157.22	242.16	0.00	981.98
历史文化类	古村古镇	0.00	289.15	196.20	5.15	0.00	490.50
	文化遗迹	141.60	591.27	824.72	48.47	4.00	1610.06
	文博院馆	155.00	1412.33	643.90	161.28	0.00	2372.51
	红色旅游	0.00	488.63	341.97	70.57	1.90	903.07
	宗教文化	0.00	369.20	109.06	191.10	17.71	687.07
休闲娱乐类	主题游乐	182.35	1222.28	385.59	115.03	0.00	1905.25
	度假休闲	672.80	2716.11	1613.58	361.78	102.49	5466.76
	乡村旅游	0.00	390.43	693.97	324.69	36.65	1445.74
	城市公园	0.00	453.75	242.06	575.46	3.73	1275.00
	商贸旅游	0.00	16.00	320.91	0.56	0.00	337.47
其他类	其　他	0.00	427.51	281.49	45.19	0.56	754.75
合　计		2393.86	12042.61	7680.88	2686.59	209.84	25013.78

（三）旅游景区经营与投资情况

1. 旅游景区总收入

2017 年，东北地区 A 级旅游景区旅游收入为 186.62 亿元，占全国 A 级旅游景区旅游总收入的 4.30%，较上年增加 11.03 亿元，增长 6.28%。景区平均旅游收入为 1954.14 万元。

（1）分等级收入

东北地区 4A 级旅游景区旅游收入最高，为 108.61 亿元，占该地区 A 级旅游景区旅游收入的 58.20%；其次是 5A 级和 3A 级旅游景区，旅游收入分别为 43.99 亿元和 27.88 亿元，占比分别为 23.57% 和 14.94%；2A 级和 1A 级旅游景区旅游

148
2017
中国旅游景区
发展报告
CHINA TOURIST
ATTRACTION
DEVELOPMENT
REPORT 2017

收入较少，分别为 5.16 亿元和 0.98 亿元，占比分别为 2.76% 和 0.53%（表 4-3-1、图 4-3-1）。

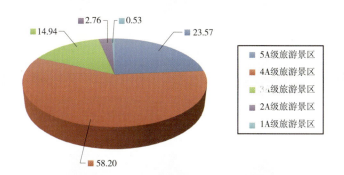

图 4-3-1　2017 年东北地区 A 级旅游景区收入占比分等级统计（单位：%）

与上年相比，除 2A 级和 1A 级旅游景区旅游收入下降外，其他等级旅游景区旅游收入均呈现不同程度的增长。其中，5A 级旅游景区旅游收入增长最快，增加 8.51 亿元，增长 23.99%；其次是 3A 级和 4A 级旅游景区，旅游收入分别增加 2.52 亿元和 0.42 亿元，分别增长 9.94% 和 0.39%；2A 级和 1A 级旅游景区旅游收入分别减少 0.31 亿元和 0.11 亿元，分别下降 5.67% 和 10.09%（表 4-3-1、图 4-3-2）。

表 4-3-1　2016 ~ 2017 年东北地区 A 级旅游景区等级收入统计

景区等级	2016 年景区总收入（亿元）	2017 年景区总收入（亿元）	比重（%）	增量（亿元）	增长率（%）
5A 级旅游景区	35.48	43.99	23.57	8.51	23.99
4A 级旅游景区	108.19	108.61	58.20	0.42	0.39
3A 级旅游景区	25.36	27.88	14.94	2.52	9.94
2A 级旅游景区	5.47	5.16	2.76	-0.31	-5.67
1A 级旅游景区	1.09	0.98	0.53	-0.11	-10.09
合　计	175.59	186.62	100.00	11.03	6.28

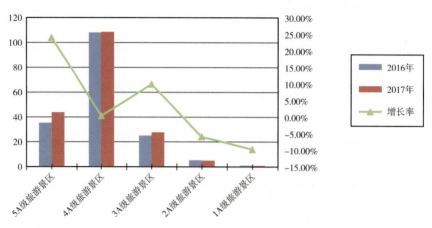

图 4-3-2 2016～2017 年东北地区 A 级旅游景区等级收入分布（单位：亿元）

（2）分类型收入

从景区大类来看，休闲娱乐类 A 级旅游景区旅游收入最多，为 118.56 亿元，占该地区 A 级旅游景区旅游总收入的 63.53%；其次是自然景观类和历史文化类景区，分别为 56.11 亿元和 10.70 亿元；分别占该地区 A 级旅游景区旅游总收入的 30.07% 和 5.73%（表 4-3-2）。

从景区大类和等级综合来看，自然景观类、历史文化类、休闲娱乐类和其他类中 4A 级旅游景区旅游收入均最多，分别为 29.35 亿元、5.62 亿元、72.75 亿元和 0.89 亿元（表 4-3-2）。

表 4-3-2 2017 年东北地区 A 级旅游景区总收入分大类等级统计（单位：亿元）

景区大类	5A 级旅游景区	4A 级旅游景区	3A 级旅游景区	2A 级旅游景区	1A 级旅游景区	合 计
自然景观类	14.88	29.35	10.98	0.85	0.05	56.11
历史文化类	1.94	5.62	2.83	0.23	0.08	10.70
休闲娱乐类	27.17	72.75	13.91	3.88	0.85	118.56
其他类	0.00	0.89	0.16	0.20	0.00	1.25
合 计	43.99	108.61	27.88	5.16	0.98	186.62

从景区亚类来看，度假休闲类 A 级旅游景区旅游收入最多，为 96.39 亿元，占该地区 A 级旅游景区旅游总收入的 51.65%；其次是森林景观类景区和地质遗迹类

150
2017
中国旅游景区
发展报告
CHINA TOURIST
ATTRACTION
DEVELOPMENT
REPORT 2017

景区，分别为 34.43 亿元和 12.74 亿元，占比分别为 18.45% 和 6.83%；城市公园类景区旅游收入最少，为 0.06 亿元，占比为 0.03%（表 4-3-3、图 4-3-3）。

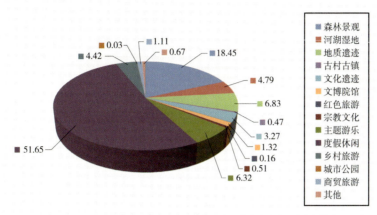

图 4-3-3　2017 年东北地区 A 级旅游景区分类型收入占比（单位：%）

从景区亚类和等级综合来看，地质遗迹类中 5A 级旅游景区旅游收入最多，为 7.85 亿元；森林景观类、文化遗迹类、文博院馆类、宗教文化类、主题游乐类、度假休闲类、乡村旅游类和其他类中 4A 级旅游景区旅游收入均最多，分别为 21.37 亿元、2.89 亿元、1.88 亿元、0.67 亿元、9.68 亿元、59.89 亿元、3.18 亿元和 0.89 亿元；河湖湿地类、古村古镇类、红色旅游类、城市公园类和商贸旅游类中 3A 级旅游景区旅游收入均最多，分别为 4.85 亿元、0.73 亿元、0.16 亿元、0.03 亿元和 2.07 亿元（表 4-3-3）。

表 4-3-3　2017 年东北地区 A 级旅游景区总收入分亚类等级统计（单位：亿元）

景区大类	景区亚类	5A 级旅游景区	4A 级旅游景区	3A 级旅游景区	2A 级旅游景区	1A 级旅游景区	合　计
自然景观类	森林景观	7.03	21.37	5.50	0.50	0.03	34.43
	河湖湿地	0.00	3.93	4.85	0.14	0.02	8.94
	地质遗迹	7.85	4.05	0.63	0.21	0.00	12.74
历史文化类	古村古镇	0.00	0.09	0.73	0.06	0.00	0.88
	文化遗迹	1.52	2.89	1.60	0.03	0.06	6.10
	文博院馆	0.42	1.88	0.14	0.03	0.00	2.47

景区大类	景区亚类	5A 级旅游景区	4A 级旅游景区	3A 级旅游景区	2A 级旅游景区	1A 级旅游景区	合 计
	红色旅游	0.00	0.09	0.16	0.03	0.01	0.29
	宗教文化	0.00	0.67	0.20	0.08	0.01	0.96
	主题游乐	1.25	9.68	0.45	0.41	0.00	11.79
	度假休闲	25.92	59.89	8.62	1.76	0.20	96.39
休闲娱乐类	乡村旅游	0.00	3.18	2.74	1.69	0.64	8.25
	城市公园	0.00	0.00	0.03	0.02	0.01	0.06
	商贸旅游	0.00	0.00	2.07	0.00	0.00	2.07
其他类	其 他	0.00	0.89	0.16	0.20	0.00	1.25
合 计		43.99	108.61	27.88	5.16	0.98	186.62

2. 旅游景区分项收入

2017 年，门票收入是东北地区 A 级旅游景区旅游总收入的首要来源，为 59.14 亿元，占该地区 A 级旅游景区旅游总收入的 31.69%；其次是餐饮收入和住宿收入，总量分别为 49.96 亿元和 33.89 亿元，占比分别为 26.77% 和 18.16%；演艺收入最少，为 2.84 亿元，占比为 1.52%（表 4-3-4、图 4-3-4）。

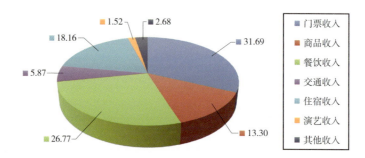

图 4-3-4　2017 年东北地区 A 级旅游景区收入构成占比（单位：%）

与上年比，除商品收入和交通收入下降外，其他各项收入均呈现增长。其中，演艺收入增长最快，增加 0.65 亿元，增长 29.68%；其次是住宿收入和餐饮收入，

152
2017
中国旅游景区
发展报告
CHINA TOURIST
ATTRACTION
DEVELOPMENT
REPORT 2017

分别增加 5.11 亿元和 7.20 亿元，分别增长 17.76% 和 16.84%；商品收入和交通收入，分别减少 5.35 亿元和 1.57 亿元，分别下降 17.73% 和 12.53%（表4-3-4、图4-3-5）。

表4-3-4 2016～2017 年东北地区 A 级旅游景区收入构成分项统计

类　别	2016 年景区分项收入（亿元）	2017 年景区分项收入（亿元）	比重（%）	增量（亿元）	增长率（%）
门票收入	54.73	59.14	31.69	4.41	8.06
商品收入	30.17	24.82	13.30	-5.35	-17.73
餐饮收入	42.76	49.96	26.77	7.20	16.84
交通收入	12.53	10.96	5.87	-1.57	-12.53
住宿收入	28.78	33.89	18.16	5.11	17.76
演艺收入	2.19	2.84	1.52	0.65	29.68
其他收入	4.44	5.01	2.69	0.57	12.84
合　计	175.59	186.62	100.00	11.03	6.28

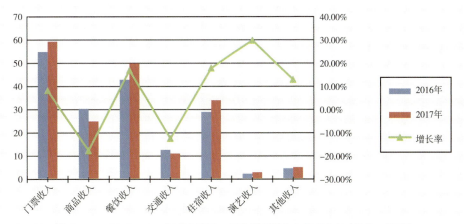

图4-3-5 2016～2017 年东北地区 A 级旅游景区收入构成分布（单位：亿元）

（1）分等级收入

4A 级和 5A 级旅游景区旅游收入较大，分别为 108.61 亿元和 43.99 亿元。其中 4A 级旅游景区旅游收入以门票收入和餐饮收入为主，分别为 35.36 亿元和 33.63亿元；5A 级旅游景区旅游收入以门票收入和住宿收入为主，分别为 15.92 亿元和

11.65 亿元（表 4-3-5）。

表 4-3-5　2017 年东北地区 A 级旅游景区收入构成分等级统计（单位：亿元）

景区被等级	门票收入	商品收入	餐饮收入	交通收入	住宿收入	演艺收入	其他收入	合　计
5A 级旅游景区	15.92	6.80	5.69	2.59	11.65	0.97	0.37	43.99
4A 级旅游景区	35.36	11.95	33.63	6.92	16.78	1.31	2.66	108.61
3A 级旅游景区	6.90	4.80	8.50	1.20	4.60	0.32	1.56	27.88
2A 级旅游景区	0.88	0.84	1.96	0.23	0.76	0.24	0.25	5.16
1A 级旅游景区	0.08	0.43	0.18	0.02	0.10	0.00	0.17	0.98
合　计	59.14	24.82	49.96	10.96	33.89	2.84	5.01	186.62

（2）分类型收入

从景区大类来看，自然景观类旅游景区以门票收入和餐饮收入为主，分别为 21.47 亿元和 11.30 亿元；历史文化类旅游景区以门票收入为主，为 5.75 亿元；休闲娱乐类旅游景区以餐饮收入、门票收入和住宿收入为主，分别为 36.83 亿元、31.69 亿元和 25.76 亿元（表 4-3-6）。

表 4-3-6　2017 年东北地区 A 级旅游景区收入构成分大类统计（单位：亿元）

景区大类	门票收入	商品收入	餐饮收入	交通收入	住宿收入	演艺收入	其他收入	合　计
自然景观类	21.47	7.10	11.30	5.08	7.31	2.16	1.67	56.09
历史文化类	5.75	1.80	1.32	0.43	0.69	0.07	0.65	10.71
休闲娱乐类	31.69	15.70	36.83	5.36	25.76	0.58	2.64	118.56
其他类	0.23	0.22	0.51	0.09	0.13	0.03	0.05	1.26
合　计	59.14	24.82	49.96	10.96	33.89	2.84	5.01	186.62

从景区亚类来看，度假休闲类、森林景观类和地质遗迹类旅游景区旅游收入规模较大，分别为 96.39 亿元、34.40 亿元和 12.74 亿元。其中，度假休闲类旅游景区以餐饮收入、住宿收入和门票收入为主，分别为 32.07 亿元、24.64 亿元和 20.08 亿元；森林景观类旅游景区以门票收入为主，为 14.70 亿元；地质遗迹类景区以门票收入为主，为 3.82 亿元（表 4-3-7）。

154
2017
中国旅游景区
发展报告
CHINA TOURIST
ATTRACTION
DEVELOPMENT
REPORT 2017

表 4-3-7　2017 年东北地区 A 级旅游景区收入构成分亚类统计（单位：亿元）

景区大类	景区亚类	门票收入	商品收入	餐饮收入	交通收入	住宿收入	演艺收入	其他收入	合　计
自然景观类	森林景观	14.70	4.62	5.56	3.17	4.38	0.86	1.11	34.40
	河湖湿地	2.95	1.06	2.31	0.49	1.46	0.27	0.41	8.95
	地质遗迹	3.82	1.42	3.43	1.42	1.47	1.03	0.15	12.74
历史文化类	古村古镇	0.11	0.32	0.25	0.08	0.04	0.00	0.07	0.87
	文化遗迹	2.93	1.19	0.90	0.34	0.57	0.07	0.11	6.11
	文博院馆	2.14	0.13	0.07	0.00	0.04	0.00	0.09	2.47
	红色旅游	0.04	0.04	0.07	0.01	0.04	0.00	0.11	0.31
	宗教文化	0.53	0.12	0.03	0.00	0.00	0.00	0.27	0.95
休闲娱乐类	主题游乐	8.89	1.31	1.17	0.00	0.16	0.04	0.21	11.78
	度假休闲	20.08	12.63	32.07	5.09	24.64	0.23	1.65	96.39
	乡村旅游	2.71	1.19	2.23	0.27	0.96	0.31	0.59	8.26
	城市公园	0.00	0.01	0.02	0.00	0.00	0.00	0.01	0.04
	商贸旅游	0.01	0.56	1.34	0.00	0.00	0.00	0.18	2.09
其他类	其　他	0.23	0.22	0.51	0.09	0.13	0.03	0.05	1.26
合　计		59.14	24.82	49.96	10.96	33.89	2.84	5.01	186.62

3. 旅游景区投资

2017 年，东北地区 A 级旅游景区总建设投资为 158.95 亿元，占全国 A 级旅游景区总建设投资的 4.86%，较上年减少 206.53 亿元，下降 56.51%。其中，景区内部建设投资为 121.13 亿元，外部建设投资为 37.82 亿元。景区平均建设投资为 1664.40 万元。

从景区等级来看，东北地区 4A 级旅游景区建设投资规模最大，为 97.53 亿元，占该地区 A 级旅游景区总建设投资的 61.36%；其次是 3A 级和 2A 级旅游景区，分别为 48.70 亿元和 6.31 亿元，占比分别为 30.64% 和 3.97%；1A 级和 5A 级旅游景区建设投资规模相对较小，分别为 0.21 亿元和 6.20 亿元，占比分别为 0.13% 和 3.90%（表 4-3-8）。

从景区大类来看，休闲娱乐类旅游景区建设投资规模最大，为 117.37 元；其次是自然景观类和历史文化类旅游景区，建设投资分别为 28.27 亿元和 11.35 亿元。

从景区大类和等级综合来看，自然景观类和休闲娱乐类中 4A 级旅游景区建设投资均最大，分别为 12.24 亿元和 81.70 亿元；历史文化类中 3A 级旅游景区建设投资最大，为 3.87 亿元（表 4-3-8）。

表 4-3-8　2017 年东北地区 A 级旅游景区建设投资分大类等级统计（单位：亿元）

景区大类	5A 级旅游景区	4A 级旅游景区	3A 级旅游景区	2A 级旅游景区	1A 旅游景区	合　计
自然景观类	2.42	12.24	11.63	1.95	0.03	28.27
历史文化类	3.24	3.31	3.87	0.87	0.06	11.35
休闲娱乐类	0.54	81.70	32.49	2.53	0.11	117.37
其他类	0.00	0.28	0.71	0.96	0.01	1.96
合　计	6.20	97.53	48.70	6.31	0.21	158.95

从景区亚类来看，度假休闲类旅游景区建设投资规模最大，为 87.16 亿元；其次是商贸旅游类和森林景观类旅游景区，建设投资分别为 17.82 亿元和 16.86 亿元；城市公园类旅游景区建设投资规模最小，为 0.15 亿元（表 4-3-9）。

从景区亚类和等级综合来看，地质遗迹类和文化遗迹类中 5A 级旅游景区建设投资规模均最大，分别为 1.87 亿元和 3.24 亿元；森林景观类、文博院馆类、主题游乐类和乡村旅游类中 4A 级旅游景区建设投资规模均最大，分别为 9.00 亿元、1.33 亿元、2.28 亿元和 4.79 亿元；河湖湿地类、古村古镇类、红色旅游类、宗教文化类、度假休闲类和商贸旅游类中 3A 级旅游景区建设投资规模均最大，分别为 4.37 亿元、0.87 亿元、0.86 亿元、0.70 亿元、10.43 亿元和 17.82 亿元；城市公园类和其他类中 2A 级旅游景区建设投资规模均最大，分别为 0.08 亿元和 0.96 亿元（表 4-3-9）。

表 4-3-9　2017 年东北地区 A 级旅游景区建设投资分亚类等级统计（单位：亿元）

景区大类	景区亚类	5A 级旅游景区	4A 级旅游景区	3A 级旅游景区	2A 级旅游景区	1A 级旅游景区	合　计
自然景观类	森林景观	0.55	9.00	6.05	1.24	0.02	16.86
	河湖湿地	0.00	2.54	4.37	0.19	0.00	7.10
	地质遗迹	1.87	0.70	1.21	0.52	0.01	4.31

156
2017
中国旅游景区
发展报告
CHINA TOURIST
ATTRACTION
DEVELOPMENT
REPORT 2017

景区大类	景区亚类	5A 级旅游景区	4A 级旅游景区	3A 级旅游景区	2A 级旅游景区	1A 级旅游景区	合 计
历史文化类	古村古镇	0.00	0.00	0.87	0.08	0.00	0.95
	文化遗迹	3.24	1.54	0.78	0.33	0.02	5.91
	文博院馆	0.00	1.33	0.66	0.02	0.00	2.01
	红色旅游	0.00	0.20	0.86	0.02	0.00	1.08
	宗教文化	0.00	0.24	0.70	0.42	0.04	1.40
休闲娱乐类	主题游乐	0.49	2.28	1.47	0.01	0.00	4.25
	度假休闲	0.05	74.61	10.43	2.03	0.04	87.16
	乡村旅游	0.00	4.79	2.72	0.41	0.07	7.99
	城市公园	0.00	0.02	0.05	0.08	0.00	0.15
	商贸旅游	0.00	0.00	17.82	0.00	0.00	17.82
其他类	其 他	0.00	0.28	0.71	0.96	0.01	1.96
合 计		6.20	97.53	48.70	6.31	0.21	158.95

（四）旅游景区经营管理主体与人员情况

1. 经营管理主体

2017 年，东北地区 A 级旅游景区经营管理主体包括企业、事业单位和行政单位三种，共计 955 家，较上年增加 60 家，增长 6.70%。其中，企业类经营管理主体数量最多，为 691 家，占经营管理主体总数的 72.35%；其次是事业单位类经营管理主体，为 233 家，占比为 24.40%；行政单位类经营管理主体数量最少，为 31 家，占比为 3.25%（图 4-4-1）。

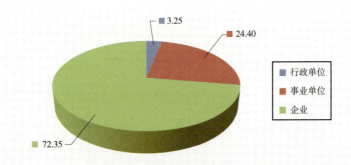

图 4-4-1　2017 年东北地区 A 级旅游景区经营管理机构数量占比分布（单位：%）

从景区等级来看，东北地区所有等级旅游景区均以企业经营管理主体为主。其中，3A级旅游景区企业经营管理主体数量最多，为300家；其次是4A级和2A级旅游景区，分别为178家和175家；1A级和5A级旅游景区企业经营管理主体数量较少，分别为29家和9家（表4-4-1）。

表4-4-1　2017年东北地区A级旅游景区经营主体分等级统计（单位：家）

管理主体	5A级旅游景区	4A级旅游景区	3A级旅游景区	2A级旅游景区	1A级旅游景区	合　计
行政单位	3	3	15	8	2	31
事业单位	4	64	108	52	5	233
企　业	9	178	300	175	29	691
部　队	0	0	0	0	0	0
合　计	16	245	423	235	36	955

2. 就业情况

2017年，东北地区A级旅游景区固定就业人数为100042人，占全国A级旅游景区固定就业总人数的7.69%，较上年增加2378人，增长2.43%。景区平均固定就业人数为105人。

从景区等级来看，3A级旅游景区固定就业人数最多，为45643人，占该地区A级旅游景区固定就业总人数的45.62%；其次是4A级和5A级旅游景区，分别为38067人和8289人，占比分别为38.05%和8.29%；1A级和5A级旅游景区固定就业人数较少，分别为590人和7453人，占比分别为0.59%和7.45%（表4-4-2）。

表4-4-2　2017年东北地区A级旅游景区固定用工分等级统计

	5A级旅游景区	4A级旅游景区	3A级旅游景区	2A级旅游景区	1A级旅游景区	合　计
固定用工（人）	8289	38067	45643	7453	590	100042
比例（%）	8.29	38.05	45.62	7.45	0.59	100.00

从景区大类来看，休闲娱乐类旅游景区固定就业人数最多，为61814人；其次是自然景观类和历史文化类旅游景区，分别为23882人和8169人。

从景区大类和等级综合来看，自然景观类和历史文化类中4A级旅游景区固定

158
2017
中国旅游景区
发展报告
CHINA TOURIST
ATTRACTION
DEVELOPMENT
REPORT 2017

就业人数均最多，分别为 10342 人和 3916 人；休闲娱乐类和其他类中 3A 级旅游景区固定就业人数均最多，分别为 33748 人和 3857 人（表 4-4-3）。

表 4-4-3　2017 年东北地区 A 级旅游景区固定用工分大类等级统计（单位：人）

景区大类	5A 级旅游景区	4A 级旅游景区	3A 级旅游景区	2A 级旅游景区	1A 级旅游景区	合　计
自然景观类	5607	10342	4729	3088	116	23882
历史文化类	257	3916	3309	645	42	8169
休闲娱乐类	2425	22508	33748	2714	419	61814
其他类	0	1301	3857	1006	13	6177
合　计	8289	38067	45643	7453	590	100042

从景区亚类来看，度假休闲类旅游景区固定就业人数最多，为 30727 人；其次是商贸旅游类和森林景观类旅游景区，分别为 20031 人和 15519 人；古村古镇类旅游景区固定就业人数最少，为 358 人。

从景区亚类和等级综合来看，地质遗迹类中 5A 级旅游景区固定就业人数最多，为 3297 人；森林景观类、河湖湿地类、文博院馆类、宗教文化类、主题游乐类和度假休闲类中 4A 级旅游景区固定就业人数均最多，分别为 7046 人、2270 人、1594 人、555 人、2466 人和 18008 人。古村古镇类、文化遗迹类、红色旅游类、乡村旅游类、城市公园类、商贸旅游类和其他类中 3A 级旅游景区固定就业人数均最多，分别为 185 人、1626 人、310 人、3649 人、393 人、19749 人和 3857 人（表 4-4-4）。

表 4-4-4　2017 年东北地区 A 级旅游景区固定用工分亚类等级统计

景区大类	景区亚类	5A 级旅游景区	4A 级旅游景区	3A 级旅游景区	2A 级旅游景区	1A 级旅游景区	合　计
自然景观类	森林景观	2310	7046	3554	2534	75	15519
	河湖湿地	0	2270	977	273	30	3550
	地质遗迹	3297	1026	198	281	11	4813
历史文化类	古村古镇	0	94	185	79	0	358
	文化遗迹	190	1365	1626	242	8	3431

景区大类	景区亚类	5A 级 旅游景区	4A 级 旅游景区	3A 级 旅游景区	2A 级 旅游景区	1A 级 旅游景区	合 计
历史文化类	文博院馆	67	1594	853	151	0	2665
	红色旅游	0	308	310	77	8	703
	宗教文化	0	555	335	96	26	1012
休闲娱乐类	主题游乐	402	2466	576	653	0	4097
	度假休闲	2023	18008	9381	1121	194	30727
	乡村旅游	0	1554	3649	802	185	6190
	城市公园	0	200	393	136	40	769
	商贸旅游	0	280	19749	2	0	20031
其他类	其 他	0	1301	3857	1006	13	6177
合 计		8289	38067	45643	7453	590	100042

3. 导游情况

2017 年，东北地区 A 级旅游景区导游总数为 4626 人，占全国 A 级旅游景区导游总数的 7.13%，较上年减少 108 人，下降 2.28%。景区平均导游人数为 5 人。

从景区等级来看，4A 级旅游景区导游人数最多，为 2195 人，占该地区 A 级旅游景区导游总数的 47.45%；其次是 3A 级和 5A 级旅游景区，分别为 1560 人和 446人，占比分别为 33.72% 和 9.64%；1A 级和 2A 级旅游景区导游人数相对较少，分别为 52 人和 373 人，占比分别为 1.13% 和 8.06%（表 4-4-5）。

表 4-4-5 2017 年东北地区 A 级旅游景区导游数量分等级统计

景区等级	5A 级 旅游景区	4A 级 旅游景区	3A 级 旅游景区	2A 级 旅游景区	1A 级 旅游景区	合 计
导游人数（人）	446	2195	1560	373	52	4626
占比（%）	9.64	47.45	33.72	8.06	1.13	100.00

从景区大类来看，自然景观类旅游景区导游人数最多，为 1698 人；其次是休闲娱乐类和历史文化类旅游景区，导游人数分别为 1536 人和 1155 人。

从景区亚类来看，森林景观类旅游景区导游人数最多，为 967 人；其次是度假

160
2017
中国旅游景区
发展报告
CHINA TOURIST
ATTRACTION
DEVELOPMENT
REPORT 2017

休闲类和文博院馆类旅游景区，分别为 950 人和 552 人；城市公园类旅游景区导游人数最少，为 35 人（表 4-4-6）。

表 4-4-6　2017 年东北地区 A 级旅游景区导游数量分类型统计

景区大类	专职导游人数（人）	景区类型	专职导游人数（人）
自然景观类	1698	森林景观	967
		河湖湿地	400
		地质遗迹	331
历史文化类	1155	古村古镇	46
		文化遗迹	282
		文博院馆	552
		红色旅游	123
		宗教文化	152
休闲娱乐类	1536	主题游乐	149
		度假休闲	950
		乡村旅游	332
		城市公园	35
		商贸旅游	70
其他类	237	其　他	237
合　计	4626	合　计	4626

五、华东地区 A 级旅游景区情况

（一）旅游景区数量、等级、类型及门票价格情况

2017 年，华东地区 A 级旅游景区共计 3187 家，占全国 A 级旅游景区总数的 33.72%%，较上年增加 193 家，增长 6.45%。

1. 等级构成

（1）数量及比重

从景区等级来看，华东地区 3A 级旅游景区数量最多，为 1333 家，占该地区 A

级旅游景区总数的 41.83%；其次是 4A 级和 2A 级旅游景区，分别为 948 家和 814 家，占比分别为 29.75% 和 25.54%；1A 级和 5A 级旅游景区数量相对较少，分别为 4 家和 88 家，占比分别为 0.12% 和 2.76%（图 5-1-1）。

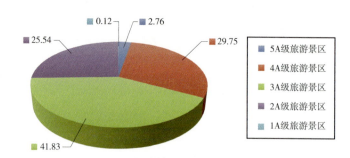

图 5-1-1　2017 年华东地区 A 级旅游景区数量占比分等级统计（单位：%）

（2）增量及增长率

与上年相比，除 1A 级旅游景区数量下降外，其他等级旅游景区均呈现不同程度的增长。其中，5A 级旅游景区数量增长最快，增加 12 家，增长 15.79%；其次是 3A 级和 4A 级旅游景区，分别增加 143 家和 38 家，分别增长 12.02% 和 4.18%；1A 级旅游景区数量减少 2 家，下降 33.33%（表 5-1-1、图 5-1-2）。

表 5-1-1　2016 ～ 2017 年华东地区 A 级旅游景区数量分等级统计

景区等级	2016 年数量（家）	2017 年数量（家）	比重（%）	增量（家）	增长率（%）
5A 级旅游景区	76	88	2.76	12	15.79
4A 级旅游景区	910	948	29.75	38	4.18
3A 级旅游景区	1190	1333	41.83	143	12.02
2A 级旅游景区	812	814	25.54	2	0.25
1A 级旅游景区	6	4	0.12	-2	-33.33
合　计	2994	3187	100.00	193	6.45

2017
中国旅游景区
发展报告
CHINA TOURIST
ATTRACTION
DEVELOPMENT
REPORT 2017

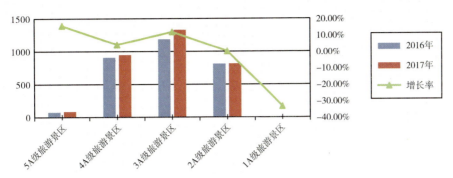

图 5-1-2 2016 ~ 2017 年华东地区 A 级旅游景区数量分等级统计（单位：家）

2. 类型构成

从景区大类来看，华东地区休闲娱乐类 A 级旅游景区数量最多，为 1251 家，占该地区 A 级旅游景区总数的 39.25%；其次是历史文化类和自然景观类景区，分别为 977 家和 769 家，占比分别为 30.66% 和 24.13%（表 5-1-2）。

从景区大类和等级综合来看，自然景观类中 4A 级旅游景区数量最多，为 299 家；历史文化类、休闲娱乐类和其他类中均是 3A 级旅游景区数量最多，分别为 385 家、565 家和 98 家（表 5-1-2）。

表 5-1-2 2017 年华东地区 A 级旅游景区数量分大类等级统计（单位：家）

景区大类	5A 级旅游景区	4A 级旅游景区	3A 级旅游景区	2A 级旅游景区	1A 级旅游景区	合 计
自然景观类	37	299	285	147	1	769
历史文化类	38	291	385	260	3	977
休闲娱乐类	10	318	565	358	0	1251
其他类	3	40	98	49	0	190
合 计	88	948	1333	814	4	3187

从景区亚类来看，华东地区度假休闲类景区数量最多，为 495 家，占该地区 A 级旅游景区总数的 15.53%；其次是乡村旅游类和文化遗迹类景区，分别为 473 家和 335 家占比分别为 14.84% 和 10.51%；商贸旅游类数量最少，为 42 家，占该地区 A 级旅游景区总数的 1.32%（表 5-1-3、图 5-1-3）。

从景区亚类和等级综合来看，森林景观类、地质遗迹类、古村古镇类、文化遗迹类和主题游乐类中4A级旅游景区数量均最多，分别为133家、85家、44家、125家和71家；河湖湿地类、文博院馆类、红色旅游类、宗教文化类、度假休闲类、乡村旅游类、商贸旅游类和其他类中3A级旅游景区数量均最多，分别为93家、101家、73家、54家、211家、248家、18家和98家；城市公园类中2A级旅游景区数量最多，为36家（表5-1-3）。

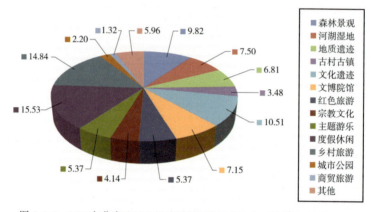

图 5-1-3　2017 年华东地区 A 级旅游景区数量占比分亚类统计（单位：%）

表 5-1-3　2017 年华东地区 A 级旅游景区数量分亚类等级统计（单位：家）

景区大类	景区亚类	5A 级旅游景区	4A 级旅游景区	3A 级旅游景区	2A 级旅游景区	1A 级旅游景区	合 计
自然景观类	森林景观	6	133	116	57	1	313
	河湖湿地	14	81	93	51	0	239
	地质遗迹	17	85	76	39	0	217
历史文化类	古村古镇	10	44	41	16	0	111
	文化遗迹	19	125	116	73	2	335
	文博院馆	2	62	101	63	0	228
	红色旅游	4	36	73	58	0	171
	宗教文化	3	24	54	50	1	132

164
2017
中国旅游景区
发展报告
CHINA TOURIST
ATTRACTION
DEVELOPMENT
REPORT 2017

景区大类	景区亚类	5A 级旅游景区	4A 级旅游景区	3A 级旅游景区	2A 级旅游景区	1A 级旅游景区	合 计
	主题游乐	4	71	62	34	0	171
	度假休闲	5	171	211	108	0	495
休闲娱乐类	乡村旅游	1	58	248	166	0	473
	城市公园	0	8	26	36	0	70
	商贸旅游	0	10	18	14	0	42
其他类	其他	3	40	98	49	0	190
合 计		88	948	1333	814	4	3187

3. 门票价格

2017 年，华东地区 3187 家 A 级旅游景区平均门票价格为 29 元，与全国平均价格水平一致。

从景区等级来看，5A 级旅游景区的平均门票价格最高，为 106 元；其次是 4A 级和 3A 级旅游景区，平均门票价格分别为 53 元和 20 元；1A 级和 2A 级旅游景区平均门票价格相对较低，分别为 13 元为 10 元（表 5-1-4）。

表 5-1-4　2017 年华东地区 A 级旅游景区门票价格分等级统计

景区等级	门票价格总额（元）	景区数量（家）	平均门票价格（元）
5A 级旅游景区	9314	88	106
4A 级旅游景区	50408	948	53
3A 级旅游景区	26031	1333	20
2A 级旅游景区	7888	814	10
1A 级旅游景区	50	4	13
合 计	93691	3187	29

从景区大类来看，华东地区自然景观类 A 级旅游景区平均门票价格最高，为 39 元；其次是休闲娱乐类和历史文化类 A 级旅游景区，平均门票价格分别为 32 元和 21 元（表 5-1-5）。

从景区亚类来看，华东地区主题游乐类 A 级旅游景区平均门票价格最高，为 67 元；其次是地质遗迹类和度假休闲类 A 级旅游景区，平均门票价格分别为 49 元和 38 元，商贸旅游类 A 级旅游景区平均门票价格较低，为 4 元（表 5-1-5）。

表 5-1-5　2017 年华东地区旅游景区门票价格分类统计

景区大类	门票价格总额（元）	景区数量（家）	平均门票价格（元）	景区亚类	门票价格总额（元）	景区数量（家）	平均门票价格（元）
自然景观类	30220	769	39	森林景观	11726	313	37
				河湖湿地	7930	239	33
				地质遗迹	10564	217	49
历史文化类	20163	977	21	古村古镇	4065	111	37
				文化遗迹	9949	335	30
				文博院馆	2991	228	13
				红色旅游	1060	171	6
				宗教文化	2098	132	16
休闲娱乐类	39762	1251	32	主题游乐	11486	171	67
				度假休闲	18932	495	38
				乡村旅游	8815	473	19
				城市公园	369	70	5
				商贸旅游	160	42	4
其他类	3546	190	19	其他	3546	190	19
合　计	93691	3187	29	合计	93691	3187	29

（二）旅游景区游客接待情况

2017 年，华东地区 A 级旅游景区游客接待量为 21.70 亿人次，占全国 A 级旅游景区接待总量的 40.22%，较上年增加 3.23 亿人次，增长 17.49%，其中政策性免票游客接待量为 12.26 亿人次。景区平均游客接待量为 68.10 万人次。

1. 分等级接待量

（1）数量及比重

2017 年，华东地区 4A 级旅游景区游客接待量最多，为 97524.15 万人次，占该

166
2017
中国旅游景区
发展报告
CHINA TOURIST
ATTRACTION
DEVELOPMENT
REPORT 2017

地区 A 级旅游景区游客接待总量的 44.94%；其次是 3A 级和 5A 级旅游景区，游客接待量分别为 52244.36 万人次和 47885.23 万人次，占比分别为 24.07% 和 22.06%；2A 和 1A 级旅游景区游客接待量相对较少，分别为 19356.21 万人次和 17.09 万人次，占比分别为 8.92% 和 0.01%（表 5-2-1、图 5-2-1）。

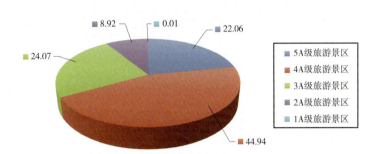

图 5-2-1 2017 年华东地区 A 级旅游景区游客接待量占比分等级统计（单位：%）

（2）增量及增长率

与上年相比，除 1A 级旅游景区游客接待量下降外，其他等级旅游景区游客接待量均呈现不同程度的增长。其中，3A 级旅游景区游客接待量增长最快，较上年增加 9519.86 万人次，增长 22.28%，其次是 4A 级和 5A 级旅游景区，分别较上年增加 15011.18 万人次和 7365.42 万人次，分别增长 18.19% 和 18.18%；2A 级旅游景区增加 453.08 万人次，增长 2.40%；1A 级旅游景区游客接待量减少 0.59 万人次，下降 3.34%（表 5-2-1、图 5-2-2）。

表 5-2-1 2016 ~ 2017 年华东地区 A 级旅游景区游客接待量分等级统计

景区等级	2016 年接待量（万人次）	2017 年接待量（万人次）	比重（%）	增量（万人次）	增长率（%）
5A 级旅游景区	40519.81	47885.23	22.06	7365.42	18.18
4A 级旅游景区	82512.97	97524.15	44.94	15011.18	18.19
3A 级旅游景区	42724.50	52244.36	24.07	9519.86	22.28
2A 级旅游景区	18903.13	19356.21	8.92	453.08	2.40
1A 级旅游景区	17.68	17.09	0.01	-0.59	-3.34
合　计	184678.10	217027.04	100.00	32348.95	17.52

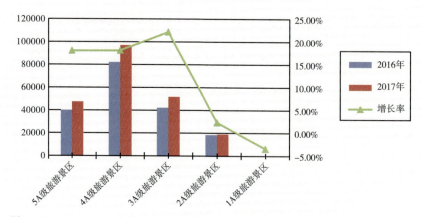

图 5-2-2   2016 ~ 2017 年华东地区 A 级旅游景区游客接待量分等级统计（单位：万人次）

2. 分类型接待量

从景区大类来看，华东地区历史文化类旅游景区游客接待量最多，为 73231.70 万人次，占该地区 A 级旅游景区游客接待总量的 33.74%；其次是自然景观类和休闲娱乐类旅游景区，分别为 69420.52 万人次和 68210.15 万人次，占比分别为 31.99% 和 31.43%（表 5-2-2）。

从景区大类和等级综合来看，自然景观类、历史文化类、休闲娱乐类和其他类景区均是 4A 级旅游景区的游客接待量最多，分别为 32933.77 万人次、32201.26 万人次、29860.82 万人次和 2528.30 万人次（表 5-2-2）。

表 5-2-2   2017 年华东地区 A 级旅游景区游客接待量分大类等级统计（单位：万人次）

景区大类	5A 级旅游景区	4A 级旅游景区	3A 级旅游景区	2A 级旅游景区	1A 级旅游景区	合　计
自然景观类	20528.91	32933.77	12244.15	3710.84	2.85	69420.52
历史文化类	21308.69	32201.26	13945.18	5762.33	14.24	73231.70
休闲娱乐类	5100.42	29860.82	23845.27	9403.64	0.00	68210.15
其他类	947.21	2528.30	2209.76	479.40	0.00	6164.67
合　计	47885.23	97524.15	52244.36	19356.21	17.09	217027.04

从景区亚类来看，华东地区文化遗迹类旅游景区游客接待量最多，为 31359.94

168

2017
中国旅游景区
发展报告
CHINA TOURIST
ATTRACTION
DEVELOPMENT
REPORT 2017

万人次，占该地区 A 级旅游景区游客接待总量的 14.45%；其次是度假休闲类和森林景观类旅游景区，游客接待量分别为 29986.77 万人次和 23823.34 万人次，占比分别为 13.81% 和 10.98%；城市公园类和商贸游类旅游景区游客接待量较少，分别为 4951.99 万人次和 2061.93 万人次，分别占该地区 A 级旅游景区游客接待总量的 2.28% 和 0.95%（表 5-2-3、图 5-2-3）。

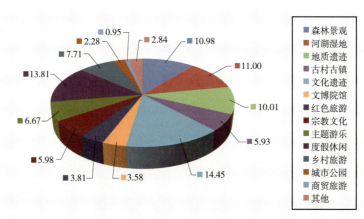

图 5-2-3　2017 年华东地区 A 级旅游景区游客接待量占比分亚类统计（单位：%）

从景区亚类和等级综合来看，地质遗迹类和宗教文化类中 5A 级旅游景区游客接待量均最多，分别为 10309.37 万人次和 4955.91 万人次；森林景观类、河湖湿地类、古村古镇类、文化遗迹类、文博院馆类、红色旅游类、主题游乐类、度假休闲类和其他类中 4A 级旅游景区游客接待量均最多，分别为 16198.83 万人次、9262.52 万人次、5946.75 万人次、14436.61 万人次、4111.21 万人次、3454.82 万人次、8440.44 万人次、15749.78 万人次和 2528.30 万人次；乡村旅游类、城市公园类和商贸旅游类中 3A 级旅游景区游客接待量均最多，分别为 9062.81 万人次、2758.68 万人次和 1029.17 万人次（表 5-2-3）。

表 5-2-3　2017 年华东地区 A 级旅游景区游客接待量分亚类等级统计（单位：万人次）

景区大类	景区亚类	5A 级旅游景区	4A 级旅游景区	3A 级旅游景区	2A 级旅游景区	1A 级旅游景区	合　计
自然景观类	森林景观	1679.25	16198.83	4496.10	1446.31	2.85	23823.34
	河湖湿地	8540.29	9262.52	4454.96	1610.25	0.00	23868.02
	地质遗迹	10309.37	7472.42	3293.09	654.28	0.00	21729.16
历史文化类	古村古镇	4923.24	5946.75	1633.20	356.39	0.00	12859.58
	文化遗迹	9954.81	14436.61	5139.32	1821.86	7.34	31359.94
	文博院馆	358.20	4111.21	2548.32	746.43	0.00	7764.16
	红色旅游	1116.53	3454.82	2611.19	1094.90	0.00	8277.44
	宗教文化	4955.91	4251.87	2013.15	1742.75	6.90	12970.58
休闲娱乐类	主题游乐	2321.71	8440.44	2827.36	887.92	0.00	14477.43
	度假休闲	2778.71	15749.78	8167.25	3291.03	0.00	29986.77
	乡村旅游	0.00	4278.77	9062.81	3390.45	0.00	16732.03
	城市公园	0.00	545.40	2758.68	1647.91	0.00	4951.99
	商贸旅游	0.00	846.43	1029.17	186.33	0.00	2061.93
其他类	其　他	947.21	2528.30	2209.76	479.40	0.00	6164.67
合　计		47885.23	97524.15	52244.36	19356.21	17.09	217027.04

（三）旅游景区经营与投资情况

1. 旅游景区总收入

2017 年，华东地区 A 级旅游景区旅游收入为 1723.85 亿元，占全国 A 级旅游景区旅游总收入的 39.72%，较上年增加 206.98 亿元，增长 13.65%。景区平均旅游收入为 5409.01 万元。

（1）分等级收入

华东地区 5A 级旅游景区旅游收入最高，为 965.18 亿元，占该地区 A 级旅游景区旅游收入的 55.99%；其次是 4A 级和 3A 级旅游景区，旅游收入分别为 545.04 亿元和 163.37 亿元，占比分别为 31.62% 和 9.48%；2A 级和 1A 级旅游景区旅游

170
2017
中国旅游景区
发展报告
CHINA TOURIST
ATTRACTION
DEVELOPMENT
REPORT 2017

收入较少，分别为 50.24 亿元和 0.02 亿元，占比分别为 2.91% 和 0.00%（表 5-3-1、图 5-3-1）。

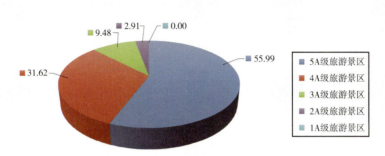

图 5-3-1　2017 年华东地区 A 级旅游景区等级收入占比（单位：%）

与上年相比，除 1A 级旅游景区旅游收入下降外，其他等级旅游景区旅游收入均呈现不同程度的增长。其中，4A 级旅游景区旅游收入增长最快，增加 75.68 亿元，增长 16.12%；其次是 5A 级和 3A 级旅游景区，旅游收入分别增加 121.13 亿元和 9.86 亿元，分别增长 14.35% 和 6.42%；2A 级旅游景区旅游收入增加 0.32 亿元，增长 0.64%；1A 级旅游景区旅游收入减少 0.01 亿元，下降 33.33%（表 5-3-1、图 5-3-2）。

表 5-3-1　2016 ~ 2017 年华东地区 A 级旅游景区收入分等级统计

景区等级	2016 年景区总收入（亿元）	2017 年景区总收入（亿元）	比重（%）	增量（亿元）	增长率（%）
5A 级旅游景区	844.05	965.18	55.99	121.13	14.35
4A 级旅游景区	469.36	545.04	31.62	75.68	16.12
3A 级旅游景区	153.51	163.37	9.48	9.86	6.42
2A 级旅游景区	49.92	50.24	2.91	0.32	0.64
1A 级旅游景区	0.03	0.02	0.00	-0.01	-33.33
合　计	1516.87	1723.85	100	206.98	13.65

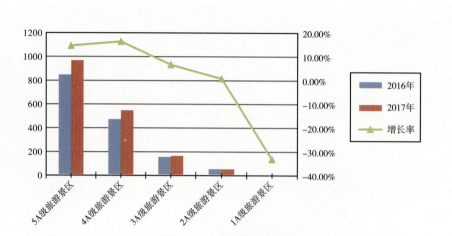

图 5-3-2　2016～2017 年华东地区 A 级旅游景区等级收入分布（单位：亿元）

（2）分类型收入

从景区大类来看，自然景观类 A 级旅游景区旅游收入最多，为 833.31 亿元，占该地区 A 级旅游景区旅游总收入的 48.34%；其次是历史文化类和休闲娱乐类景区，分别为 430.16 亿元和 421.93 亿元；分别占该地区 A 级旅游景区旅游总收入的 24.95% 和 24.48%（表 5-3-2）。

从景区大类和等级综合来看，自然景观类和历史文化类中 5A 级旅游景区旅游收入最多，分别为 621.14 亿元和 287.35 亿元。休闲娱乐类和其他类中 4A 级旅游景区收入最多，分别为 255.42 亿元和 15.17 亿元（表 5-3-2）。

表 5-3-2　2017 年华东地区 A 级旅游景区收入分类型统计（单位：亿元）

景区大类	5A 级旅游景区	4A 级旅游景区	3A 级旅游景区	2A 级旅游景区	1A 级旅游景区	合　计
自然景观类	621.14	174.57	28.84	8.75	0.01	833.31
历史文化类	287.35	99.88	30.96	11.96	0.01	430.16
休闲娱乐类	47.49	255.42	92.52	26.50	0.00	421.93
其他类	9.20	15.17	11.05	3.03	0.00	38.45
合　计	965.18	545.04	163.37	50.24	0.02	1723.85

从景区亚类来看，地质遗迹类 A 级旅游景区旅游收入最多，为 556.52 亿元，占该地区 A 级旅游景区旅游总收入的 32.28%；其次是度假休闲类和红色旅游类景

区，分别为 214.49 亿元和 165.36 亿元，占比分别为 12.44% 和 9.59%；城市公园类景区旅游收入最少，为 3.51 亿元，占比为 0.20%（表 5-3-3、图 5-3-3）。

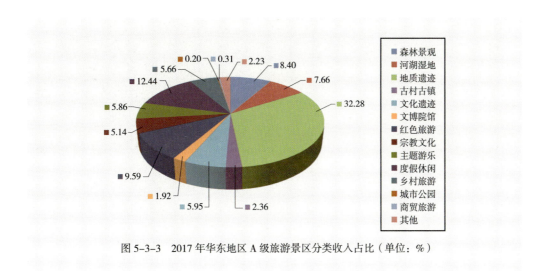

图 5-3-3　2017 年华东地区 A 级旅游景区分类收入占比（单位：%）

从景区亚类和等级综合来看，河湖湿地类、地质遗迹类、古村古镇类、文化遗迹类、红色旅游类和宗教文化类中 5A 级旅游景区旅游收入均最多，分别为 84.25 亿元、506.41 亿元、24.55 亿元、50.33 亿元、139.39 亿元和 73.07 亿元；森林景观类、文博院馆类、主题游乐类、度假休闲类、商贸旅游类和其他类中 4A 级旅游景区旅游收入均最多，分别为 97.61 亿元、17.36 亿元、69.17 亿元、146.52 亿元、3.19 亿元和 15.17 亿元；乡村旅游类中 3A 级旅游景区旅游收入最多，为 49.84 亿元；城市公园类中 2A 级旅游景区旅游收入最多，为 1.71 亿元（表 5-3-3）。

表 5-3-3　2017 年华东地区 A 级旅游景区收入分亚类型等级统计（单位：亿元）

景区大类	景区亚类	5A 级旅游景区	4A 级旅游景区	3A 级旅游景区	2A 级旅游景区	1A 级旅游景区	合　计
自然景观类	森林景观	30.48	97.61	13.86	2.85	0.01	144.81
	河湖湿地	84.25	37.05	7.68	3.00	0.00	131.98
	地质遗迹	506.41	39.91	7.30	2.90	0.00	556.52
历史文化类	古村古镇	24.55	10.90	4.72	0.50	0.00	40.67
	文化遗迹	50.33	39.08	5.65	7.48	0.01	102.55
	文博院馆	0.01	17.36	14.84	0.81	0.00	33.02

景区大类	景区亚类	5A级旅游景区	4A级旅游景区	3A级旅游景区	2A级旅游景区	1A级旅游景区	合　计
历史文化类	红色旅游	139.39	21.05	3.20	1.72	0.00	165.36
	宗教文化	73.07	11.49	2.55	1.45	0.00	88.56
休闲娱乐类	主题游乐	22.54	69.17	7.45	1.85	0.00	101.01
	度假休闲	24.77	146.52	32.96	10.24	0.00	214.49
	乡村旅游	0.18	35.52	49.84	12.07	0.00	97.61
	城市公园	0.00	1.02	0.78	1.71	0.00	3.51
	商贸旅游	0.00	3.19	1.49	0.63	0.00	5.31
其他类	其　他	9.20	15.17	11.05	3.03	0.00	38.45
合　计		965.18	545.04	163.37	50.24	0.02	1723.85

2. 旅游景区分项收入

2017 年，餐饮收入是华东地区 A 级旅游景区旅游总收入的首要来源，为 398.13 亿元，占该地区 A 级旅游景区旅游总收入的 23.10%；其次是门票收入和商品收入，总量分别为 396.84 亿元和 389.14 亿元，占比分别为 23.02% 和 22.57%（表 5-3-4、图 5-3-4）。

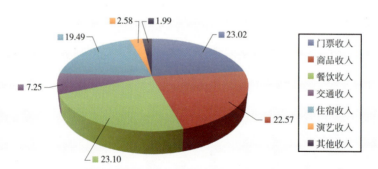

图 5-3-4　2017 年华东地区 A 级旅游景区收入构成占比（单位：%）

与上年相比，除交通收入下降外，其他各项收入均呈现增长。其中，其他收入增长最快，增加 16.75 亿元，增长 95.55%；其次是商品收入、门票收入和餐饮收

174

2017
中国旅游景区
发展报告
CHINA TOURIST
ATTRACTION
DEVELOPMENT
REPORT 2017

入，分别增加 59.32 亿元、58.04 亿元和 41.29 亿元，分别增长 17.99%、17.13% 和 11.57%；交通收入较上年减少 6.14 亿元，下降 4.68%（表 5-3-4、图 5-3-5）。

表 5-3-4　2016 ～ 2017 年华东地区 A 级旅游景区收入构成分项统计

类别	2016 年景区分项收入 （亿元）	2017 年景区分项收入 （亿元）	比重（%）	增量（亿元）	增长率（%）
门票收入	338.80	396.84	23.02	58.04	17.13
商品收入	329.82	389.14	22.57	59.32	17.99
餐饮收入	356.84	398.113	23.10	41.29	11.57
交通收入	131.1	124.96	7.25	-6.14	-4.68
住宿收入	303.04	335.97	19.49	32.93	10.87
演艺收入	39.74	44.53	2.58	4.79	12.05
其他收入	17.53	34.28	1.99	16.75	95.55
合　计	1516.87	1723.85	100.00	206.98	13.65

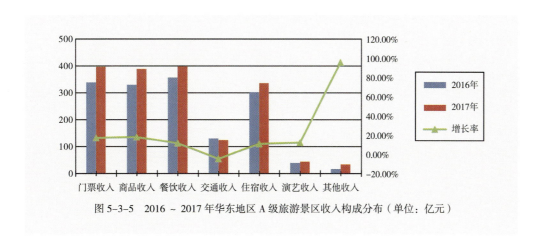

图 5-3-5　2016 ～ 2017 年华东地区 A 级旅游景区收入构成分布（单位：亿元）

（1）分等级收入

5A 级和 4A 级旅游景区旅游收入较大，分别为 965.18 亿元和 545.04 亿元。其中，5A 级旅游景区旅游收入构成中以住宿收入、餐饮收入、商品收入和门票收入为主，分别为 234.63 亿元、229.45 亿元、216.72 亿元和 160.04 亿元。4A 级旅游景区旅游收入构成中以门票收入和餐饮收入为主，分别为 201.59 亿元和 120.24 亿元（表 5-3-5）。

表 5-3-5 2017 年华东地区 A 级旅游景区收入构成分等级统计（单位：亿元）

景区等级	门票收入	商品收入	餐饮收入	交通收入	住宿收入	演艺收入	其他收入	合　计
5A 级旅游景区	160.04	216.72	229.45	91.25	234.63	27.86	5.23	965.18
4A 级旅游景区	201.59	88.53	120.24	28.83	79.59	11.56	14.70	545.04
3A 级旅游景区	30.28	62.85	36.20	3.87	17.21	3.07	9.89	163.37
2A 级旅游景区	4.92	21.04	12.24	1.01	4.54	2.04	4.45	50.24
1A 级旅游景区	0.01	0.00	0.00	0.00	0.00	0.00	0.01	0.02
合　计	396.84	389.14	398.13	124.96	335.97	44.53	34.28	1723.85

（2）分类型收入

从景区大类来看，自然景观类旅游景区以住宿收入、餐饮收入和商品收入为主，分别是 208.12 亿元、202.35 亿元和 182.19 亿元；历史文化类旅游景区以门票收入、商品收入和餐饮收入为主，分别为 105.27 亿元、96.78 亿和 93.82 亿元；休闲娱乐类旅游景区以门票收入和餐饮收入为主，分别为 137.77 亿元和 98.07 亿元（表 5-3-6）。

表 5-3-6 2017 年华东地区 A 级旅游景区收入构成分大类统计（单位：亿元）

景区大类	门票收入	商品收入	餐饮收入	交通收入	住宿收入	演艺收入	其他收入	合　计
自然景观类	143.96	182.19	202.35	70.53	208.12	15.44	10.70	833.29
历史文化类	105.27	96.78	93.82	39.08	62.36	23.62	9.25	430.18
休闲娱乐类	137.77	87.04	98.07	15.27	64.94	5.34	13.49	421.92
其他类	9.84	23.13	3.89	0.08	0.55	0.13	0.84	38.46
合　计	396.84	389.14	398.13	124.96	335.97	44.53	34.28	1723.85

从景区亚类来看，地质遗迹类、度假休闲类和红色旅游类旅游景区旅游收入规模较大，分别为 556.50 亿元、214.49 亿元和 165.36 亿元。其中，地质遗迹类旅游景区以住宿收入和餐饮收入为主，分别为 167.83 亿元和 148.42 亿元；度假休闲类旅游景区以餐饮收入、门票收入和住宿收入为主，分别为 55.32 亿元、50.58 亿元和 45.09 亿元；红色旅游类旅游景区以餐饮收入和商品收入为主，分别为 62.07 亿元和 57.01 亿元（表 5-3-7）。

176
2017
中国旅游景区
发展报告
CHINA TOURIST
ATTRACTION
DEVELOPMENT
REPORT 2017

表 5-3-7　2017 年华东地区 A 级旅游景区收入构成分亚类统计（单位：亿元）

景区大类	景区亚类	门票收入	商品收入	餐饮收入	交通收入	住宿收入	演艺收入	其他收入	合　计
自然景观类	森林景观	41.48	34.46	24.96	20.05	17.89	2.45	3.53	144.82
	河湖湿地	30.09	33.61	28.97	7.92	22.4	6.42	2.55	131.96
	地质遗迹	72.39	114.12	148.42	42.56	167.83	6.57	4.62	556.50
历史文化类	古村古镇	20.19	3.55	6.46	2.27	6.40	0.62	1.2	40.69
	文化遗迹	47.41	15.69	18.48	3.47	7.11	5.44	4.96	102.56
	文博院馆	15.09	14.28	1.34	0.16	0.81	0.42	0.92	33.02
	红色旅游	6.07	57.01	62.07	11.39	12.63	15.27	0.92	165.36
	宗教文化	16.51	6.25	5.47	21.79	35.41	1.87	1.25	88.55
休闲娱乐类	主题游乐	70.91	11.37	11.84	0.96	1.72	0.89	3.32	101.01
	度假休闲	50.58	41.72	55.32	13.07	45.09	3.24	5.47	214.49
	乡村旅游	15.24	31.29	27.76	1.15	17.24	1.07	3.85	97.60
	城市公园	0.84	0.89	0.44	0.09	0.43	0.14	0.69	3.52
	商贸旅游	0.20	1.77	2.71	0.00	0.46	0.00	0.16	5.30
其他类	其　他	9.84	23.13	3.89	0.08	0.55	0.13	0.84	38.46
合　计		396.84	389.14	398.13	124.97	335.96	44.53	34.28	1723.85

3. 旅游景区投资

2017 年，华东地区 A 级旅游景区总建设投资为 1089.35 亿元，占全国 A 级旅游景区总建设投资的 33.30%，较上年增加 61.24 亿元，增长 5.96%。其中，景区内部建设投资为 785.00 亿元，外部建设投资为 304.35 亿元。景区平均建设投资为 3418.10 万元。

从景区等级来看，华东地区 4A 级旅游景区建设投资规模最大，为 624.75 亿元，占该地区 A 级旅游景区总建设投资的 57.35%；其次是 3A 级和 5A 级旅游景区，分别为 259.47 亿元和 144.30 亿元，占比分别为 23.82% 和 13.25%；1A 级和 2A 级旅游景区建设投资规模相对较小，分别为 0.02 亿元和 60.81 亿元，占比分别为 0.00% 和 5.58%（表 5-3-8）。

从景区大类来看，自然景观类旅游景区建设投资规模最大，为 403.41 亿元；其次是休闲娱乐类和历史文化类旅游景区，建设投资分别为 364.81 亿元和 265.39 亿元。

从景区大类和等级综合来看，自然景观类、休闲娱乐类、历史文化类中 4A 级旅游景区建设投资均最大，分别为 301.70 亿元、163.76 亿元和 121.00 亿元（表 5-3-8）。

表 5-3-8　2017 年华东地区 A 级旅游景区建设投资分大类等级统计（单位：亿元）

景区大类	5A 级旅游景区	4A 级旅游景区	3A 级旅游景区	2A 级旅游景区	1A 级旅游景区	合　计
自然景观类	46.10	301.70	41.85	13.76	0.00	403.41
历史文化类	84.59	121.00	49.11	10.67	0.02	265.39
休闲娱乐类	6.86	163.76	159.18	35.01	0.00	364.81
其他类	6.75	38.29	9.33	1.37	0.00	55.74
合　计	144.30	624.75	259.47	60.81	0.02	1089.35

从景区亚类来看，森林景观类旅游景区建设投资规模最大，为 204.12 亿元；其次是度假休闲类和河湖湿地类景区，建设投资分别为 197.05 亿元和 138.60 亿元；城市公园类旅游景区建设投资规模最小，为 3.75 亿元（表 5-3-9）。

从景区亚类和等级综合来看，地质遗迹类、古村古镇类和宗教文化类中 5A 级旅游景区建设投资规模均最大，分别为 32.98 亿元、49.32 亿元和 11.85 亿元；森林景观类、河湖湿地类、文化遗迹类、主题游乐类、度假休闲类、城市公园类、商贸旅游类和其他类中 4A 级旅游景区建设投资规模均最大，分别为 178.00 亿元、104.06 亿元、95.35 亿元、22.16 亿元、118.76 亿元、1.80 亿元、5.61 亿元和 38.29 亿元；文博院馆类、红色旅游类和乡村旅游类中 3A 级旅游景区建设投资规模均最大，分别为 6.78 亿元、3.49 亿元和 89.59 亿元（表 5-3-9）。

表 5-3-9　2017 年华东地区 A 级旅游景区建设投资分亚类等级统计（单位：亿元）

景区大类	景区亚类	5A 级旅游景区	4A 级旅游景区	3A 级旅游景区	2A 级旅游景区	1A 级旅游景区	合　计
自然景观类	森林景观	4.16	178.00	15.23	6.73	0.00	204.12
	河湖湿地	8.96	104.06	20.85	4.73	0.00	138.60
	地质遗迹	32.98	19.64	5.77	2.30	0.00	60.69
历史文化类	古村古镇	49.32	12.38	18.63	1.19	0.00	81.52

2017
中国旅游景区
发展报告
CHINA TOURIST
ATTRACTION
DEVELOPMENT
REPORT 2017

景区大类	景区亚类	5A 级旅游景区	4A 级旅游景区	3A 级旅游景区	2A 级旅游景区	1A 级旅游景区	合 计
历史文化类	文化遗迹	21.71	95.35	17.42	3.38	0.02	137.88
	文博院馆	0.04	4.46	6.78	0.47	0.00	11.75
	红色旅游	1.67	2.66	3.49	2.29	0.00	10.11
	宗教文化	11.85	6.15	2.79	3.34	0.00	24.13
休闲娱乐类	主题游乐	1.05	22.16	11.53	1.50	0.00	36.24
	度假休闲	5.81	118.76	56.15	16.33	0.00	197.05
	乡村旅游	0.00	15.43	89.59	15.98	0.00	121.00
	城市公园	0.00	1.80	1.21	0.74	0.00	3.75
	商贸旅游	0.00	5.61	0.70	0.46	0.00	6.77
其他类	其 他	6.75	38.29	9.33	1.37	0.00	55.74
合 计		144.30	624.75	259.47	60.81	0.02	1089.35

（四）旅游景区经营管理主体与人员情况

1. 经营管理主体

2017 年，华东地区 A 级旅游景区经营管理主体包括行政单位、事业单位、企业和部队 4 种，共计 3187 家，较上年增加 193 家，增长 6.45%。其中，企业类经营管理主体数量最多，为 2308 家，占经营管理主体总数的 72.44%；其次是事业单位经营管理主体，为 788 家，占比为 24.72%；行政单位和部队类的经营管理主体数量较少，分别为 90 家和 1 家，占比分别为 2.81% 和 0.03%（图 5-4-1）。

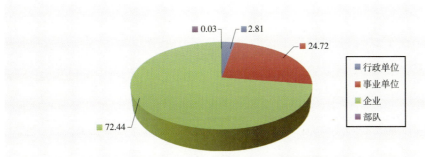

图 5-4-1　2017 年华东地区 A 级旅游景区经营管理机构数量分布（单位：%）

从景区等级来看，华东地区所有等级旅游景区均以企业经营管理主体为主。其中，3A 级旅游景区企业经营管理主体数量最多，为 1018 家；其次是 4A 级和 2A 级旅游景区，分别为 652 家和 585 家；5A 级和 1A 级旅游景区企业经营管理主体数量较少，分别为 49 家和 4 家（表 5-4-1）。

表 5-4-1　2017 年华东地区 A 级旅游景区经营主体分等级统计（单位：家）

管理主体	5A 级旅游景区	4A 级旅游景区	3A 级旅游景区	2A 级旅游景区	1A 级旅游景区	合　计
行政单位	12	19	34	25	0	90
事业单位	27	277	280	204	0	788
企　业	49	652	1018	585	4	2308
部　队	0	0	1	0	0	1
合　计	88	948	1333	814	4	3187

2. 就业情况

2017 年，华东地区 A 级旅游景区固定就业人数为 437184 人，占全国 A 级旅游景区固定就业总人数的 33.60%，较上年增加 34353 人，增长 8.53%。景区平均固定就业人数为 137 人。

从景区等级来看，4A 级旅游景区固定就业人数最多，为 153504 人，占该地区 A 级旅游景区固定就业总人数的 35.11%；其次是 3A 级和 5A 级旅游景区，分别为 121155 人和 81782 人，占比分别为 27.71% 和 18.71%；1A 级和 2A 级旅游景区固定就业人数较少，分别为 47 人和 80696 人，占比分别为 0.01% 和 18.46%（表 5-4-2）。

表 5-4-2　2017 年华东地区 A 级旅游景区固定用工分等级统计

	5A 级旅游景区	4A 级旅游景区	3A 级旅游景区	2A 级旅游景区	1A 级旅游景区	合计
固定用工（人）	81782	153504	121155	80696	47	437184
比例（%）	18.71	35.11	27.71	18.46	0.01	100.00

从景区大类来看，休闲娱乐类旅游景区固定就业人数最多，为 182866 人；其次是自然景观类和历史文化类旅游景区，分别为 117179 人和 73032 人。

180
2017
中国旅游景区
发展报告
CHINA TOURIST
ATTRACTION
DEVELOPMENT
REPORT 2017

从景区大类和等级综合来看，自然景观类中 4A 级旅游景区固定就业人数最多，为 49307 人；历史文化类中 5A 级旅游景区固定就业人数最多，为 28621 人；休闲娱乐类中 3A 级旅游景区固定就业人数最多，为 86044 人（表 5-4-3）。

表 5-4-3　2017 年华东地区 A 级旅游景区固定用工分大类统计（单位：人）

景区大类	5A 级旅游景区	4A 级旅游景区	3A 级旅游景区	2A 级旅游景区	1A 级旅游景区	合　计
自然景观类	46074	49307	16422	5341	35	117179
历史文化类	28621	27422	10958	6019	12	73032
休闲娱乐类	5518	71634	86044	19670	0	182866
其他类	1569	5141	7731	49666	0	64107
合　计	81782	153504	121155	80696	47	437184

从景区亚类来看，度假休闲类旅游景区固定就业人数最多，为 84424 人；其次是其他类和乡村旅游类旅游景区，分别为 64107 人和 62475 人；城市公园类旅游景区固定就业人数最少，为 4607 人。

从景区亚类和等级综合来看，河湖湿地类、地质遗迹类、古村古镇类和宗教文化类中 5A 级旅游景区固定就业人数均最多，分别为 20192 人、23567 人、9433 人和 7940 人；森林景观类、文化遗迹类、文博院馆类、主题游乐类和度假休闲类中 4A 级旅游景区固定就业人数均最多，分别为 26924 人、13575 人、4876 人、13998 人和 43221 人；红色旅游类、乡村旅游类、城市公园类、商贸旅游类和其他类中 3A 级旅游景区固定就业人数均最多，分别为 2081 人、41324 人、2473 人、5209 人和 7731 人（表 5-4-4）。

表 5-4-4　2017 年华东地区 A 级旅游景区固定用工分亚类统计（单位：人）

景区大类	景区亚类	5A 级旅游景区	4A 级旅游景区	3A 级旅游景区	2A 级旅游景区	1A 级旅游景区	合　计
自然景观类	森林景观	2315	26924	6532	1537	35	37343
	河湖湿地	20192	16137	7423	1570	0	45322
	地质遗迹	23567	6246	2467	2234	0	34514
历史文化类	古村古镇	9433	5255	1370	389	0	16447

景区大类	景区亚类	5A 级旅游景区	4A 级旅游景区	3A 级旅游景区	2A 级旅游景区	1A 级旅游景区	合 计
历史文化类	文化遗迹	10277	13575	3961	3523	8	31344
	文博院馆	126	4876	2110	669	0	7781
	红色旅游	845	1729	2081	821	0	5476
	宗教文化	7940	1987	1436	617	4	11984
休闲娱乐类	主题游乐	2925	13998	4119	1515	0	22557
	度假休闲	2593	43221	32919	5691	0	84424
	乡村旅游	0	11685	41324	9466	0	62475
	城市公园	0	1255	2473	879	0	4607
	商贸旅游	0	1475	5209	2119	0	8803
其他类	其 他	1569	5141	7731	49666	0	64107
合 计		81782	153504	121155	80696	47	437184

3. 导游情况

2017 年，华东地区 A 级旅游景区导游总数为 21092 人，占全国 A 级旅游景区导游总数的 32.53%，较上年减少 1494 人，下降 6.61%。景区平均导游人数为 7 人。

从景区等级来看，4A 级旅游景区导游人数最多，为 8348 人，占该地区 A 级旅游景区导游总数的 39.58%；其次是 5A 级和 3A 级旅游景区，分别为 6153 人和 4963 人，占比分别为 29.17% 和 23.53%；1A 级和 2A 级旅游景区导游人数相对较少，分别为 6 人和 1622 人，占比分别为 0.03% 和 7.69%（表 5-4-5）。

表 5-4-5　2017 年华东地区 A 级旅游景区导游数量分等级统计

景区等级	5A 级旅游景区	4A 级旅游景区	3A 级旅游景区	2A 级旅游景区	1A 级旅游景区	合 计
导游人数（人）	6153	8348	4963	1622	6	21092
比例（%）	29.17	39.58	23.53	7.69	0.03	100.00

从景区大类来看，自然景观类旅游景区导游人数最多，为 8472 人；其次是历史文化类和休闲娱乐类旅游景区，导游人数分别为 5873 人和 5746 人。

从景区亚类来看，地质遗迹类旅游景区导游人数最多，为 3948 人；其次是森

182
2017
中国旅游景区
发展报告
CHINA TOURIST
ATTRACTION
DEVELOPMENT
REPORT 2017

林景观类和度假休闲类旅游景区，分别为 2645 人和 2502 人；城市公园类旅游景区导游人数最少，为 165 人（表 5-4-6）。

表 5-4-6　2017 年华东地区 A 级旅游景区导游数量分类型统计

景区大类	专职导游人数（人）	景区类型	专职导游人数（人）
自然景观类	8472	森林景观	2645
		河湖湿地	1879
		地质遗迹	3948
历史文化类	5873	古村古镇	995
		文化遗迹	2269
		文博院馆	1109
		红色旅游	798
		宗教文化	702
休闲娱乐类	5746	主题游乐	915
		度假休闲	2502
		乡村旅游	1994
		城市公园	165
		商贸旅游	170
其他类	1001	其　他	1001
合　计	21092	合　计	21092

六、中南地区 A 级旅游景区情况

（一）旅游景区数量、等级、类型及门票价格情况

2017 年，中南地区 A 级旅游景区共计 1906 家，占全国 A 级旅游景区总数的 20.17%，较上年增加 223 家，增长 13.25%。

1. 等级构成

（1）数量及比重

从景区等级来看，中南地区 3A 级旅游景区数量最多，为 938 家，占该地区 A

级旅游景区总数的 49.21%；其次是 4A 级和 2A 级旅游景区，分别为 701 家和 201 家，占比分别为 36.78% 和 10.55%；1A 级和 5A 级旅游景区数量相对较少，分别为 6 家和 60 家，占比分别为 0.31% 和 3.15%（图 6-1-1）。

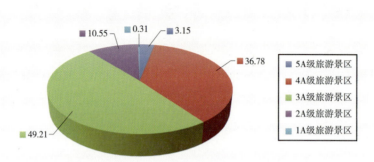

图 6-1-1　2017 年中南地区 A 级旅游景区数量占比分等级统计（单位：%）

（2）增量及增长率

与上年相比，除 2A 级和 1A 级旅游景区数量下降或保持不变外，其他等级旅游景区均呈现不同程度的增长。其中，3A 级旅游景区增长最快，增加 160 家，增长 20.57%；其次是 5A 级和 4A 级旅游景区，分别增加 8 家和 61 家，分别增长 15.38% 和 9.53%；2A 级旅游景区数量较上减少 6 家，下降 2.90%；1A 级旅游景区数量较保持不变，为 6 家（表 6-1-1、图 6-1-2）。

表 6-1-1　2016 ~ 2017 年中南地区 A 级旅游景区数量分等级统计

景区等级	2016 年数量（家）	2017 年数量（家）	比重（%）	增量（家）	增长率（%）
5A 级旅游景区	52	60	3.15	8	15.38
4A 级旅游景区	640	701	36.78	61	9.53
3A 级旅游景区	778	938	49.21	160	20.57
2A 级旅游景区	207	201	10.55	-6	-2.90
1A 级旅游景区	6	6	0.31	0	0.00
合　计	1683	1906	100.00	223	13.25

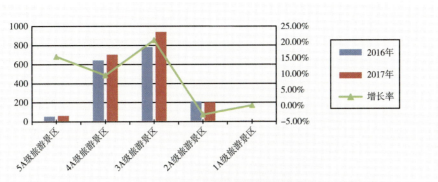

图 6-1-2　2016 ~ 2017 年中南地区 A 级旅游景区数量分等级统计（单位：家）

2. 类型构成

从景区大类来看，中南地区休闲娱乐类 A 级旅游景区数量最多，为 638 家，占该地区 A 级旅游景区总数的 33.47%；其次是历史文化类和自然景观类景区，分别为 599 家和 560 家，占比分别为 31.43% 和 29.38%（表 6-1-2）。

从景区大类和等级综合来看，自然景观类中 4A 级旅游景区数量最多，为 242 家；历史文化类、休闲娱乐类和其他类中均是 3A 级旅游景区数量最多，分别为 293 家、337 家和 71 家（表 6-1-2）。

表 6-1-2　2017 年中南地区 A 级旅游景区数量分大类等级统计（单位：家）

景区等级	5A 级旅游景区	4A 级旅游景区	3A 级旅游景区	2A 级旅游景区	1A 级旅游景区	合　计
自然景观类	30	242	237	50	1	560
历史文化类	14	197	293	91	4	599
休闲娱乐类	12	237	337	52	0	638
其他类	4	25	71	8	1	109
合　计	60	701	938	201	6	1906

从景区亚类来看，中南地区度假休闲类景区数量最多，为 327 家，占该地区 A 级旅游景区总数的 17.16%；其次是森林景观类和文化遗迹类景区，分别为 227 家和 213 家，占比分别为 11.91% 和 11.17%；商贸旅游类景区数量最少，为 19 家，占该地区 A 级旅游景区总数的 1.00%（表 6-1-3、图 6-1-3）。

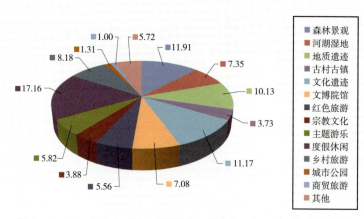

图 6-1-3　2017 年中南地区 A 级旅游景区数量占比分亚类统计（单位：%）

从景区亚类和等级综合来看，河湖湿地类、地质遗迹类、主题游乐类和度假休闲类中 4A 级旅游景区数量均最多，分别为 61 家、83 家、48 家和 154 家；森林景观类、古村古镇类、文化遗迹类、文博院馆类、红色旅游类、宗教文化类、乡村旅游类、城市公园类、商贸旅游类和其他类中 3A 旅游景区数量均最多，分别为 103 家、37 家、103 家、65 家、56 家、32 家、120 家、15 家、11 家和 71 家（表 6-1-3）。

表 6-1-3　2017 年中南地区 A 级旅游景区数量分亚类等级统计（单位：家）

景区大类	景区亚类	5A 级旅游景区	4A 级旅游景区	3A 级旅游景区	2A 级旅游景区	1A 级旅游景区	合　计
自然景观类	森林景观	9	98	103	17	0	227
	河湖湿地	5	61	54	19	1	140
	地质遗迹	16	83	80	14	0	193
历史文化类	古村古镇	3	26	37	5	0	71
	文化遗迹	7	80	103	21	2	213
	文博院馆	2	38	65	29	1	135
	红色旅游	2	32	56	15	1	106
	宗教文化	0	21	32	21	0	74

186
2017
中国旅游景区
发展报告
CHINA TOURIST
ATTRACTION
DEVELOPMENT
REPORT 2017

景区大类	景区亚类	5A级旅游景区	4A级旅游景区	3A级旅游景区	2A级旅游景区	1A级旅游景区	合　计
休闲娱乐类	主题游乐	3	48	48	12	0	111
	度假休闲	9	154	143	21	0	327
	乡村旅游	0	21	120	15	0	156
	城市公园	0	7	15	3	0	25
	商贸旅游	0	7	11	1	0	19
其他类	其　他	4	25	71	8	1	109
合　计		60	701	938	201	6	1906

3. 门票价格

2017年，中南地区1906家A级旅游景区平均门票价格为38元，较全国平均价格水平高9元。

从景区等级来看，5A级旅游景区平均门票价格最高，为98元；其次是4A级和3A级旅游景区，平均门票价格分别为58元和26元；2A级和1A级旅游景区平均门票价格相对较低，分别为12元和9元（表6-1-4）。

表6-1-4　2017年中南地区A级旅游景区门票价格分等级统计

景区等级	门票价格总额（元）	景区数量（家）	平均门票价格（元）
5A级旅游景区	5867	60	98
4A级旅游景区	40849	701	58
3A级旅游景区	24078	938	26
2A级旅游景区	2356	201	12
1A级旅游景区	55	6	9
合　计	73205	1906	38

从景区大类来看，中南地区自然景观类A级旅游景区平均门票价格最高，为49元；其次是休闲娱乐类和历史文化类A级旅游景区，平均门票价格分别为47元和22元（表6-1-5）。

从景区亚类来看，中南地区主题游乐类 A 级旅游景区平均门票价格最高，为 77 元，其次是地质遗迹类和度假休闲类 A 级旅游景区，平均门票价格分别为 61 元 和 53 元；商贸旅游类 A 级旅游景区平均门票价格最低，为 2 元（表 6-1-5）。

表 6-1-5　2017 年中南地区 A 级旅游景区门票价格分类统计

景区大类	门票价格总额（元）	景区数量（家）	平均门票价格（元）	景区亚类	门票价格总额（元）	景区数量（家）	平均门票价格（元）
自然景观类	27386	560	49	森林景观	9548	227	42
				河湖湿地	6101	140	44
				地质遗迹	11737	193	61
历史文化类	13466	599	22	古村古镇	2594	71	37
				文化遗迹	7353	213	35
				文博院馆	1384	135	10
				红色旅游	1071	106	10
				宗教文化	1064	74	14
休闲娱乐类	30109	638	47	主题游乐	8575	111	77
				度假休闲	17434	327	53
				乡村旅游	3529	156	23
				城市公园	541	25	22
				商贸旅游	30	19	2
其他类	2244	109	21	其他	2244	109	21
合　计	73205	1906	38	合计	73205	1906	38

（二）旅游景区游客接待情况

2017 年，中南地区 A 级旅游景区游客接待量为 11.46 亿人次，占全国 A 级旅游景区接待总量的 21.24%，较上年增加 2.43 亿人次，增长 26.91%，其中政策性免票游客接待量为 5.87 亿元。景区平均游客接待量为 60.14 万人次。

1. 分等级接待量

（1）数量及比重

2017 年，中南地区 4A 级旅游景区游客接待量最多，为 56362.09 万人次，占该

188
2017
中国旅游景区
发展报告
CHINA TOURIST
ATTRACTION
DEVELOPMENT
REPORT 2017

区 A 级旅游景区游客接待总量的 49.17%；其次是 3A 级和 5A 级旅游景区，游客接待量分别为 32152.48 万人次和 20946.61 万人次，占比分别为 28.05% 和 18.27%；2A级和 1A 级旅游景区游客接待量相对较少，分别为 5079.75 万人次和 91.79 万人次，占比分别为 4.43% 和 0.08%（表 6-2-1、图 6-2-1）。

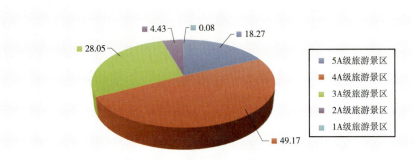

图 6-2-1　2017 年中南地区 A 级旅游景区游客接待量占比分等级统计（单位：%）

（2）增量及增长率

与上年相比，除 1A 级旅游景区游客接待量下降外，其他等级旅游景区游客接待量均呈现不同程度的增长，其中，3A 级旅游景区游客接待量增长最快，增加8289.39 万人次，增长 34.74%；其次是 4A 级和 5A 级旅游景区，分别增加 12218.39万人次和 3638.36 万人次，分别增长 27.68% 和 21.02%；2A 级旅游景区增加 234.54万人次，增长 4.84%；1A 级旅游景区游客接待量减少 17.14 万人次，下降 15.73%（表6-2-1、图 6-2-2）。

表 6-2-1　2016 ～ 2017 年中南地区 A 级旅游景区游客接待量分等级统计

景区等级	2016 年接待量（万人次）	2017 年接待量（万人次）	比重（%）	增量（万人次）	增长率（%）
5A 级旅游景区	17308.25	20946.61	18.27	3638.36	21.02
4A 级旅游景区	44143.70	56362.09	49.17	12218.39	27.68
3A 级旅游景区	23863.09	32152.48	28.05	8289.39	34.74
2A 级旅游景区	4845.21	5079.75	4.43	234.54	4.84
1A 级旅游景区	108.93	91.79	0.08	-17.14	-15.73
合　计	90269.18	114632.72	100.00	24363.54	26.99

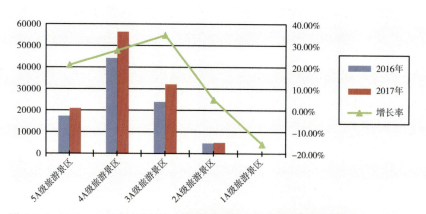

图 6-2-2　2016 ～ 2017 年中南地区 A 级旅游景区游客接待量分等级统计（单位：万人次）

2. 分类型接待量

从景区大类来看，中南地区休闲娱乐类旅游景区游客接待量最多，为 39318.75 万人次，占该地区 A 级旅游景区游客接待总量的 34.30%；其次是自然景观类和历史文化类旅游景区，分别为 34827.02 万人次和 34542.17 万人次，占比分别为 30.38% 和 30.13%（表 6-2-2）。

从景区大类和等级综合来看，自然景观类、历史文化类和休闲娱乐类中均是 4A 级旅游景区游客接待量最多，分别为 18077.22 万人次、17391.96 万人次和 19012.74 万人次（表 6-2-2）。

表 6-2-2　2017 年中南地区 A 级旅游景区游客接待量分大类等级统计（单位：万人次）

景区大类	5A 级旅游景区	4A 级旅游景区	3A 级旅游景区	2A 级旅游景区	1A 级旅游景区	合　计
自然景观类	9412.29	18077.22	6467.88	859.63	10.00	34827.02
历史文化类	6044.31	17391.96	8960.95	2083.41	61.54	34542.17
休闲娱乐类	3816.94	19012.74	14456.41	2032.66	0.00	39318.75
其他类	1673.07	1880.17	2267.24	104.05	20.25	5944.78
合　计	20946.61	56362.09	32152.48	5079.75	91.79	114632.72

从景区亚类来看，中南地区度假休闲类旅游景区游客接待量最多，为 17479.99 万人次，占该地区 A 级旅游景区游客接待总量的 15.25%；其次是森林景观类和文

190
2017
中国旅游景区
发展报告
CHINA TOURIST
ATTRACTION
DEVELOPMENT
REPORT 2017

化遗迹类旅游景区，游客接待量分别为 15547.70 万人次和 13587.39 万人次，占比分别为 13.56% 和 11.85%；城市公园类和商贸游类旅游景区游客接待量较少，分别为 2449.80 万人次和 1486.70 万人次，分别占该地区 A 级旅游景区游客接待总量的 2.13% 和 1.30%（表 6-2-3、图 6-2-3）。

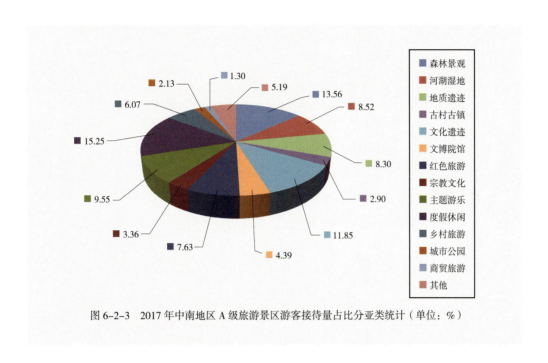

图 6-2-3　2017 年中南地区 A 级旅游景区游客接待量占比分亚类统计（单位：%）

　　从景区亚类和等级综合来看，森林景观类、河湖湿地类、地质遗迹类、古村古镇类、文化遗迹类、文博院馆类、红色旅游类、宗教文化类、主题游乐类、度假休闲类、城市公园类和商贸旅游类中 4A 级旅游景区游客接待量均最多，分别为 7746.07 万人次、5521.16 万人次、4809.99 万人次、1747.86 万人次、6691.19 万人次、2306.83 万人次、4166.62 万人次、2479.46 万人次、5139.40 万人次、10190.05 万人次、1730.74 万人次和 816.87 万人次；乡村旅游类和其他类中 3A 级旅游景区游客接待量均最多，分别为 5133.97 万人次和 2267.24 万人次（表 6-2-3）。

表 6-2-3　2017 年中南地区 A 级旅游景区游客接待量分亚类等级统计（单位：万人次）

景区大类	景区亚类	5A 级旅游景区	4A 级旅游景区	3A 级旅游景区	2A 级旅游景区	1A 级旅游景区	合　计
自然景观类	森林景观	3843.27	7746.07	3626.86	331.50	0.00	15547.70

景区大类	景区亚类	5A级旅游景区	4A级旅游景区	3A级旅游景区	2A级旅游景区	1A级旅游景区	合　计
自然景观类	河湖湿地	2268.28	5521.16	1587.66	382.53	10.00	9769.63
	地质遗迹	3300.74	4809.99	1253.36	145.60	0.00	9509.69
历史文化类	古村古镇	450.06	1747.86	1074.35	54.19	0.00	3326.46
	文化遗迹	2898.02	6691.19	3418.45	564.24	15.49	13587.39
	文博院馆	576.62	2306.83	1451.58	685.07	14.05	5034.15
	红色旅游	2119.61	4166.62	2220.67	206.03	32.00	8744.93
	宗教文化	0.00	2479.46	795.90	573.88	0.00	3849.24
休闲娱乐类	主题游乐	2347.88	5139.40	3025.62	430.83	0.00	10943.73
	度假休闲	1469.06	10190.05	4951.03	869.85	0.00	17479.99
	乡村旅游	0.00	1135.68	5133.97	688.88	0.00	6958.53
	城市公园	0.00	1730.74	705.96	13.10	0.00	2449.80
	商贸旅游	0.00	816.87	639.83	30.00	0.00	1486.70
其他类	其　他	1673.07	1880.17	2267.24	104.05	20.25	5944.78
合　计		20946.61	56362.09	32152.48	5079.75	91.79	114632.72

（三）旅游景区经营与投资情况

1. 旅游景区总收入

2017 年，中南地区 A 级旅游景区旅游总收入为 830.83 亿元，占全国 A 级旅游景区旅游总收入的 19.15%，较上年增加 79.29 亿元，增长 10.55%。景区平均旅游收入为 4359.02 万元。

（1）分等级收入

中南地区 5A 级旅游景区旅游收入最高，为 350.83 亿元，占该地区 A 级旅游景区旅游收入的 42.23%；其次是 4A 级和 3A 级旅游景区，旅游收入分别为 310.74 亿元和 141.00 亿元，占比分别为 37.40% 和 16.97%；1A 级和 2A 级旅游景区旅游收入较少，分别为 0.12 亿元和 28.14 亿元，占比分别为 0.01% 和 3.39%（表 6-3-1、图 6-3-1）。

与上年相比，除了 2A 级旅游景区旅游收入下降外，其他等级旅游景区旅游收入均呈现不同程度的增长。其中，1A 级旅游景区旅游收入增长最快，增加 0.03 亿元，增长 33.33%；其次是 3A 级和 4A 级旅游景区，旅游收入分别增加 28.67 亿元和 28.95

192
2017
中国旅游景区
发展报告
CHINA TOURIST
ATTRACTION
DEVELOPMENT
REPORT 2017

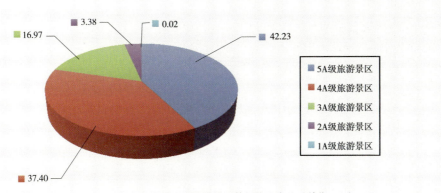

图 6-3-1　2017 年中南地区 A 级旅游景区等级收入占比（单位：%）

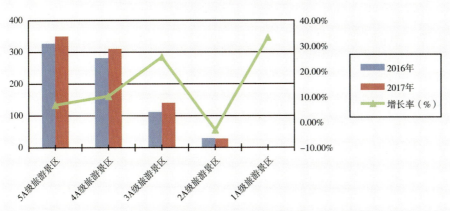

图 6-3-2　2016 ～ 2017 年中南地区 A 级旅游景区等级收入分布（单位：亿元）

亿元，分别增长 25.52% 和 10.27%；5A 级旅游景区旅游收入增加 22.54 亿元，增长 6.87%；2A 级旅游景区旅游收入减少 0.90 亿元，下降 3.10%（表 6-3-1、图 6-3-2）。

表 6-3-1　2016 ～ 2017 年中南地区 A 级旅游景区收入分等级统计

景区等级	2016 年景区总收入（亿元）	2017 年景区总收入（亿元）	比重（%）	增量（亿元）	增长率（%）
5A 级旅游景区	328.29	350.83	42.23	22.54	6.87
4A 级旅游景区	281.79	310.74	37.40	28.95	10.27
3A 级旅游景区	112.33	141.00	16.97	28.67	25.52
2A 级旅游景区	29.04	28.14	3.39	-0.90	-3.10
1A 级旅游景区	0.09	0.12	0.01	0.03	33.33
合　计	751.54	830.83	100.00	79.29	10.55

（2）分类型收入

从景区大类看，休闲娱乐类 A 级旅游景区旅游收入最多，为 305.12 亿元，占该地区 A 级旅游景区旅游总收入的 36.72%；其次是历史文化类和自然景观类景区，分别为 264.47 亿元和 246.28 亿元，分别占该地区 A 级旅游景区旅游总收入的 31.83% 和 29.64%（表 6-3-2）。

从景区大类和等级综合来看，自然景观类和休闲娱乐类中 4A 级旅游景区收入均最多，分别为 113.67 亿元和 155.05 亿元。历史文化类中 5A 级旅游景区收入最多，为 189.71 亿元；其他类中 3A 级旅游景区收入最多，为 7.66 亿元（表 6-3-2）。

表 6-3-2　2017 年中南地区 A 级旅游景区收入分大类等级统计（单位：亿元）

景区大类	5A 级旅游景区	4A 级旅游景区	3A 级旅游景区	2A 级旅游景区	1A 级旅游景区	合　计
自然景观类	90.32	113.67	39.50	2.76	0.03	246.28
历史文化类	189.71	37.76	22.13	14.86	0.01	264.47
休闲娱乐类	68.03	155.05	71.71	10.33	0.00	305.12
其他类	2.77	4.26	7.66	0.19	0.08	14.96
合　计	350.83	310.74	141.00	28.14	0.12	830.83

从景区亚类来看，文化遗迹类 A 级旅游景区旅游收入最多，为 160.43 亿元，占该地区 A 级旅游景区旅游总收入的 19.31%；其次是度假休闲类和森林景观类景区，分别为 151.16 亿元和 108.44 亿元，占比分别为 18.19% 和 13.05%；城市公园类景区旅游收入最少，为 1.12 亿元，占比为 0.13%（表 6-3-3、图 6-3-3）。

从景区亚类和等级综合来看，地质遗迹类、文化遗迹类和红色旅游类中 5A 级旅游景区旅游收入最多，分别为 34.78 亿元、125.28 亿元和 60.88 亿元；森林景观类、河湖湿地类、古村古镇类、宗教文化类、主题游乐类、度假休闲类和商贸旅游类中 4A 级旅游景区旅游收入最多，分别为 55.67 亿元、23.74 亿元、12.99 亿元、5.94 亿元、45.13 亿元、92.10 亿元和 6.24 亿元；乡村旅游类、城市公园类和其他类中 3A 级旅游景区旅游收入最多，分别为 37.17 亿元、0.66 亿元和 7.66 亿元；文博院馆类中 2A 级旅游景区收入最多，为 2.17 亿元（表 6-3-3）。

194
2017
中国旅游景区
发展报告
CHINA TOURIST
ATTRACTION
DEVELOPMENT
REPORT 2017

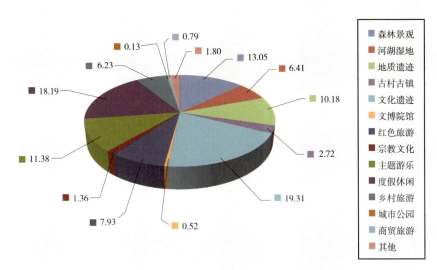

图 6-3-3　2017 年中南地区 A 级旅游景区分类收入占比（单位：%）

图例：
- ■ 森林景观
- ■ 河湖湿地
- ■ 地质遗迹
- ■ 古村古镇
- ■ 文化遗迹
- ■ 文博院馆
- ■ 红色旅游
- ■ 宗教文化
- ■ 主题游乐
- ■ 度假休闲
- ■ 乡村旅游
- ■ 城市公园
- ■ 商贸旅游
- ■ 其他

表 6-3-3　2017 年中南地区 A 级旅游景区收入分亚类等级统计（单位：亿元）

景区大类	景区亚类	5A 级旅游景区	4A 级旅游景区	3A 级旅游景区	2A 级旅游景区	1A 级旅游景区	合　计
自然景观类	森林景观	35.24	55.67	16.07	1.46	0.00	108.44
	河湖湿地	20.30	23.74	8.53	0.64	0.03	53.24
	地质遗迹	34.78	34.26	14.90	0.66	0.00	84.60
历史文化类	古村古镇	3.55	12.99	5.76	0.30	0.00	22.60
	文化遗迹	125.28	14.17	11.94	9.03	0.01	160.43
	文博院馆	0.00	0.78	1.35	2.17	0.00	4.30
	红色旅游	60.88	3.88	0.96	0.11	0.00	65.83
	宗教文化	0.00	5.94	2.12	3.25	0.00	11.31
休闲娱乐类	主题游乐	39.11	45.13	8.96	1.31	0.00	94.51
	度假休闲	28.92	92.10	24.61	5.53	0.00	151.16
	乡村旅游	0.00	11.12	37.17	3.46	0.00	51.75
	城市公园	0.00	0.46	0.66	0.00	0.00	1.12
	商贸旅游	0.00	6.24	0.31	0.03	0.00	6.58
其他类	其　他	2.77	4.26	7.66	0.19	0.08	14.96
合　计		350.83	310.74	141.00	28.14	0.12	830.83

2. 旅游景区分项收入

2017 年，门票收入是中南地区 A 级旅游景区旅游总收入的首要来源，为 257.26 亿元，占该地区 A 级旅游景区旅游总收入的 30.96%；其次是餐饮收入和商品收入，总量分别为 183.32 亿元和 145.94 亿元，占比分别为 22.06% 和 17.57%；演艺收入最少，为 10.79 亿元，占比为 1.30%（表 6-3-4、图 6-3-4）。

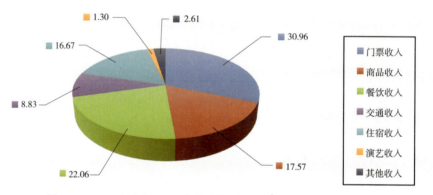

图 6-3-4 2017 年中南地区 A 级旅游景区收入构成占比（单位：%）

与上年相比，除餐饮收入和演艺收入下降外，其他各项收入均呈现增长。其中，其他收入增长最快，增加 10.97 亿元，增长 102.62%；其次是交通收入和商品收入，分别增加 17.38 亿元和 21.27 亿元，分别增长 31.05% 和 17.06%；餐饮收入和演艺收入分别减少 3.43 亿元和 0.51 亿元，分别下降 1.84% 和 4.51%（表 6-3-4、图 6-3-5）。

表 6-3-4 2016 ~ 2017 年中南地区 A 级旅游景区收入构成分项统计

类　别	2016 年景区分项收入（亿元）	2017 年景区分项收入（亿元）	比重（%）	增量（亿元）	增长率（%）
门票收入	235.87	257.26	30.96	21.39	9.07
商品收入	124.67	145.94	17.57	21.27	17.06
餐饮收入	186.75	183.32	22.06	-3.43	-1.84
交通收入	55.98	73.36	8.83	17.38	31.05

196
2017
中国旅游景区
发展报告
CHINA TOURIST
ATTRACTION
DEVELOPMENT
REPORT 2017

类　别	2016 年景区分项收入（亿元）	2017 年景区分项收入（亿元）	比重（%）	增量（亿元）	增长率（%）
住宿收入	126.28	138.50	16.67	12.22	9.68
演艺收入	11.30	10.79	1.30	-0.51	-4.51
其他收入	10.69	21.66	2.61	10.97	102.62
合　计	751.54	830.83	100.00	79.29	10.55

图 6-3-5　2016 ～ 2017 年中南地区 A 级旅游景区收入构成分布（单位：亿元）

（1）分等级收入

5A 级和 4A 级旅游景区旅游收入较大，分别为 350.83 亿元和 310.74 亿元。其中，5A 级旅游景区旅游收入构成中以门票收入、商品收入、餐饮收入和住宿收入为主，分别为 98.22 亿元、68.82 亿元、65.16 亿元和 58.44 亿元。4A 级旅游景区旅游收入构成中以门票收入为主，为 133.78 亿元（表 6-3-5）。

表 6-3-5　2017 年中南地区 A 级旅游景区收入构成分等级统计（单位：亿元）

景区等级	门票收入	商品收入	餐饮收入	交通收入	住宿收入	演艺收入	其他收入	合　计
5A 级旅游景区	98.22	68.82	65.16	53.03	58.44	4.43	2.73	350.83
4A 级旅游景区	133.78	35.85	63.66	10.20	52.22	3.81	11.22	310.74
3A 级旅游景区	23.26	30.82	45.97	7.43	24.24	2.24	7.04	141.00
2A 级旅游景区	1.97	10.36	8.53	2.70	3.60	0.31	0.67	28.14
1A 级旅游景区	0.03	0.09	0.00	0.00	0.00	0.00	0.00	0.12
合　计	257.26	145.94	183.32	73.36	138.50	10.79	21.66	830.83

（2）分类型收入

从景区大类来看，自然景观类旅游景区以门票收入为主，为 104.09 亿元；历史文化类旅游景区以商品收入、餐饮收入和住宿收入为主，分别为 66.45 亿元、60.52 亿元和 52.37 亿元；休闲娱乐类旅游景区以门票收入和餐饮收入为主，分别为109.21 亿元和 70.50 亿元（表 6-3-6）。

表 6-3-6　2017 年中南地区 A 级旅游景区收入构成分大类统计（单位：亿元）

景区大类	门票收入	商品收入	餐饮收入	交通收入	住宿收入	演艺收入	其他收入	合　计
自然景观类	104.09	22.79	51.02	22.52	34.77	3.39	7.70	246.28
历史文化类	38.38	66.45	60.52	37.57	52.37	3.92	5.26	264.47
休闲娱乐类	109.21	52.19	70.50	11.66	50.78	3.10	7.68	305.12
其他类	5.58	4.51	1.28	1.61	0.58	0.38	1.02	14.96
合　计	257.26	145.94	183.32	73.36	138.50	10.79	21.66	830.83

从景区亚类来看，文化遗迹类、度假休闲类和森林景观类旅游景区旅游收入规模较大，分别为 160.43 亿元、151.16 亿元和 108.44 亿元。其中，文化遗迹类旅游景区以商品收入、住宿收入和餐饮收入为主，分别为 42.86 亿元、34.17 亿元和33.62 亿元；度假休闲类旅游景区以餐饮收入、住宿收入和门票收入为主，分别为42.13 亿元、40.20 亿元和 35.62 亿元；森林景观类旅游景区以门票收入和餐饮收入为主，分别为 32.49 亿元和 27.80 亿元（表 6-3-7）。

表 6-3-7　2017 年中南地区 A 级旅游景区收入构成分亚类统计（单位：亿元）

景区大类	景区亚类	门票收入	商品收入	餐饮收入	交通收入	住宿收入	演艺收入	其他收入	合　计
自然景类观	森林景观	32.49	12.89	27.80	9.71	21.97	0.82	2.76	108.44
	河湖湿地	23.16	5.01	9.70	7.18	4.40	1.73	2.06	53.24
	地质遗迹	48.44	4.89	13.52	5.63	8.40	0.84	2.88	84.60
历史文化类	古村古镇	8.07	3.54	5.55	0.74	2.66	1.37	0.67	22.60
	文化遗迹	24.76	42.86	33.62	20.74	34.17	1.61	2.67	160.43
	文博院馆	0.68	2.94	0.06	0.05	0.01	0.08	0.48	4.30
	红色旅游	2.35	14.17	19.42	15.54	13.46	0.49	0.40	65.83
	宗教文化	2.52	2.94	1.87	0.50	2.07	0.37	1.04	11.31

198
2017
中国旅游景区
发展报告
CHINA TOURIST
ATTRACTION
DEVELOPMENT
REPORT 2017

景区大类	景区亚类	门票收入	商品收入	餐饮收入	交通收入	住宿收入	演艺收入	其他收入	合 计
	主题游乐	65.15	11.64	10.26	1.15	3.43	1.04	1.84	94.51
	度假休闲	35.62	18.65	42.13	9.11	40.20	1.56	3.89	151.16
休闲娱乐类	乡村旅游	8.01	14.96	18.08	1.39	7.14	0.50	1.67	51.75
	城市公园	0.43	0.42	0.01	0.01	0.00	0.00	0.25	1.12
	商贸旅游	0.00	6.52	0.02	0.00	0.01	0.00	0.03	6.58
其他类	其 他	5.58	4.51	1.28	1.61	0.58	0.38	1.02	14.96
合 计		257.26	145.94	183.32	73.36	138.50	10.79	21.66	830.83

3. 旅游景区投资

2017 年，中南地区 A 级旅游景区总建设投资为 696.13 亿元，占全国 A 级旅游景区总建设投资的 21.28%，较上年增加 157.96 亿元，增长 29.35%。其中，景区内部建设投资为 520.25 亿元，外部建设投资为 175.88 亿元。景区平均建设投资为 3652.31 万元。

从景区等级来看，中南地区 4A 级旅游景区建设投资规模最大，为 326.57 亿元，占该地区 A 级旅游景区总建设投资的 46.91%；其次是 3A 级和 5A 级旅游景区，分别为 236.17 亿元和 112.05 亿元，占比分别为 33.93% 和 16.10%；1A 级和 2A 级旅游景区建设投资规模相对较小，分别为 0.23 亿元和 21.11 亿元，占比分别为 0.03% 和 3.03%（表 6-3-8）。

从景区大类来看，休闲娱乐类旅游景区建设投资规模最大，为 341.55 亿元；其次是历史文化类和自然景观类旅游景区，建设投资分别为 181.44 亿元和 150.10 亿元（表 6-3-8）。

从景区大类和等级综合来看，自然景观类和休闲娱乐类中 4A 级旅游景区建设投资均最大，分别为 82.19 元和 193.76 亿元；历史文化类景区中 5A 级旅游景区建设投资最大，为 74.54 亿元（表 6-3-8）。

表 6-3-8　2017 年中南地区 A 级旅游景区建设投资分大类等级统计（单位：亿元）

景区大类	5A 级旅游景区	4A 级旅游景区	3A 级旅游景区	2A 级旅游景区	1A 级旅游景区	合 计
自然景观类	14.90	82.19	50.41	2.40	0.20	150.10
历史文化类	74.54	46.39	56.62	3.86	0.03	181.44
休闲娱乐类	21.62	193.76	111.48	14.69	0.00	341.55
其他类	0.99	4.23	17.66	0.16	0.00	23.04
合 计	112.05	326.57	236.17	21.11	0.23	696.13

从景区亚类来看，度假休闲类旅游景区建设投资规模最大，为 260.25 亿元；其次是文化遗迹类和森林景观类旅游景区，建设投资分别为 88.11 亿元和 60.03 亿元；城市公园类旅游景区建设投资规模最小，为 2.76 亿元（表 6-3-9）。

从景区亚类和等级综合来看，文化遗迹类和红色旅游类中 5A 级旅游景区建设投资规模均最大，分别为 42.26 亿元和 30.00 亿元；森林景观类、河湖湿地类、地质遗迹类、文博院馆类、主题游乐类、度假休闲类和城市公园类中 4A 级旅游景区建设投资规模均最大，分别为 29.81 亿元、21.91 亿元、30.47 亿元、2.46 亿元、8.63 亿元、164.46 亿元和 1.43 亿元；古村古镇类、乡村旅游类、商贸旅游类和其他类中 3A 级旅游景区建设投资规模均最大，分别为 26.65 亿元、29.39 亿元、5.75 亿元和 17.66 亿元；宗教文化类中 2A 级旅游景区的建设投资规模最大，为 1.62 亿元（表 6-3-9）。

表 6-3-9　2017 年中南地区 A 级旅游景区建设投资分亚类等级统计（单位：亿元）

景区大类	景区亚类	5A 级旅游景区	4A 级旅游景区	3A 级旅游景区	2A 级旅游景区	1A 级旅游景区	合 计
自然景观类	森林景观	6.97	29.81	22.54	0.71	0.00	60.03
	河湖湿地	0.52	21.91	19.41	1.02	0.20	43.06
	地质遗迹	7.41	30.47	8.46	0.67	0.00	47.01
历史文化类	古村古镇	1.77	11.60	26.65	0.16	0.00	40.18
	文化遗迹	42.26	26.83	17.48	1.54	0.00	88.11
	文博院馆	0.51	2.46	2.43	0.25	0.02	5.67
	红色旅游	30.00	3.98	8.79	0.29	0.01	43.07
	宗教文化	0.00	1.52	1.27	1.62	0.00	4.41

200
2017
中国旅游景区
发展报告
CHINA TOURIST
ATTRACTION
DEVELOPMENT
REPORT 2017

景区大类	景区亚类	5A级旅游景区	4A级旅游景区	3A级旅游景区	2A级旅游景区	1A级旅游景区	合 计
	主题游乐	3.82	8.63	4.97	4.25	0.00	21.67
	度假休闲	17.80	164.46	70.81	7.18	0.00	260.25
休闲娱乐类	乡村旅游	0.00	18.48	29.39	2.45	0.00	50.32
	城市公园	0.00	1.43	0.56	0.77	0.00	2.76
	商贸旅游	0.00	0.76	5.75	0.04	0.00	6.55
其他类	其 他	0.99	4.23	17.66	0.16	0.00	23.04
合 计		112.05	326.57	236.17	21.11	0.23	696.13

（四）旅游景区经营管理主体与人员情况

1. 经营管理主体

2017 年，中南地区 A 级旅游景区经营管理主体包括行政单位、事业单位、企业和部队 4 种，共计 1906 家，较上年增加 223 家，增长 13.25%。其中，企业类经营管理主体数量最多，为 1355 家，占经营管理主体总数的 71.09%；其次是事业单位类经营管理主体，为 519 家，占比为 27.23%；行政单位和部队类的经营管理主体数量较少，分别为 31 家和 1 家，占比分别为 1.63% 和 0.05%（图 6-4-1）。

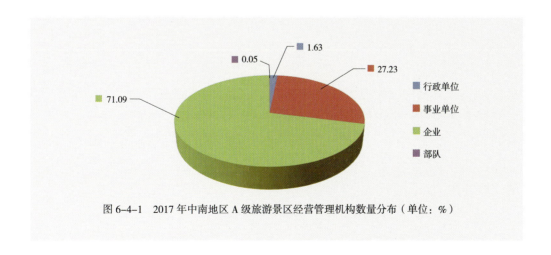

图 6-4-1　2017 年中南地区 A 级旅游景区经营管理机构数量分布（单位：%）

从景区等级来看，中南地区所有等级旅游景区均以企业经营管理主体为主。其中，3A 级旅游景区企业经营管理主体数量最多，为 679 家；其次是 4A 级和 2A 级旅游景区，分别为497家和135家；5A级和1A级旅游景区企业经营管理主体数量较少，分别为40家和4家（表6-4-1）。

表6-4-1 2017年中南地区A级旅游景区经营主体分等级统计（单位：家）

景区类	5A级旅游景区	4A级旅游景区	3A级旅游景区	2A级旅游景区	1A级旅游景区	合 计
行政单位	6	6	18	1	0	31
事业单位	14	198	240	65	2	519
企 业	40	497	679	135	4	1355
部 队	0	0	1	0	0	1
合 计	60	701	937	201	6	1906

2. 就业情况

2017年，中南地区A级旅游景区固定就业人数为311778人，占全国A级旅游景区固定就业总人数的23.97%，较上年减少64427人，下降17.13%。景区平均固定就业人数为164人。

从景区等级来看，4A级旅游景区固定就业人数最多，为131646人，占该地区A级旅游景区固定就业总人数的42.22%；其次是5A级和3A级旅游景区，分别为93181人和74646人，占比分别为29.89%和23.49%；1A级和2A级旅游景区固定就业人数较少，分别为342人和11963人，占比分别为0.11%和3.84%（表6-4-2）。

表6-4-2 2107年中南地区A级旅游景区固定用工分等级统计

	5A级旅游景区	4A级旅游景区	3A级旅游景区	2A级旅游景区	1A级旅游景区	合 计
固定用工（人）	93181	131646	74646	11963	342	311778
比例（%）	29.89	42.22	23.94	3.84	0.11	100.00

从景区大类来看，休闲娱乐类旅游景区固定就业人数最多，为138543人；其次是历史文化类和自然景观类旅游景区，分别为83337人和68515人。

从景区大类和等级综合来看，自然景观类和休闲娱乐类中4A级旅游景区固定就业人数均最多，分别为35980人和74749人；历史文化类中5A级旅游景区固定

202
2017
中国旅游景区
发展报告
CHINA TOURIST
ATTRACTION
DEVELOPMENT
REPORT 2017

就业人数最多，为 48703 人（表 6-4-3）。

表 6-4-3　2107 年中南地区 A 级旅游景区固定用工分大类等级统计（单位：人）

景区大类	5A 级旅游景区	4A 级旅游景区	3A 级旅游景区	2A 级旅游景区	1A 级旅游景区	合　计
自然景观类	20019	35980	11218	1268	30	68515
历史文化类	48703	17574	14990	2034	36	83337
休闲娱乐类	22020	74749	33238	8527	0	138543
其他类	2439	3343	15200	134	276	21392
合　计	93181	131646	74646	11963	342	311778

从景区亚类来看，度假休闲类旅游景区固定就业人数最多，为 71513 人；其次是文化遗迹类和主题游乐类旅游景区，分别为 36031 人和 35790 人；城市公园类旅游景区固定就业人数最少，为 1837 人。

从景区亚类和等级综合来看，文化遗迹类、红色旅游类和主题游乐类中 5A 级旅游景区固定就业人数均最多，分别为 23504 人、24203 人和 15492 人；森林景观类、河湖湿地类、地质遗迹类、文博院馆类、宗教文化类和度假休闲类中 4A 级旅游景区固定就业人数均最多，分别为 14302 人、11894 人、9784 人、2586 人、1733 人和 50831 人；古村古镇类、乡村旅游类、城市公园类、商贸旅游类和其他类中 3A 级旅游景区固定就业人数均最多，分别为 5062 人、9737 人、788 人、6076 人和 15200 人（表 6-4-4）。

表 6-4-4　2107 年中南地区 A 级旅游景区固定用工分亚类等级统计（单位：人）

景区大类	景区亚类	5A 级旅游景区	4A 级旅游景区	3A 级旅游景区	2A 级旅游景区	1A 级旅游景区	合　计
自然景观类	森林景观	7481	14302	6600	667	0	29050
	河湖湿地	5019	11894	2527	396	30	19866
	地质遗迹	7519	9784	2091	205	0	19599
历史文化类	古村古镇	674	4802	5062	485	0	11023
	文化遗迹	23504	6255	5733	531	8	36031
	文博院馆	322	2586	1997	630	10	5545
	红色旅游	24203	2198	1447	129	18	27995

景区大类	景区亚类	5A级旅游景区	4A级旅游景区	3A级旅游景区	2A级旅游景区	1A级旅游景区	合　计
历史文化类	宗教文化	0	1733	751	259	0	2743
	主题游乐	15492	13647	4770	1881	0	35790
	度假休闲	6528	50831	11867	2287	0	71513
休闲娱乐类	乡村旅游	0	3644	9737	3998	0	17379
	城市公园	0	726	788	323	0	1837
	商贸旅游	0	5901	6076	38	0	12015
其他类	其　他	2439	3343	15200	134	276	21392
合　计		93181	131646	74646	11963	342	311778

3. 导游情况

2017 年，中南地区 A 级旅游景区导游总数为 16221 人，占全国 A 级旅游景区导游总数的 25.01%，较上年增加 1050 人，增长 6.92%。景区平均导游人数为 9 人。

从景区等级来看，4A 级旅游景区导游人数最多，为 7845 人，占该地区 A 级旅游景区导游总数的 48.36%；其次是 3A 级和 5A 级旅游景区，分别为 4454 人和 3327 人，占比分别为 27.46% 和 20.51%；1A 级和 2A 级旅游景区导游人数相对较少，分别为 12 人和 583 人，占比分别为 0.07% 和 3.60%（表 6-4-5）。

表 6-4-5　2107 年中南地区 A 级旅游景区导游数量分等级统计

景区等级	5A级旅游景区	4A级旅游景区	3A级旅游景区	2A级旅游景区	1A级旅游景区	合计
导游人数（人）	3327	7845	4454	583	12	16221
占比（%）	20.51	48.36	27.46	3.60	0.07	100.00

从景区大类来看，历史文化类旅游景区导游人数最多，为 6270 人；其次是自然景观类和休闲娱乐类旅游景区，导游人数分别为 4922 人和 3968 人。

从景区亚类来看，文化遗迹类旅游景区导游人数最多，为 2629 人；其次是森林景观类和度假休闲类旅游景区，分别为 2074 人和 2010 人；城市公园类旅游景区导游人数最少，为 78 人（表 6-4-6）。

204
2017
中国旅游景区
发展报告
CHINA TOURIST
ATTRACTION
DEVELOPMENT
REPORT 2017

表 6-4-6　2017 年中南地区 A 级旅游景区导游数量分类型统计表

景区大类	专职导游人数（人）	景区类型	专职导游人数（人）
自然景观类	4922	森林景观	2074
		河湖湿地	1145
		地质遗迹	1703
历史文化类	6270	古村古镇	1501
		文化遗迹	2629
		文博院馆	771
		红色旅游	1083
		宗教文化	286
休闲娱乐类	3968	主题游乐	927
		度假休闲	2010
		乡村旅游	856
		城市公园	78
		商贸旅游	97
其他类	1061	其　他	1061
合　计	16221	合　计	16221

七、西南地区 A 级旅游景区情况

（一）旅游景区数量、等级、类型及门票价格情况

2017 年，西南地区 A 级旅游景区共计 1200 家，全国 A 级旅游景区总数的 12.70%，较上年增加 180 家，增长 17.65%。

1. 等级构成

（1）数量及比重

从景区等级来看，西南地区 4A 级旅游景区数量最多，为 457 家，占该地区 A 级旅游景区总数的 38.08%；其次是 3A 级和 2A 级旅游景区，分别为 441 家和 248 家，占比分别为 36.75% 和 20.67%；1A 级和 5A 级旅游景区数量相对较少，分别为 21 家

和 33 家，占比分别为 1.75% 和 2.75%（图 7-1-1）。

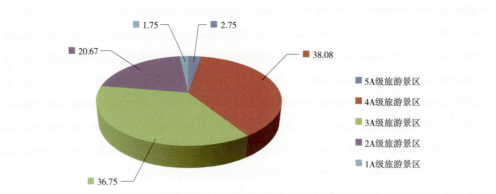

图 7-1-1　2017 年西南地区 A 级旅游景区数量占比分等级统计（单位：%）

（2）增量及增长率

与上年相比，除 1A 级旅游景区数量无变化外，其他等级旅游景区均呈现不同程度的增长。其中，3A 级旅游景区数量增长最快，较上年增加 105 家，增长 31.25%；其次是 4A 级和 5A 级旅游景区，分别增加 68 家和 1 家，分别增长为 17.48% 和 3.13%；2A 级旅游景区较上年增加 6 家，增长 2.48%；1A 级旅游景区无变化，均为 21 家（表 7-1-1、图 7-1-2）。

表 7-1-1　2016 ~ 2017 年西南地区 A 级旅游景区数量分等级统计

景区等级	2016 年数量（家）	2017 年数量（家）	比重（%）	增量（家）	增长率（%）
5A 级旅游景区	32	33	2.75	1	3.13
4A 级旅游景区	389	457	38.08	68	17.48
3A 级旅游景区	336	441	36.75	105	31.25
2A 级旅游景区	242	248	20.67	6	2.48
1A 级旅游景区	21	21	1.75	0	0.00
合　计	1020	1200	100.00	180	17.65

206
2017
中国旅游景区
发展报告
CHINA TOURIST
ATTRACTION
DEVELOPMENT
REPORT 2017

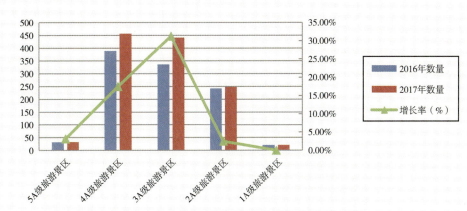

图 7-1-2　2016 ~ 2017 年西南地区 A 级旅游景区数量分等级统计（单位：家）

2. 类型构成

从景区大类来看，西南地区休闲娱乐类 A 级旅游景区数量最多，为 486 家，占该地区 A 级旅游景区总数的 40.50%；其次是历史文化类景区和自然景观类景区，分别为 352 家和 312 家，占比分别为 29.33% 和 26.00%。

从景区大类和等级综合来看，休闲娱乐类中 3A 级旅游景区数量最多，为 225 家；自然景观类和历史文化类中均是 4A 级旅游景区数量较多，分别为 156 家和 153 家；其他类中 4A 级和 3A 级旅游景区数量一致，均为 19 家（表 7-1-2）。

表 7-1-2　2017 年西南地区 A 级旅游景区数量分大类等级统计（单位：家）

景区大类	5A 级旅游景区	4A 级旅游景区	3A 级旅游景区	2A 级旅游景区	1A 级旅游景区	合　计
自然景观类	21	156	82	51	2	312
历史文化类	8	153	115	62	14	352
休闲娱乐类	2	129	225	126	4	486
其他类	2	19	19	9	1	50
合　计	33	457	441	248	21	1200

从景区亚类来看，西南地区乡村旅游类景区数量最多，为 241 家，占该地区 A 级旅游景区总数的 20.08%；其次是度假休闲类和森林景观类景区，分别为 186 家和

133 家，占比分别为 15.50% 和 11.08%；商贸旅游类景区数量最少，为 9 家，占该地区 A 级旅游景区总数的 0.75%（图 7-1-3）。

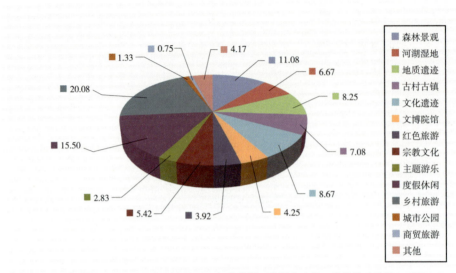

图 7-1-3　2017 年西南地区 A 级旅游景区数量占比分亚类统计（单位：%）

从景区亚类和等级综合来看，森林景观类、河湖湿地类、地质遗迹类、古村古镇类、文化遗迹类、文博院馆类、红色旅游类和主题游乐类中 4A 级旅游景区数量均最多，分别为 64 家、34 家、58 家、45 家、52 家、22 家、18 家和 18 家；度假休闲类和乡村旅游类景区中 3A 级旅游景区数量均最多，分别为 77 家和 128 家；宗教文化类和城市公园类中 2A 级旅游景区数量最多，分别为 17 家和 9 家；商贸旅游类和其他类 4A 级和 3A 级旅游景区较多且数量一致，分别为 4 家和 19 家（表 7-1-3）。

表 7-1-3　2017 年西南地区 A 级旅游景区数量分亚类等级统计（单位：家）

景区大类	景区亚类	5A 级旅游景区	4A 级旅游景区	3A 级旅游景区	2A 级旅游景区	1A 级旅游景区	合　计
自然景观类	森林景观	9	64	38	20	2	133
	河湖湿地	3	34	24	19	0	80
	地质遗迹	9	58	20	12	0	99
历史文化类	古村古镇	3	45	28	9	0	85
	文化遗迹	0	52	37	15	0	104

208
2017
中国旅游景区
发展报告
CHINA TOURIST
ATTRACTION
DEVELOPMENT
REPORT 2017

景区大类	景区亚类	5A 级旅游景区	4A 级旅游景区	3A 级旅游景区	2A 级旅游景区	1A 级旅游景区	合 计
历史文化类	文博院馆	0	22	17	12	0	51
	红色旅游	3	18	17	9	0	47
	宗教文化	2	16	16	17	14	65
休闲娱乐类	主题游乐	1	18	11	3	1	34
	度假休闲	1	66	77	41	1	186
	乡村旅游	0	41	128	72	0	241
	城市公园	0	0	5	9	2	16
	商贸旅游	0	4	4	1	0	9
其他类	其 他	2	19	19	9	1	50
合 计		33	457	441	248	21	1200

3. 门票价格

2017 年，西南地区 1200 家 A 级旅游景区平均门票价格为 27 元，较全国平均价格水平低 2 元。

从景区等级来看，5A 级旅游景区平均门票价格最高，为 100 元；其次是 4A 级和 3A 级旅游景区，平均门票价格分别为 45 元和 14 元；2A 级和 1A 级旅游景区的平均门票价格相对较低，分别为 9 元和 3 元（表 7-1-4）。

表 7-1-4　2017 年西南地区 A 级旅游景区门票价格分等级统计

景区等级	门票价格总额（元）	景区数量（家）	平均门票价格（元）
5A 级旅游景区	3288	33	100
4A 级旅游景区	20469	457	45
3A 级旅游景区	6194	441	14
2A 级旅游景区	2220	248	9
1A 级旅游景区	55	21	3
合 计	32226	1200	27

从景区大类来看，西南地区自然景观类 A 级旅游景区平均门票价格最高，为

47 元；其次是其他类 A 级旅游景区，平均门票价格为 23 元；历史文化类景区和休闲娱乐类景区的平均门票价格相对较低，均为 20 元。

从景区亚类来看，西南地区地质遗迹类 A 级旅游景区平均门票价格最高，为 62 元；其次是主题游乐类和森林景观类 A 级旅游景区，平均门票价格分别为 60 元和 41 元；城市公园类 A 级旅游景区平均门票价格最低，为 1 元（表 3–1–5）。

表 7–1–5　2017 年西南地区 A 级旅游景区门票价格分类型统计

景区大类	门票价格总额（元）	景区数量（家）	平均门票价格（元）	景区亚类	门票价格总额（元）	景区数量（家）	平均门票价格（元）
自然景观类	14558	312	47	森林景观	5398	133	41
				河湖湿地	3009	80	38
				地质遗迹	6151	99	62
历史文化类	7021	352	20	古村古镇	1811	85	21
				文化遗迹	2271	104	22
				文博院馆	1350	51	26
				红色旅游	307	47	7
				宗教文化	1282	65	20
休闲娱乐类	9488	486	20	主题游乐	2047	34	60
				度假休闲	4977	186	27
				乡村旅游	2413	241	10
				城市公园	11	16	1
				商贸旅游	40	9	4
其他类	1159	50	23	其　他	1159	50	23
合　计	32226	1200	27		32226	1200	27

（二）旅游景区游客接待情况

2017 年，西南地区 A 级旅游景区游客接待量为 8.06 亿人次，占全国 A 级旅游景区接待总量的 14.94%，较上年增加 1.65 亿人次，增长 25.74%，其中政策性免票游客接待量为 5.11 亿人次。平均游客接待量 67.17 万人次。

2017
中国旅游景区
发展报告
CHINA TOURIST
ATTRACTION
DEVELOPMENT
REPORT 2017

1. 分等级接待量

（1）数量及比重

2017 年，西南地区 4A 级旅游景区游客接待量最多，为 46890.29 万人次，占该地区 A 级旅游景区游客总接待量的 58.18%；其次是 3A 级和 5A 级旅游景区，游客接待量分别为 18530.28 万人次和 9114.16 万人，占比分别为 22.99% 和 11.31%；2A 级和 1A 级旅游景区游客接待量相对较少，分别为 5862.38 万人次和 202.87 万人次，占比分别为 7.27% 和 0.25%（图 7-2-1）。

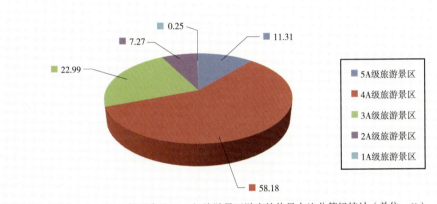

图 7-2-1　2017 年西南地区 A 级旅游景区游客接待量占比分等级统计（单位：%）

（2）增量及增长率

与上年相比，各级旅游景区游客接待量均呈现不同程度的增长。其中，3A 级旅游景区游客接待量增长最快，增加 4192.25 万人次，增长 29.24%；其次是 5A 级和 4A 级旅游景区，分别增加 2009.33 万人次和 9812.83 万人次，分别增长 28.28% 和 26.47%；2A 级和 1A 级旅游景区游客接待量增长相对较慢，分别增加 465.43 万人次和 21.85 万人次，分别增长 8.62% 和 12.07%（表 7-2-1、图 7-2-2）。

表 7-2-1 2016 ～ 2017 年西南地区 A 级旅游景区游客接待量分等级统计

景区等级	2016 年接待量（万人次）	2017 年接待量（万人次）	比重（%）	增量（万人次）	增长率（%）
5A 级旅游景区	7104.83	9114.16	11.31	2009.33	28.28
4A 级旅游景区	37077.46	46890.29	58.18	9812.83	26.47
3A 级旅游景区	14338.03	18530.28	22.99	4192.25	29.24
2A 级旅游景区	5396.95	5862.38	7.27	465.43	8.62
1A 级旅游景区	181.02	202.87	0.25	21.85	12.07
合　计	64098.29	80599.98	100.00	16501.69	25.74

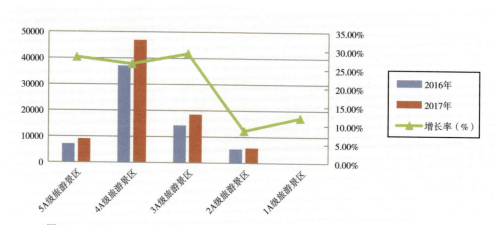

图 7-2-2 2016 ～ 2017 年西南地区 A 级旅游景区游客接待量分等级统计（单位：万人次）

2. 分类型接待量

从景区大类来看，西南地区历史文化类旅游景区游客接待量最多，为 27570.26 万人次，占该地区 A 级旅游景区游客接待总量的 34.21%；其次为休闲娱乐类和自然景观类旅游景区，分别为 26338.44 万人次和 24027.51 万人次，占比分别为 32.68% 和 29.81%。

从景区大类和等级综合来看，自然景观类、历史文化类、休闲娱乐类和其他类中均是 4A 级旅游景区游客接待量最多，分别为 13489.67 万人次、19125.70 万人次、12804.73 万人次和 1470.19 万人次（表 7-2-2）。

212

2017
中国旅游景区
发展报告
CHINA TOURIST
ATTRACTION
DEVELOPMENT
REPORT 2017

表 7-2-2　2017 年西南 A 级旅游景区游客接待量分大类等级统计（单位：万人次）

景区大类	5A 级旅游景区	4A 级旅游景区	3A 级旅游景区	2A 级旅游景区	1A 级旅游景区	合　计
自然景观类	5756.46	13489.67	3706.78	1038.02	36.58	24027.51
历史文化类	2836.90	19125.70	4091.66	1470.95	45.05	27570.26
休闲娱乐类	250.92	12804.73	10195.96	2965.73	121.10	26338.44
其他类	269.88	1470.19	535.88	387.68	0.14	2663.77
合　计	9114.16	46890.29	18530.28	5862.38	202.87	80599.98

从景区亚类来看，西南地区森林景观类旅游景区游客接待量最多，为 11735.10 万人次，占该地区 A 级旅游景区游客接待总量的 14.56%；其次是度假休闲类和乡村旅游类旅游景区，游客接待量分别为 11107.21 万人次和 9982.01 万人次，占比分别为 13.78% 和 12.39%；城市公园类和商贸旅游类旅游景区游客接待量较少，分别为 922.67 万人次和 785.37 万人次，分别占该地区 A 级旅游景区游客接待总量的 1.14% 和 0.97%（表 7-2-3、图 7-2-3）。

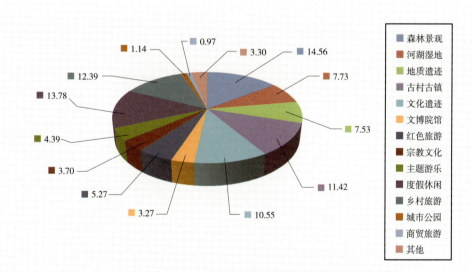

图 7-2-3　2017 年西南地区 A 级旅游景区游客接待量占比分亚类统计（单位：%）

从景区亚类和等级综合来看，森林景观类、河湖湿地类、地质遗迹类、古村古镇类、文化遗迹类、文博院馆类、红色旅游类、宗教文化类、主题游乐类、度假休闲类、商贸旅游类和其他类中 4A 级旅游景区游客接待量均最多，分别为6208.52 万人次、3660.58 万人次、3620.57 万人次、6848.01 万人次、6466.48 万人次、2155.20 万人次、2247.19 万人次、1408.82 万人次、2460.84 万人次、6794.26 万人次、426.67 万人次和 1470.19 万人次；乡村旅游类中 3A 级旅游景区游客接待量最多，为 5565.90 万人次；城市公园类中 2A 级旅游景区游客接待量最多，为 522.16 万人次（表 7-2-3）。

表 7-2-3 2017 年西南地区 A 级旅游景区游客接待量分亚类等级统计（单位：万人次）

景区大类	景区亚类	5A 级旅游景区	4A 级旅游景区	3A 级旅游景区	2A 级旅游景区	1A 级旅游景区	合 计
自然景观类	森林景观	2941.85	6208.52	2060.28	487.87	36.58	11735.10
	河湖湿地	1140.09	3660.58	987.25	438.55	0.00	6226.47
	地质遗迹	1674.52	3620.57	659.25	111.60	0.00	6065.94
历史文化类	古村古镇	1331.57	6848.01	868.18	159.12	0.00	9206.88
	文化遗迹	0.00	6466.48	1606.90	427.97	0.00	8501.35
	文博院馆	0.00	2155.20	394.64	84.30	0.00	2634.14
	红色旅游	939.58	2247.19	845.59	212.49	0.00	4244.85
	宗教文化	565.75	1408.82	376.35	587.07	45.05	2983.04
休闲娱乐类	主题游乐	131.64	2460.84	858.11	57.29	33.30	3541.18
	度假休闲	119.28	6794.26	3333.39	834.43	25.85	11107.21
	乡村旅游	0.00	3122.96	5565.90	1293.15	0.00	9982.01
	城市公园	0.00	0.00	338.56	522.16	61.95	922.67
	商贸旅游	0.00	426.67	100.00	258.70	0.00	785.37
其他类	其 他	269.88	1470.19	535.88	387.68	0.14	2663.77
合 计		9114.16	46890.29	18530.28	5862.38	202.87	80599.98

（三）旅游景区经营与投资情况

1. 旅游景区总收入

2017 年，西南地区 A 级旅游景区旅游收入为 967.33 亿元，占全国 A 级旅游景区旅游总收入的 22.29%，较上年增加 114.11 亿元，增长 13.37%。景区平均旅游收

214
2017
中国旅游景区
发展报告
CHINA TOURIST
ATTRACTION
DEVELOPMENT
REPORT 2017

入为 8061.08 万元。

（1）分等级收入

西南地区 4A 级旅游景区旅游收入最高，为 625.91 亿元，占该地区 A 级旅游景区旅游收入的 64.70%；其次是 5A 级和 3A 级旅游景区，旅游收入分别为 153.87 亿元和 143.81 亿元，占比分别为 15.91% 和 14.87%；1A 级和 2A 级旅游景区旅游收入较少，分别为 2.12 亿元和 41.62 亿元，占比分别为 0.22% 和 4.30%（表 7-3-1、图 7-3-1）。

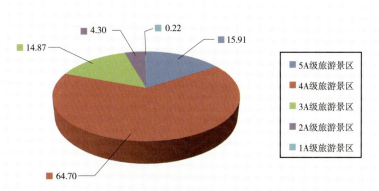

图 7-3-1　2017 年西南地区 A 级旅游景区旅游收入占比分等级统计（单位：%）

与上年相比，除 2A 级和 1A 级旅游景区旅游收入下降外，其他等级旅游景区旅游收入均呈现不同程度的增长，其中，4A 级旅游景区增长最快，较上年增加 92.67 亿元，增长 17.38%；其次为 5A 级和 3A 级旅游景区，旅游收入分别增加 21.69 亿元和 6.78 亿元，分别增长 16.41% 和 4.95%；2A 级和 1A 级旅游景区旅游收入分别减少 6.58 亿元和 0.45 亿元，分别下降 13.65% 和 17.51%（表 7-3-1、图 7-3-2）。

表 7-3-1　2016 ~ 2017 年西南地区 A 级旅游景区旅游收入分等级统计

景区等级	2016 年景区总收入（亿元）	2017 年景区总收入（亿元）	比重（%）	增量（亿元）	增长率（%）
5A 级旅游景区	132.18	153.87	15.91	21.69	16.41
4A 级旅游景区	533.24	625.91	64.70	92.67	17.38
3A 级旅游景区	137.03	143.81	14.87	6.78	4.95
2A 级旅游景区	48.2	41.62	4.30	-6.58	-13.65

景区等级	2016 年景区总收入（亿元）	2017 年景区总收入（亿元）	比重（%）	增量（亿元）	增长率（%）
1A 级旅游景区	2.57	2.12	0.22	-0.45	-17.51
合 计	853.22	967.33	100.00	114.11	13.37

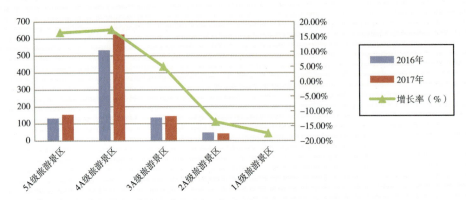

图 7-3-2　2016 ~ 2017 年西南地区 A 级旅游景区旅游收入分等级统计（单位：亿元）

（2）分类型收入

从景区大类来看，自然景观类 A 级旅游景区旅游收入最多，为 323.35 亿元，占该地区 A 级旅游景区旅游总收入的 33.43%；其次是休闲娱乐类和历史文化类景区，分别为 314.16 亿元和 301.18 亿元，分别占该地区 A 级旅游景区旅游总收入的 32.48% 和 31.14%。

从景区大类和等级综合来看，自然景观类、历史文化类、休闲娱乐类和其他类中 4A 级旅游景区旅游收入均最多，分别为 196.61 亿元、221.62 亿元、190.77 亿元和 16.91 亿元（表 7-3-2）。

表 7-3-2　2017 年西南地区 A 级旅游景区旅游收入分大类等级统计（单位：亿元）

景区大类	5A 级旅游景区	4A 级旅游景区	3A 级旅游景区	2A 级旅游景区	1A 级旅游景区	合 计
自然景观类	98.72	196.61	22.83	4.90	0.29	323.35
历史文化类	44.25	221.62	23.98	11.28	0.05	301.18

216
2017
中国旅游景区
发展报告
CHINA TOURIST
ATTRACTION
DEVELOPMENT
REPORT 2017

景区大类	5A 级旅游景区	4A 级旅游景区	3A 级旅游景区	2A 级旅游景区	1A 级旅游景区	合　计
休闲娱乐类	9.79	190.77	86.55	25.30	1.75	314.16
其他类	1.11	16.91	10.45	0.14	0.03	28.64
合　计	153.87	625.91	143.81	41.62	2.12	967.33

从景区亚类来看，古村古镇类 A 级旅游景区旅游收入最多，共计 186.17 亿元，占该地区 A 级旅游景区旅游总收入的 19.25%；其次是度假休闲类和森林景观类景区，分别为 155.86 亿元和 135.35 亿元，占比分别为 16.11% 和 13.99%；商贸旅游类景区旅游收入最少，为 5.73 亿元，占比为 0.59%（表 7-3-3、图 7-3-3）。

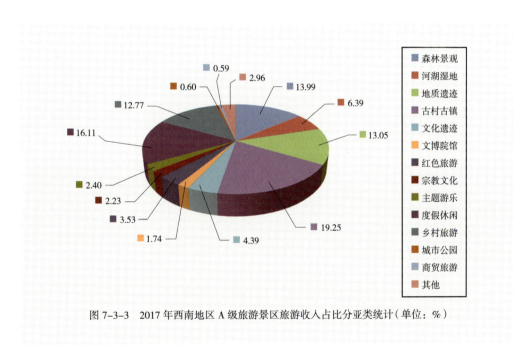

图 7-3-3　2017 年西南地区 A 级旅游景区旅游收入占比分亚类统计（单位：%）

从景区亚类和等级综合来看，红色旅游类中 5A 级旅游景区旅游收入最多，为 14.06 亿元；宗教文化类、城市公园类和商贸旅游类中 2A 级旅游景区旅游收入最多，分别为 9.68 亿元、4.91 亿元和 3.64 亿元；森林景观类、河湖湿地类、地质遗迹类、古村古镇类、文化遗迹类、文博院馆类、主题游乐类、度假休闲类、乡村旅游类和其他类中 4A 级旅游景区旅游收入均最多，分别为 83.18 亿元、37.32 亿元、

76.11 亿元、154.91 亿元、37.87 亿元、15.83 亿元、13.90 亿元、109.94 亿元、65.50 亿元和 16.91 亿元（表 7-3-3）。

表 7-3-3　2017 年西南地区 A 级旅游景区旅游收入分亚类等级统计（单位：亿元）

景区大类	景区亚类	5A 级旅游景区	4A 级旅游景区	3A 级旅游景区	2A 级旅游景区	1A 级旅游景区	合　计
自然景观类	森林景观	42.60	83.18	7.30	1.98	0.29	135.35
	河湖湿地	14.78	37.32	7.15	2.54	0.00	61.79
	地质遗迹	41.34	76.11	8.38	0.38	0.00	126.21
历史文化类	古村古镇	21.21	154.91	9.92	0.13	0.00	186.17
	文化遗迹	0.00	37.87	4.34	0.30	0.00	42.51
	文博院馆	0.00	15.83	0.69	0.27	0.00	16.79
	红色旅游	14.06	11.12	8.05	0.90	0.00	34.13
	宗教文化	8.98	1.89	0.98	9.68	0.05	21.58
休闲娱乐类	主题游乐	0.67	13.90	8.49	0.18	0.00	23.24
	度假休闲	9.12	109.94	28.98	6.17	1.65	155.86
	乡村旅游	0.00	65.50	47.60	10.40	0.00	123.50
	城市公园	0.00	0.00	0.82	4.91	0.10	5.83
	商贸旅游	0.00	1.43	0.66	3.64	0.00	5.73
其他类	其　他	1.11	16.91	10.45	0.14	0.03	28.64
合　计		153.87	625.91	143.81	41.62	2.12	967.33

2. 旅游景区分项收入

2017 年，餐饮收入是西南地区 A 级旅游景区旅游总收入的首要来源，为 306.15 亿元，占该地区 A 级旅游景区旅游总收入的 31.65%；其次是商品收入和住宿收入，总量分别为 221.61 亿元和 194.81 亿元，占比分别为 22.91% 和 20.14%；其他收入最少，为 18.40 亿元，占比为 1.90%（表 7-3-4、图 7-3-4）。

与上年相比，除交通收入和门票收入下降外，其他各项收入均呈现增长。其中，演艺收入增长最快，增加 5.51 亿元，增长 38.61%；其次是住宿收入和餐饮收入，分别增加 33.59 亿元和 51.08 亿元，分别增长 20.83% 和 20.03%；门票收入和交通收入分别减少 0.37 亿元和 3.30 亿元，分别下降 0.28% 和 4.10%（表 7-3-4、图 7-3-5）。

218
2017
中国旅游景区
发展报告
CHINA TOURIST
ATTRACTION
DEVELOPMENT
REPORT 2017

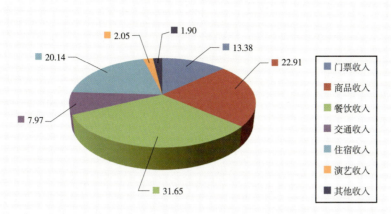

图 7-3-4　2017 年西南地区 A 级旅游景区旅游收入占比分项统计（单位：%）

表 7-3-4　2016 ～ 2017 年西南地区 A 级旅游景区旅游收入构成统计

类　别	2016 年景区分项收入（亿元）	2017 年景区分项收入（亿元）	比重（%）	增量（亿元）	增长率（%）
门票收入	129.83	129.46	13.38	-0.37	-0.28
商品收入	194.8	221.61	22.91	26.81	13.76
餐饮收入	255.07	306.15	31.65	51.08	20.03
交通收入	80.42	77.12	7.97	-3.30	-4.10
住宿收入	161.22	194.81	20.14	33.59	20.83
演艺收入	14.27	19.78	2.05	5.51	38.61
其他收入	17.61	18.40	1.90	0.79	4.49
合　计	853.22	967.33	100.00	114.11	13.37

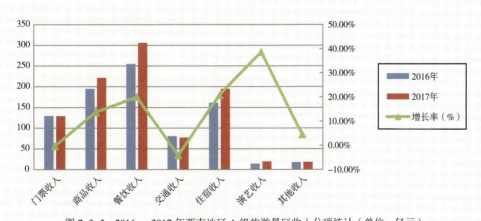

图 7-3-5　2016 ～ 2017 年西南地区 A 级旅游景区收入分项统计（单位：亿元）

（1）分等级收入

4A级和5A级旅游景区旅游收入较大，分别为625.90亿元和153.88亿元。其中，4A级旅游景区收入构成中以餐饮收入、商品收入和住宿收入为主，分别为197.94亿元、145.11亿元和143.49亿元；5A级旅游景区收入构成中以门票收入为主，为48.96亿元（表7-3-5）。

表7-3-5　2017年西南地区A级旅游景区旅游收入构成分等级统计（单位：亿元）

景区等级	门票收入	商品收入	餐饮收入	交通收入	住宿收入	演艺收入	其他收入	合　计
5A级旅游景区	48.96	18.34	34.09	22.01	23.30	5.48	1.70	153.88
4A级旅游景区	71.12	145.11	197.94	46.03	143.49	12.51	9.70	625.90
3A级旅游景区	7.73	47.17	55.32	7.24	20.24	1.07	5.02	143.79
2A级旅游景区	1.61	10.95	17.35	1.83	7.38	0.72	1.79	41.63
1A级旅游景区	0.04	0.05	1.45	0.01	0.40	0.00	0.18	2.13
合　计	129.46	221.62	306.15	77.12	194.81	19.78	18.39	967.33

（2）分类型收入

从景区大类来看，自然景观类旅游景区以门票收入和餐饮收入为主，分别为77.28亿元和76.85亿元；历史文化类旅游景区以餐饮收入为主，为104.95亿元；休闲娱乐类旅游景区以餐饮收入为主，为120.50亿元（表7-3-6）。

表7-3-6　2017年西南地区A级旅游景区旅游收入构成分大类统计（单位：亿元）

景区大类	门票收入	商品收入	餐饮收入	交通收入	住宿收入	演艺收入	其他收入	合　计
自然景观类	77.28	58.24	76.85	31.95	65.89	6.92	6.23	323.36
历史文化类	22.49	69.37	104.95	29.70	59.64	10.04	4.99	301.18
休闲娱乐类	25.39	77.11	120.50	14.70	67.37	2.49	6.58	314.14
其他类	4.30	16.90	3.85	0.77	1.91	0.33	0.59	28.65
合　计	129.46	221.62	306.15	77.12	194.81	19.78	18.39	967.33

从景区亚类来看，古村古镇类、度假休闲类和森林景观类旅游景区旅游收入规模较大，分别为186.18亿元、155.85亿元和135.36亿元。其中，古村古镇类旅游

220
2017
中国旅游景区
发展报告
CHINA TOURIST
ATTRACTION
DEVELOPMENT
REPORT 2017

景区以餐饮收入和商品收入为主，分别为 63.64 亿元和 44.64 亿元；度假休闲类旅游景区以餐饮收入和住宿收入为主，分别为 60.08 亿元和 44.84 亿元；森林景观类旅游景区以住宿收入和门票收入为主，分别为 30.40 亿元和 30.18 亿元（表 7-3-7）。

表 7-3-7　2017 年西南地区 A 级旅游景区旅游收入构成分亚类统计（单位：亿元）

景区大类	景区亚类	门票收入	商品收入	餐饮收入	交通收入	住宿收入	演艺收入	其他收入	合　计
自然景观类	森林景观	30.18	20.91	33.00	13.13	30.40	3.81	3.93	135.36
	河湖湿地	13.70	12.03	16.52	5.19	12.89	0.38	1.07	61.78
	地质遗迹	33.40	25.30	27.33	13.63	22.60	2.73	1.23	126.22
历史文化类	古村古镇	4.81	44.64	63.64	22.58	42.65	6.48	1.38	186.18
	文化遗迹	7.07	10.83	13.40	2.26	5.18	2.15	1.63	42.52
	文博院馆	4.39	5.09	5.94	0.38	0.25	0.11	0.61	16.77
	红色旅游	1.00	5.48	15.46	2.79	8.07	0.51	0.81	34.12
	宗教文化	5.22	3.33	6.51	1.69	3.49	0.79	0.56	21.59
休闲娱乐类	主题游乐	10.56	2.64	6.31	0.62	1.90	0.48	0.72	23.23
	度假休闲	9.65	30.06	60.08	7.58	44.84	1.06	2.58	155.85
	乡村旅游	4.69	39.26	49.58	6.12	19.91	0.93	3.01	123.50
	城市公园	0.04	3.42	1.85	0.25	0.02	0.01	0.24	5.83
	商贸旅游	0.45	1.73	2.68	0.13	0.70	0.01	0.03	5.73
其他类	其　他	4.30	16.90	3.85	0.77	1.91	0.33	0.59	28.65
合　计		129.46	221.62	306.15	77.12	194.81	19.78	18.39	967.33

3. 旅游景区投资

2017 年，西南地区 A 级旅游景区总建设投资为 817.48 亿元，占全国 A 级旅游景区总建设投资的 24.99%，较上年增加 292.20 亿元，增长 55.63%。其中，景区内部建设投资为 563.23 亿元，外部建设投资为 254.25 亿元。景区平均建设投资为 6812.33 万元。

从景区等级来看，西南地区 4A 级旅游景区建设投资规模最大，为 535.07 亿元，占该地区 A 级旅游景区总建设投资的 65.45%；其次是 3A 级和 5A 级旅游景区，分别为 185.52 亿元和 65.92 亿元，占比分别为 22.69% 和 8.07%；1A 级和 2A 级旅游景区建设投资规模相对较小，分别为 0.63 亿元和 30.34 亿元，占比分别为 0.08% 和 3.71%（表 7-3-8）。

从景区大类来看，休闲娱乐类旅游景区当年建设投资规模最大，为 352.82 亿元；其次是自然景观类和历史文化类景区，建设投资分别为 228.29 亿元和 174.45 亿元。

从景区大类和等级综合来看，休闲娱乐类、自然景观类和历史文化类中 4A 级旅游景区建设投资均最大，分别为 216.58 亿元、137.77 亿元和 122.08 亿元（表 7-3-8）。

表 7-3-8　2017 年西南地区 A 级旅游景区总投资分大类等级统计（单位：亿元）

景区大类	5A 级旅游景区	4A 级旅游景区	3A 级旅游景区	2A 级旅游景区	1A 级旅游景区	合　计
自然景观类	47.69	137.77	38.88	3.92	0.03	228.29
历史文化类	12.64	122.08	24.66	14.92	0.15	174.45
休闲娱乐类	5.52	216.58	121.05	9.25	0.42	352.82
其他类	0.07	58.64	0.93	2.25	0.03	61.92
合　计	65.92	535.07	185.52	30.34	0.63	817.48

从景区亚类来看，度假休闲类旅游景区建设投资规模最大，为 228.20 亿元；其次是森林景观类和乡村旅游类旅游景区，建设投资分别为 112.62 亿元和 94.04 亿元；城市公园类旅游景区建设投资规模最小，为 0.38 亿元（表 7-3-9）。

从景区亚类和等级综合来看，宗教文化类中 2A 级旅游景区建设投资规模最大，为 12.75 亿元；乡村旅游类中 3A 级旅游景区建设投资规模最大，为 46.87 亿元；城市公园类中 1A 级旅游景区建设投资规模最大，为 0.18 亿元；森林景观类、河湖湿地类、地质遗迹类、古村古镇类、文化遗迹类、文博院馆类、红色旅游类、主题游乐类、度假休闲类、商贸旅游类和其他类中 4A 级旅游景区建设投资规模均最大，分别为 52.71 亿元、43.46 亿元、41.60 亿元、72.55 亿元、17.46 亿元、3.47 亿元、25.22 亿元、27.66 亿元、146.27 亿元、0.64 亿元、58.64 亿元（表 7-3-9）。

222
2017
中国旅游景区
发展报告
CHINA TOURIST
ATTRACTION
DEVELOPMENT
REPORT 2017

表 7-3-9 2017 年西南地区 A 级旅游景区总投资分亚类等级统计（单位：亿元）

景区大类	景区亚类	5A 级旅游景区	4A 级旅游景区	3A 级旅游景区	2A 级旅游景区	1A 级旅游景区	合　计
自然景观类	森林景观	29.87	52.71	28.82	1.19	0.03	112.62
	河湖湿地	4.66	43.46	6.77	1.84	0.00	56.73
	地质遗迹	13.16	41.60	3.29	0.89	0.00	58.94
历史文化类	古村古镇	5.12	72.55	11.92	0.74	0.00	90.33
	文化遗迹	0.00	17.46	7.58	0.46	0.00	25.50
	文博院馆	0.00	3.47	0.75	0.56	0.00	4.78
	红色旅游	6.40	25.22	2.50	0.41	0.00	34.53
	宗教文化	1.12	3.38	1.91	12.75	0.15	19.31
休闲娱乐类	主题游乐	0.35	27.66	1.19	0.05	0.00	29.25
	度假休闲	5.17	146.27	72.51	4.01	0.24	228.20
	乡村旅游	0.00	42.01	46.87	5.16	0.00	94.04
	城市公园	0.00	0.00	0.17	0.03	0.18	0.38
	商贸旅游	0.00	0.64	0.31	0.00	0.00	0.95
其他类	其　他	0.07	58.64	0.93	2.25	0.03	61.92
合　计		65.92	535.07	185.52	30.34	0.63	817.48

（四）旅游景区经营管理主体与人员情况

1. 经营管理主体

2017 年，西南地区 A 级旅游景区经营管理主体包括行政单位、事业单位和企业三种，共计 1200 家，较上年增加 180 家，增长 17.65%。其中，企业类经营管理主体数量最多，为 812 家，占该地区经营管理主体总数的 67.66%；其次是事业单位类经营管理主体，为 311 家，占比为 25.92%；行政单位类经营管理主体数量最少，为 77 家，占比为 6.42%（图 7-4-1）。

从景区等级来看，西南地区除 5A 级旅游景区事业单位和企业经营管理主体数量一致外，其他等级旅游景区经营管理主体均以企业为主。其中，3A 级旅游景区企业经营管理主体数量最多，为 320 家；其次是 4A 级和 2A 级旅游景区，分别为

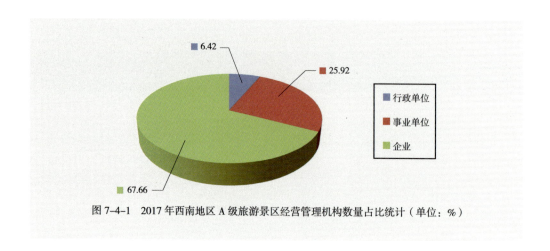

图 7-4-1　2017 年西南地区 A 级旅游景区经营管理机构数量占比统计（单位：%）

291 家和 169 家；5A 级旅游景区以事业单位和企业经营管理主体为主，事业单位和企业经营管理主体均为 16 家（表 7-4-1）。

表 7-4-1　2017 年西南地区 A 级旅游景区经营管理机构情况分等级统计（单位：家）

管理主体	5A 级旅游景区	4A 级旅游景区	3A 级旅游景区	2A 级旅游景区	1A 级旅游景区	合　计
行政单位	1	27	32	17	0	77
事业单位	16	139	89	62	5	311
企　业	16	291	320	169	16	812
合　计	33	457	441	248	21	1200

2. 就业情况

2017 年，西南地区 A 级旅游景区固定就业人数为 202095 人，占全国 A 级旅游景区固定就业总人数的 15.53%，较上年增加 25629 人，增长 14.52%。景区平均固定就业人数为 168 人。

从景区等级来看，4A 级旅游景区固定就业人数最多，为 115122 人，占该地区 A 级旅游景区固定就业总人数的 56.96%；其次是 5A 级和 3A 级旅游景区，分别为 38008 人和 36298 人，占比分别为 18.81% 和 17.96%；1A 级和 2A 级旅游景区固定就业人数较少，分别为 1090 人和 11577 人，占比分别为 0.54% 和 5.73%（表 7-4-2）。

224
2017
中国旅游景区
发展报告
CHINA TOURIST
ATTRACTION
DEVELOPMENT
REPORT 2017

表 7-4-2　2017 年西南地区 A 级旅游景区分等级固定就业分等级统计

	5A 级 旅游景区	4A 级 旅游景区	3A 级 旅游景区	2A 级 旅游景区	1A 级 旅游景区	合计
固定就业人数（人）	38008	115122	36298	11577	1090	202095
比例（%）	18.81	56.96	17.96	5.73	0.54	100.00

从景区的大类来看，休闲娱乐类旅游景区固定就业人数最多，为 77661 人；其次是历史文化类和自然景观类旅游景区，分别为 63213 人和 49915 人。

从景区大类和等级综合来看，自然景观类、历史文化类和休闲娱乐类中 4A 级旅游景区固定就业人数均最多，分别为 27359 人、34976 人和 45891 人（表 7-4-3）。

表 7-4-3　2017 年西南地区 A 级旅游景区固定就业分大类等级统计（单位：人）

景区大类	5A 级 旅游景区	4A 级 旅游景区	3A 级 旅游景区	2A 级 旅游景区	1A 级 旅游景区	合　计
自然景观类	16602	27359	4804	1068	82	49915
历史文化类	20181	34976	5171	2851	34	63213
休闲娱乐类	875	45891	22733	7450	712	77661
其他类	350	6896	3590	208	262	11306
合　计	38008	115122	36298	11577	1090	202095

从景区亚类来看，古村古镇类旅游景区固定就业人数最多，为 41859 人；其次是度假休闲类和乡村旅游类旅游景区，分别为 38686 人和 24680 人；城市公园类旅游景区固定就业人数最少，为 857 人。

从景区亚类和等级综合来看，森林景观类、河湖湿地类、古村古镇类、文化遗迹类、文博院馆类、红色旅游类、主题游乐类、度假休闲类、乡村旅游类、商贸旅游类和其他类中 4A 级旅游景区固定就业人数均最多，分别为 14238 人、6337 人、20622 人、8032 人、2554 人、2415 人、4967 人、24795 人、12733 人、3396 人和 6896 人；地质遗迹类中 5A 级旅游景区固定就业人数最多，为 7553 人；宗教文化类和城市公园类中 2A 级旅游景区固定就业人数均最多，分别为 2110 人和 565 人（表 7-4-4）。

表 7-4-4　2017 年西南地区 A 级旅游景区固定就业分亚类等级统计（单位：人）

景区大类	景区亚类	5A 级旅游景区	4A 级旅游景区	3A 级旅游景区	2A 级旅游景区	1A 级旅游景区	合　计
自然景观类	森林景观	6283	14238	2001	402	82	23006
	河湖湿地	2766	6337	1489	417	0	11009
	地质遗迹	7553	6784	1314	249	0	15900
历史文化类	古村古镇	19258	20622	1848	131	0	41859
	文化遗迹	0	8032	1474	406	0	9912
	文博院馆	0	2554	532	136	0	3222
	红色旅游	361	2415	540	68	0	3384
	宗教文化	562	1353	777	2110	34	4836
休闲娱乐类	主题游乐	206	4967	1084	100	6	6363
	度假休闲	669	24795	10525	2069	628	38686
	乡村旅游	0	12733	9231	2716	0	24680
	城市公园	0	0	214	565	78	857
	商贸旅游	0	3396	1679	2000	0	7075
其他类	其他	350	6896	3590	208	262	11306
合计		38008	115122	36298	11577	1090	202095

3. 导游情况

2017 年，西南地区 A 级旅游景区导游总数为 11088 人，占全国 A 级旅游景区导游总数的 17.10%，较上年增加 559 人，增长 5.31%。景区平均导游人数为 9 人。

从景区等级来看，4A 级旅游景区导游人数最多，为 4832 人，占该地区 A 级旅游景区导游总数的 43.58%；其次是 5A 级和 3A 级旅游景区，分别为 4378 人和 1431 人，占比分别为 39.48% 和 12.91%；1A 级和 2A 级旅游景区导游人数相对较少，分别为 31 人和 416 人，占比分别为 0.28% 和 3.75%（表 7-4-5）。

表 7-4-5　2017 年西南地区 A 级旅游景区导游数量分等级统计

景区等级	5A 级旅游景区	4A 级旅游景区	3A 级旅游景区	2A 级旅游景区	1A 级旅游景区	合　计
导游人数（人）	4378	4832	1431	416	31	11088
比例（%）	39.48	43.58	12.91	3.75	0.28	100.00

226
2017
中国旅游景区
发展报告
CHINA TOURIST
ATTRACTION
DEVELOPMENT
REPORT 2017

从景区大类来看，历史文化类旅游景区导游人数最多，为 5711 人；其次是自然景观类和休闲娱乐类旅游景区，导游人数分别为 3087 人和 1930 人。

从景区亚类来看，古村古镇类旅游景区导游人数最多，为 3914 人；其次是地质遗迹类和森林景观类旅游景区，分别为 1285 人和 1226 人；城市公园类旅游景区导游人数最少，为 19 人（表 7-4-6）。

表 7-4-6 2017 年中南地区 A 级旅游景区导游数量分类型统计

景区大类	专职导游人数（人）	景区类型	专职导游人数（人）
自然景观类	3087	森林景观	1226
		河湖湿地	576
		地质遗迹	1285
历史文化类	5711	古村古镇	3914
		文化遗迹	658
		文博院馆	447
		红色旅游	413
		宗教文化	279
休闲娱乐类	1930	主题游乐	243
		度假休闲	796
		乡村旅游	830
		城市公园	19
		商贸旅游	42
其他类	360	其 他	360
合 计	11088	合 计	11088

八、西北地区 A 级旅游景区情况

（一）旅游景区数量、等级、类型及门票价格情况

2017 年，西北地区 A 级旅游景区共 1106 家，占全国 A 级旅游景区总数的 11.70%，较上年增加 103 家，增长 10.27%。

1. 等级构成

（1）数量及比重

从景区等级来看，西北地区 3A 级旅游景区数量最多，为 555 家，占该地区 A 级旅游景区总数的 50.18%；其次是 4A 级和 2A 级旅游景区，分别为 289 家和 222 家，占比分别为 26.13% 和 20.07%；5A 级和 1A 级旅游景区数量相对较少，分别为 10 家和 30 家，占比分别为 0.91% 和 2.71%（图 8-1-1）。

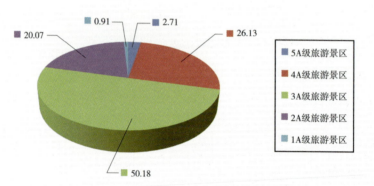

图 8-1-1　2017 年西北地区 A 级旅游景区数量占比分等级统计（单位：%）

（2）增量及增长率

与上年相比，除 1A 级和 2A 级旅游景区数量减少外，其他各等级旅游景区均呈现不同程度的增长。其中，3A 级旅游景区增长最快，较上年增加 100 家，增长 21.98%；其次是 4A 级和 5A 级旅游景区，分别增加 18 家和 1 家，分别增长 6.64% 和 3.45%；1A 级和 2A 级旅游景区数量较上年分别减少 3 家和 13 家，分别下降 23.08% 和 5.53%（图 8-1-1、表 8-1-1）。

表 8-1-1　2016~2017 年西北地区 A 级旅游景区数量分等级统计

景区等级	2016 年数量（家）	2017 年数量（家）	比重（%）	增量（家）	增长率（%）
5A 级旅游景区	29	30	2.71	1	3.45
4A 级旅游景区	271	289	26.13	18	6.64
3A 级旅游景区	455	555	50.18	100	21.98

228
2017
中国旅游景区
发展报告
CHINA TOURIST
ATTRACTION
DEVELOPMENT
REPORT 2017

景区等级	2016 年数量（家）	2017 年数量（家）	比重（%）	增量（家）	增长率（%）
2A 级旅游景区	235	222	20.07	-13	-5.53
1A 级旅游景区	13	10	0.91	-3	-23.08
合　计	1003	1106	100.00	103	10.27

2. 类型构成

从景区大类来看，西北地区历史文化类 A 级旅游景区数量最多，为 396 家，占该地区 A 级旅游景区总数的 35.80%；其次是休闲娱乐类和自然景观类景区，分别为 328 家和 315 家，占比分别为 29.66% 和 28.48%。

从景区大类和等级综合来看，自然景观类、历史文化类、休闲娱乐类和其他类中均是 3A 级旅游景区数量最多，分别为 127 家、205 家、184 家和 39 家（表 8-1-2）。

表 8-1-2　2017 年西北地区 A 级旅游景区数量分大类等级统计（单位：家）

景区大类	5A 级旅游景区	4A 级旅游景区	3A 级旅游景区	2A 级旅游景区	1A 级旅游景区	合　计
自然景观类	16	104	127	67	1	315
历史文化类	13	100	205	74	4	396
休闲娱乐类	1	72	184	67	4	328
其他类	0	13	39	14	1	67
合　计	30	289	555	222	10	1106

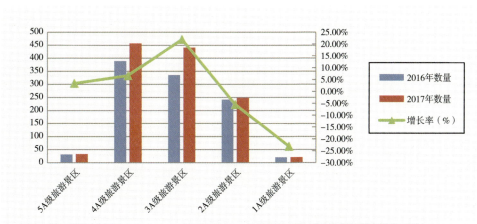

图 8-1-2　2016 ～ 2017 年西北地区 A 级旅游景区数量分等级统计（单位：家）

从景区亚类来看，西北地区度假休闲类 A 级旅游景区数量最多，为 171 家，占该地区 A 级旅游景区总数的 15.46%；其次是森林景观类和文化遗迹类景区，分别为 150 家和 115 家，占比分别为 13.56% 和 10.40%；商贸旅游类景区数量最少，为 18 家，占该地区 A 级旅游景区总数的 1.63%。

从景区亚类和等级综合来看，主题游乐类景区中 4A 级旅游景区最多，为 20 家；地质遗迹类景区中 4A 级和 3A 级旅游景区最多，均为 33 家；其他类型景区均是 3A 级旅游景区最多，分别为 60 家、34 家、32 家、56 家、41 家、37 家、39 家、93 家、52 家、13 家、7 家和 39 家（表 8-1-3、图 8-1-3）。

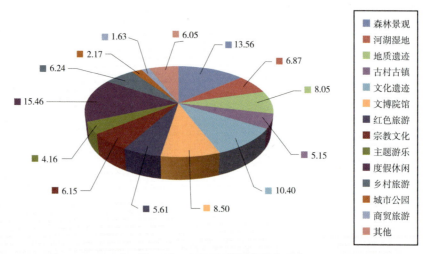

图 8-1-3　2017 年西北地区 A 级旅游景区数量占比分亚类统计（单位：%）

表 8-1-3　2017 年西北地区 A 级旅游景区数量分亚类等级统计（单位：家）

景区大类	景区亚类	5A 级旅游景区	4A 级旅游景区	3A 级旅游景区	2A 级旅游景区	1A 级旅游景区	合　计
自然景观类	森林景观	10	49	60	31	0	150
	河湖湿地	4	22	34	15	1	76
	地质遗迹	2	33	33	21	0	89
历史文化类	古村古镇	3	16	32	6	0	57
	文化遗迹	7	29	56	22	1	115
	文博院馆	1	29	41	21	2	94

230
2017
中国旅游景区
发展报告
CHINA TOURIST
ATTRACTION
DEVELOPMENT
REPORT 2017

景区大类	景区亚类	5A级旅游景区	4A级旅游景区	3A级旅游景区	2A级旅游景区	1A级旅游景区	合 计
历史文化类	红色旅游	0	11	37	13	1	62
	宗教文化	2	15	39	12	0	68
休闲娱乐类	主题游乐	1	20	19	6	0	46
	度假休闲	0	37	93	38	3	171
	乡村旅游	0	6	52	10	1	69
	城市公园	0	3	13	8	0	24
	商贸旅游	0	6	7	5	0	18
其他类	其 他	0	13	39	14	1	67
合 计		30	289	555	222	10	1106

3. 门票价格

2017年，西北地区A级旅游景区平均门票价格为20元，较全国平均价格水平低9元。

从景区等级来看，5A级旅游景区的平均门票价格最高，为74元；其次是4A级和3A级旅游景区，平均门票价格分别为38元和14元；2A级和1A级旅游景区平均门票价格相对较低，分别为7元和9元（表8-1-4）。

表8-1-4　2017年西北地区A级旅游景区门票价格分等级统计

景区等级	门票价格总额（元）	景区数量（家）	平均门票价格（元）
5A级旅游景区	2226	30	74
4A级旅游景区	10983	289	38
3A级旅游景区	7539	555	14
2A级旅游景区	1502	222	7
1A级旅游景区	85	10	9
合 计	22335	1106	20

从景区大类来看，西北地区自然景观类A级旅游景区平均门票价格最高，为28元；其次是历史文化类和其他类A级旅游景区，平均门票价格分别为18元和17

元；休闲娱乐类 A 级旅游景区平均门票价格最低，为 16 元。

从景区亚类来看，西北地区主题游乐类 A 级旅游景区平均门票价格最高，为 42 元，其次是森林景观类和地质遗迹类 A 级旅游景区，分别为 30 元和 29 元；城市公园类 A 级旅游景区平均门票价格最低，为 3 元（表 8-1-5）。

表 8-1-5　2017 年西北地区 A 级旅游景区门票价格分类型统计

景区大类	门票价格总额（元）	景区数量（家）	平均门票价格（元）	景区亚类	门票价格总额（元）	景区数量（家）	平均门票价格（元）
自然景观类	8836	315	28	森林景观	4460	150	30
				河湖湿地	1772	76	23
				地质遗迹	2604	89	29
历史文化类	7046	396	18	古村古镇	981	57	17
				文化遗迹	2985	115	26
				文博院馆	1829	94	19
				红色旅游	341	62	6
				宗教文化	910	68	13
休闲娱乐类	5343	328	16	主题游乐	1916	46	42
				度假休闲	2669	171	16
				乡村旅游	530	69	8
				城市公园	78	24	3
				商贸旅游	150	18	8
其他类	1110	67	17	其　他	1110	67	17
合　计	22335	1106	20		22335	1106	20

（二）旅游景区游客接待情况

2017 年，西北地区 A 级旅游景区游客接待量为 4.98 亿人次，占全国 A 级旅游景区接待总量的 9.23%，较上年增加 1.24 亿人次，增长 33.16%，其中政策性免票游客接待量为 3.02 亿人次。平均游客接待量为 45.04 万人次。

232
2017
中国旅游景区
发展报告
CHINA TOURIST
ATTRACTION
DEVELOPMENT
REPORT 2017

1. 分等级接待量

（1）数量及比重

2017 年，西北地区 4A 级旅游景区游客接待量最多，为 20841.14 万人次，占该地区 A 级旅游景区游客接待总量的 41.84%；其次是 3A 级和 5A 级旅游景区，游客接待量分别为 17506.73 万人次和 8319.64 万人次，占比分别为 35.14% 和 16.70%；2A 级和 1A 级旅游景区游客接待量相对较少，分别为 3091.09 万人次和 58.83 万人次，占比分别为 6.20% 和 0.12%。

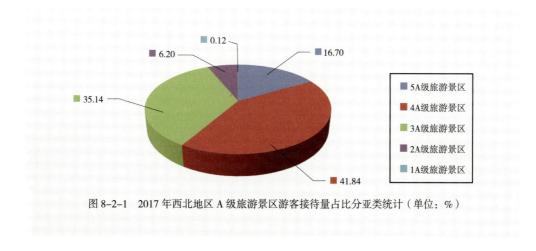

图 8-2-1　2017 年西北地区 A 级旅游景区游客接待量占比分亚类统计（单位：%）

（2）增量及增长率

与上年相比，除 1A 级旅游景区外，其他等级旅游景区游客接待量均呈现不同程度增长。其中，3A 级旅游景区游客接待量增长最快，增加 6260.08 万人次，增长 55.66%；其次是 4A 级和 5A 级旅游景区，分别较上年增加 4381.28 万人次和 1305.04 万人次，分别增长 26.62% 和 18.60%；2A 级旅游景区增加 474.59 万人次，增长 18.14%；1A 级旅游景区游客接待量减少 33.48 万人次，下降 36.27%（表 8-2-1、图 8-2-2）。

表 8-2-1 2016 ～ 2017 年西北地区 A 级旅游景区游客接待量分等级统计

景区等级	2016 年接待量（万人次）	2017 年接待量（万人次）	比重（%）	增量（万人次）	增长率（%）
5A 级旅游景区	7014.60	8319.64	16.70	1305.04	18.60
4A 级旅游景区	16459.86	20841.14	41.84	4381.28	26.62
3A 级旅游景区	11246.65	17506.73	35.14	6260.08	55.66
2A 级旅游景区	2616.50	3091.09	6.20	474.59	18.14
1A 级旅游景区	92.31	58.83	0.12	-33.48	-36.27
合　计	37429.92	49817.43	100.00	12387.51	33.10

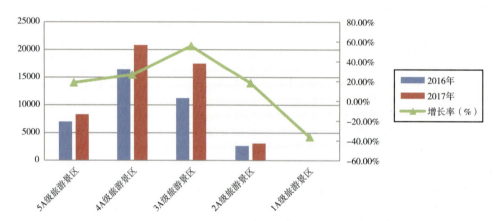

图 8-2-2 2016 ～ 2017 年西南地区 A 级旅游景区游客接待量分等级统计（单位：万人次）

2. 分类型接待量

从景区大类来看，西北地区历史文化类旅游景区游客接待量最多，为 19802.94 万人次，占该地区 A 级旅游景区游客接待总量的 39.75%；其次是休闲娱乐类和自然景观类旅游景区，分别为 16897.75 万人次和 11248.00 万人次，占比分别为 33.92% 和 22.58%。

从景区大类和等级综合来看，自然景观类和历史文化类中 4A 级旅游景区游客接待量最多，分别为 5326.97 万人次和 7792.67 万人次；休闲娱乐类和其他类中均是 3A 级旅游景区接待量最多，分别为 8392.51 万人次和 1053.99 万人次（表 8-2-2）。

2017
中国旅游景区
发展报告
CHINA TOURIST
ATTRACTION
DEVELOPMENT
REPORT 2017

表 8-2-2　2017 年西北 A 级旅游景区游客接待量分大类等级统计（单位：万人次）

景区大类	5A 级旅游景区	4A 级旅游景区	3A 级旅游景区	2A 级旅游景区	1A 级旅游景区	合　计
自然景观类	2333.44	5326.97	2833.86	745.85	7.88	11248.00
历史文化类	5831.88	7792.67	5226.37	940.66	11.36	19802.94
休闲娱乐类	154.32	7063.27	8392.51	1257.26	30.39	16897.75
其他类	0.00	658.23	1053.99	147.32	9.20	1868.74
合　计	8319.64	20841.14	17506.73	3091.09	58.83	49817.43

从景区亚类来看，西北地区文化遗迹类旅游景区游客接待量最多，为 8662.23 万人次，占该地区 A 级旅游景区游客接待总量的 17.39%；其次为度假休闲类和森林景观类旅游景区，游客接待量分别为 7135.93 万人次和 5330.18 万人次，占比分别为 14.32% 和 10.70%；城市公园和商贸旅游类旅游景区游客接待量较少，分别为 1741.50 万人次和 1354.34 万人次，分别占该地区 A 级旅游景区游客接待总量的 3.50% 和 2.72%（图 8-2-3）。

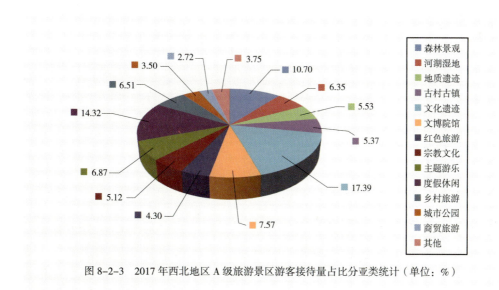

图 8-2-3　2017 年西北地区 A 级旅游景区游客接待量占比分亚类统计（单位：%）

从景区亚类和等级综合来看，文化遗迹类中 5A 级旅游景区接待量最多，为 4228.63 万人次；度假休闲类、森林景观类、文博院馆类、主题游乐类、地质遗迹类和红色旅游类中4A级旅游景区接待量均最多，分别为3443.73万人次、2752.81万人次、2230.13万人次、2171.40万人次、1329.41万人次和1157.78万人次；乡村旅游类、河湖湿地类、古村古镇类、宗教文化类、城市公园类、商贸旅游类和其他类中3A级旅游景区游客接待量均最多，分别为2890.82万人次、1266.88万人次、1304.04万人次、1040.23万人次、926.30万人次、739.05万人次和1053.99万人次（表8-2-3）。

表8-2-3 2017年西北A级旅游景区游客接待量分亚类等级统计（单位：万人次）

景区大类	景区亚类	5A级旅游景区	4A级旅游景区	3A级旅游景区	2A级旅游景区	1A级旅游景区	合 计
自然景观类	森林景观	1191.16	2752.81	915.45	470.76	0.00	5330.18
	河湖湿地	550.80	1244.75	1266.88	90.93	7.88	3161.24
	地质遗迹	591.48	1329.41	651.53	184.16	0.00	2756.58
历史文化类	古村古镇	289.80	954.31	1304.04	127.48	0.00	2675.63
	文化遗迹	4228.63	2786.57	1432.58	214.15	0.30	8662.23
	文博院馆	616.00	2230.13	709.42	203.46	10.37	3769.38
	红色旅游	0.00	1157.78	740.10	246.36	0.69	2144.93
	宗教文化	697.45	663.88	1040.23	149.21	0.00	2550.77
休闲娱乐类	主题游乐	154.32	2171.40	748.75	348.03	0.00	3422.50
	度假休闲	0.00	3443.73	3051.59	612.56	28.05	7135.93
	乡村旅游	0.00	254.44	2890.82	95.88	2.34	3243.48
	城市公园	0.00	581.67	962.30	197.53	0.00	1741.50
	商贸旅游	0.00	612.03	739.05	3.26	0.00	1354.34
其他类	其 他	0.00	658.23	1053.99	147.32	9.20	1868.74
合 计		8319.64	20841.14	17506.73	3091.09	58.83	49817.43

（三）旅游景区经营与投资情况

1. 旅游景区总收入

2017年，西北地区A级旅游景区旅游收入为324.78亿元，占全国A级旅游景区旅游总收入的7.48%，较上年增加64.29亿元，增长24.68%。景区平均旅游收入为2936.53万元。

236
2017
中国旅游景区
发展报告
CHINA TOURIST
ATTRACTION
DEVELOPMENT
REPORT 2017

（1）分等级收入

西北地区 4A 级旅游景区旅游收入最高，为 165.23 亿元，占该地区 A 级旅游景区旅游收入的 50.87%；其次是 5A 级和 3A 级旅游景区，旅游收入分别为 82.17 亿元和 53.38 亿元，占比分别为 25.30% 和 16.44%；1A 级和 2A 级旅游景区旅游收入较少，分别为 0.01 亿元和 23.90 亿元，占比分别为 0.03% 和 7.36%（表 8-3-1、图 8-3-1）。

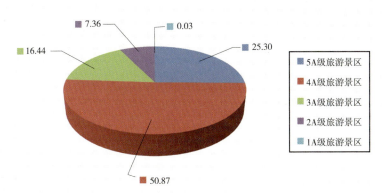

图 8-3-1　2017 年西北地区 A 级旅游景区旅游收入占比分等级统计（单位：%）

与上年相比，各等级旅游景区旅游收入均呈现不同程度的增长。其中，2A 级旅游景区旅游收入增长最快，增加 13.31 亿元，增长 125.68%；其次为 1A 级和 3A 级旅游景区，旅游收入分别增加 0.03 亿元和 12.94 亿元，分别增长 42.86% 和 32.00%；4A 级和 5A 级旅游景区旅游收入增长较慢，分别增加 23.02 亿元和 14.99 亿元，分别增长 16.19% 和 22.31%（表 8-3-1、图 8-3-2）。

表 8-3-1　2016 ~ 2017 年西北地区 A 级旅游景区旅游收入分等级统计

景区等级	2016 年景区总收入（亿元）	2017 年景区总收入（亿元）	比重（%）	增量（亿元）	增长率（%）
5A 级旅游景区	67.18	82.17	25.30	14.99	22.31
4A 级旅游景区	142.21	165.23	50.87	23.02	16.19
3A 级旅游景区	40.44	53.38	16.44	12.94	32.00
2A 级旅游景区	10.59	23.90	7.36	13.31	125.68
1A 级旅游景区	0.07	0.10	0.03	0.03	42.86
合　计	260.49	324.78	100.00	64.29	24.68

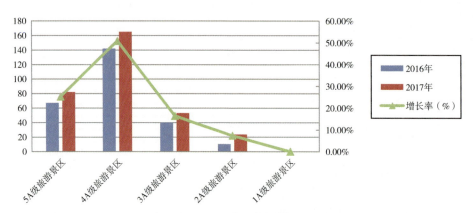

图 8-3-2　2016 ~ 2017 年西北地区 A 级旅游景区旅游收入分等级统计（单位：亿元）

（2）分类型收入

从景区大类来看，历史文化类 A 级旅游景区旅游收入最多，为 124.57 亿元，占该地区 A 级旅游景区旅游总收入的 38.35%；其次是自然景观类和休闲娱乐类景区，分别为 103.59 亿元和 84.57 亿元，分别占该地区 A 级旅游景区旅游总收入的31. 90% 和 26.04%。

从景区大类和等级综合来看，自然景观类、历史文化类和休闲娱乐类中 4A 级旅游景区旅游收入均最多，分别为 51.19 亿元、58.59 亿元和 53.54 亿元；其他类中2A 级旅游景区旅游收入最多，为 7.00 亿元（表 8-3-2）。

表 8-3-2　2017 年西北地区 A 级旅游景区旅游收入分大类等级统计（单位：亿元）

景区大类	5A 级旅游景区	4A 级旅游景区	3A 级旅游景区	2A 级旅游景区	1A 级旅游景区	合　计
自然景观类	41.58	51.19	6.69	4.11	0.02	103.59
历史文化类	39.43	58.59	20.55	6.00	0.00	124.57
休闲娱乐类	1.16	53.54	23.01	6.79	0.07	84.57
其他类	0.00	1.91	3.13	7.00	0.01	12.05
合　计	82.17	165.23	53.38	23.90	0.10	324.78

从景区亚类来看，森林景观类 A 级旅游景区旅游收入最多，为 55.37 亿元，占该地区 A 级旅游景区旅游总收入的 17.05%；其次是度假休闲类和古村古镇类景区，

238
2017
中国旅游景区
发展报告
CHINA TOURIST
ATTRACTION
DEVELOPMENT
REPORT 2017

分别为 51.50 亿元和 38.53 亿元，占比分别为 15.86% 和 11.86%；城市公园类景区旅游收入最少，为 0.57 亿元，占比为 0.18%（图 8-3-3）。

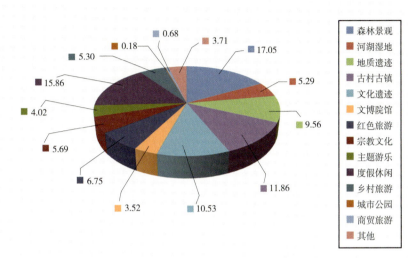

图 8-3-3　2017 年西北地区 A 级旅游景区旅游收入占比分亚类统计（单位：%）

从景区亚类和等级综合来看，森林景观类、文化遗迹类、宗教文化类和文博院馆类中 5A 级旅游景区旅游收入均最多，分别为 29.18 亿元、20.51 亿元、7.43 亿元和 9.03 亿元；度假休闲类、古村古镇类、地质遗迹类、红色旅游类、河湖湿地类和主题游乐类中 4A 级旅游景区旅游收入均最多，分别为 37.48 亿元、19.33 亿元、21.45 亿元、20.71 亿元、8.44 亿元和 11.03 亿元；乡村旅游类中 3A 级旅游景区旅游收入最多，为 11.55 亿元；其他类和城市公园类中 2A 级旅游景区收入均最多，分别为 7.00 亿元和 0.37 亿元（表 8-3-3）。

表 8-3-3　2017 年西北地区 A 级旅游景区旅游收入分亚类等级统计（单位：亿元）

景区大类	景区亚类	5A 级旅游景区	4A 级旅游景区	3A 级旅游景区	2A 级旅游景区	1A 级旅游景区	合　计
自然景观类	森林景观	29.18	21.30	2.25	2.64	0.00	55.37
	河湖湿地	6.64	8.44	1.46	0.62	0.02	17.18
	地质遗迹	5.76	21.45	2.98	0.85	0.00	31.04
历史文化类	古村古镇	2.46	19.33	12.51	4.23	0.00	38.53
	文化遗迹	20.51	9.34	3.98	0.37	0.00	34.20

景区大类	景区亚类	5A 级旅游景区	4A 级旅游景区	3A 级旅游景区	2A 级旅游景区	1A 级旅游景区	合 计
历史文化类	文博院馆	9.03	2.06	0.27	0.06	0.00	11.42
	红色旅游	0.00	20.71	0.53	0.69	0.00	21.93
	宗教文化	7.43	7.15	3.26	0.65	0.00	18.49
休闲娱乐类	主题游乐	1.16	11.03	0.60	0.28	0.00	13.07
	度假休闲	0.00	37.48	10.15	3.81	0.06	51.50
	乡村旅游	0.00	3.37	11.55	2.29	0.01	17.22
	城市公园	0.00	0.03	0.17	0.37	0.00	0.57
	商贸旅游	0.00	1.63	0.54	0.04	0.00	2.21
其他类	其 他	0.00	1.91	3.13	7.00	0.01	12.05
合 计		82.17	165.23	53.38	23.90	0.10	324.78

2. 旅游景区分项收入

2017 年，餐饮收入是西北地区 A 级旅游景区旅游总收入的首要来源，为 84.01 亿元，占该地区 A 级旅游景区旅游总收入的 25.87%；其次是门票收入和商品收入，总量分别为 76.39 亿元和 54.13 亿元，占比分别为 23.52% 和 16.66%；演艺收入最少，为 6.92 亿元，占比为 2.13%（表 8-3-4）。

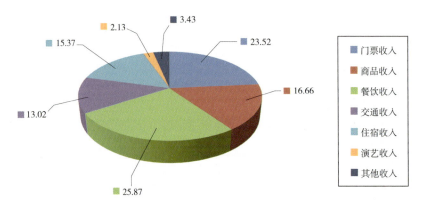

图 8-3-4　2017 年西北地区 A 级旅游景区旅游收入占比分项统计（单位：%）

240
2017
中国旅游景区
发展报告
CHINA TOURIST
ATTRACTION
DEVELOPMENT
REPORT 2017

与上年相比，各项收入均呈现增长。其中，其他收入增长最快，增加 5.89 亿元，增长 112.19%；其次是演艺收入和交通收入，分别增加 3.60 亿元和 21.45 亿元，分别增长 108.43% 和 102.98%；住宿收入增长最慢，增加 1.75 亿元，增长 3.63%（表 8-3-4、图 8-3-5）。

表 8-3-4　2016 ～ 2017 年西北地区 A 级旅游景区旅游收入构成统计

收入类型	2016 年景区分项收入（亿元）	2017 年景区分项收入（亿元）	比重（%）	增量（亿元）	增长率（%）
门票收入	66.98	76.39	23.52	9.41	14.05
商品收入	45.23	54.13	16.66	8.90	19.68
餐饮收入	70.72	84.01	25.87	13.29	18.79
交通收入	20.83	42.28	13.02	21.45	102.98
住宿收入	48.16	49.91	15.37	1.75	3.63
演艺收入	3.32	6.92	2.13	3.60	108.43
其他收入	5.25	11.14	3.43	5.89	112.19
合　计	260.49	324.78	100.00	64.29	24.68

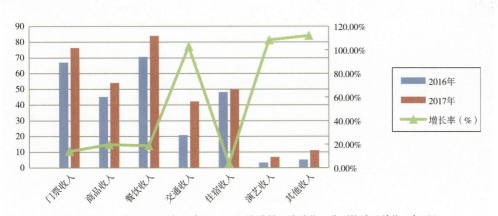

图 8-3-5　2016 ～ 2017 年西南地区 A 级旅游景区旅游收入分项统计（单位：亿元）

（1）分等级收入

4A 级和 5A 级旅游景区旅游收入较大，分别为 165.23 亿元和 82.17 亿元。其中，4A 级旅游景区旅游收入构成中以餐饮收入和门票收入为主，分别为 45.60 元和 34.53 亿元；5A 级旅游景区旅游收入构成中以门票收入为主，为 36.82 亿元（表 8-3-5）。

表 8-3-5 2017 年西北地区 A 级旅游景区旅游收入构成分等级统计（单位：亿元）

景区等级	门票收入	商品收入	餐饮收入	交通收入	住宿收入	演艺收入	其他收入	合 计
5A 级旅游景区	36.82	6.08	13.39	13.69	8.31	2.28	1.60	82.17
4A 级旅游景区	34.53	24.44	45.60	23.28	29.33	3.07	4.98	165.23
3A 级旅游景区	3.96	13.27	18.98	3.63	9.44	0.76	3.34	53.38
2A 级旅游景区	1.06	10.32	5.98	1.68	2.83	0.81	1.22	23.90
1A 级旅游景区	0.02	0.02	0.06	0.00	0.00	0.00	0.00	0.10
合 计	76.39	54.13	84.01	42.28	49.91	6.92	11.14	324.78

（2）分类型收入

从景区大类来看，自然景观类旅游景区以门票收入和餐饮收入为主，分别为 31.76 亿元和 22.72 亿元；历史文化类旅游景区以门票收入和餐饮收入为主，分别为 29.49 亿元和 34.96 亿元；休闲娱乐类旅游景区以餐饮收入和住宿收入为主，分别为 24.31 亿元和 17.45 亿元（表 8-3-6）。

表 8-3-6 2017 年西北地区 A 级旅游景区旅游收入构成分大类统计（单位：亿元）

景区大类	门票收入	商品收入	餐饮收入	交通收入	住宿收入	演艺收入	其他收入	合 计
自然景观类	31.76	10.48	22.72	16.55	15.10	3.08	3.90	103.59
历史文化类	29.49	20.34	34.96	16.39	17.25	2.42	3.72	124.57
休闲娱乐类	14.55	14.36	24.31	9.23	17.45	1.42	3.25	84.57
其他类	0.59	8.95	2.02	0.11	0.11	0.00	0.27	12.05
合 计	76.39	54.13	84.01	42.28	49.91	6.92	11.14	324.78

从景区亚类来看，森林景观类、度假休闲类和古村古镇类旅游景区旅游收入规模较大，分别为 55.37 亿元、51.50 亿元和 38.53 亿元。其中，森林景观类旅游景区以门票收入和餐饮收入为主，分别为 18.17 亿元和 13.66 亿元；度假休闲类旅游景区以餐饮收入和住宿收入为主，分别为 15.43 亿元和 11.35 亿元；古村古镇类旅游

242
2017
中国旅游景区
发展报告
CHINA TOURIST
ATTRACTION
DEVELOPMENT
REPORT 2017

景区以餐饮收入和商品收入为主，分别为 13.23 亿元和 11.68 亿元（表 8-3-7）。

表 8-3-7　2017 年西北地区 A 级旅游景区旅游收入构成分亚类统计（单位：亿元）

景区大类	景区亚类	门票收入	商品收入	餐饮收入	交通收入	住宿收入	演艺收入	其他收入	合　计
自然景观类	森林景观	18.17	6.25	13.66	6.25	8.15	0.99	1.90	55.37
	河湖湿地	6.86	1.19	3.20	3.24	1.96	0.13	0.60	17.18
	地质遗迹	6.73	3.04	5.86	7.06	4.99	1.96	1.40	31.04
历史文化类	古村古镇	1.44	11.68	13.23	3.50	6.70	0.99	0.99	38.53
	文化遗迹	13.47	3.64	9.08	1.73	3.40	1.36	1.52	34.20
	文博院馆	10.86	0.12	0.05	0.00	0.02	0.00	0.37	11.42
	红色旅游	0.20	3.23	9.00	4.25	5.00	0.01	0.24	21.93
	宗教文化	3.52	1.67	3.60	6.91	2.13	0.06	0.60	18.49
休闲娱乐类	主题游乐	6.50	2.13	1.95	0.87	0.78	0.20	0.64	13.07
	度假休闲	7.41	8.54	15.43	6.30	11.35	0.74	1.73	51.50
	乡村旅游	0.57	2.96	6.07	1.92	4.75	0.43	0.52	17.22
	城市公园	0.04	0.01	0.02	0.00	0.36	0.00	0.14	0.57
	商贸旅游	0.03	0.72	0.84	0.14	0.21	0.05	0.22	2.21
其他类	其　他	0.59	8.95	2.02	0.11	0.11	0.00	0.27	12.05
合　计		76.39	54.13	84.01	42.28	49.91	6.92	11.14	324.78

3. 旅游景区投资

2017 年，西北地区 A 级旅游景区总建设投资为 257.27 亿元，占全国 A 级旅游景区总建设投资的 7.86%，较上年增加 66.24 亿元，增长 34.68%。其中，景区内部建设投资为 197.05 亿元，外部建设投资为 60.22 亿元。景区平均建设投资为 2326.13 万元。

从景区等级来看，西北地区 4A 级旅游景区建设投资规模最大，为 117.84 亿元，占该地区 A 级旅游景区总建设投资的 45.81%；其次是 3A 级和 5A 级旅游景区，分别为 107.19 亿元和 22.00 亿元，占比分别为 41.66% 和 8.55%；1A 级和 2A 级旅游景区建设投资规模相对较小，分别为 0.21 亿元和 10.03 亿元，占比分别为 0.08% 和 3.90%（表 8-3-8）。

从景区大类来看，休闲娱乐类旅游景区建设投资规模最大，为105.81亿元；其次是自然景观类和历史文化类景区，建设投资分别为69.18亿元和68.32亿元。

从景区大类和等级综合来看，自然景观类和历史文化类中4A级旅游景区建设投资规模均最大，分别为43.49亿元和34.96亿元；休闲娱乐类中3A级旅游景区建设投资规模最大，为64.30亿元（表8-3-8）。

表8-3-8　2017年西北地区A级旅游景区总投资分大类等级统计（单位：亿元）

景区大类	5A级旅游景区	4A级旅游景区	3A级旅游景区	2A级旅游景区	1A级旅游景区	合　计
自然景观类	13.97	43.49	8.15	3.54	0.03	69.18
历史文化类	8.02	34.96	23.28	2.00	0.06	68.32
休闲娱乐类	0.01	37.45	64.30	3.93	0.12	105.81
其他类	0.00	1.94	11.46	0.56	0.00	13.96
合　计	22.00	117.84	107.19	10.03	0.21	257.27

从景区亚类来看，度假休闲类度假休闲类旅游景区建设投资规模最大，为62.68亿元；其次是古村古镇类和森林景观类旅游景区，建设投资分别为38.10亿元和30.57亿元；城市公园类旅游景区建设投资规模最小，为1.15亿元（表8-3-9）。

从景区亚类和等级综合来看，度假休闲类、乡村旅游类、其他类、主题游乐类和城市公园类中3A级旅游景区建设投资规模均最大，分别为37.00亿元、18.23亿元、11.46亿元、7.95亿元和0.91亿元；古村古镇类、森林景观类、河湖湿地类、文化遗迹类、地质遗迹类、宗教文化类、红色旅游类、商贸旅游类和文博院馆类中4A级旅游景区建设投资规模均最大，分别为20.64亿元、16.65亿元、19.69亿元、5.99亿元、7.15亿元、3.33亿元、2.74亿元、3.75亿元和2.26亿元（表8-3-9）。

表8-3-9　2017年西北地区A级旅游景区总投资分亚类等级统计（单位：亿元）

景区大类	景区亚类	5A级旅游景区	4A级旅游景区	3A级旅游景区	2A级旅游景区	1A级旅游景区	合　计
自然景观类	森林景观	9.01	16.65	2.93	1.98	0.00	30.57
	河湖湿地	2.43	19.69	2.96	0.74	0.03	25.85
	地质遗迹	2.53	7.15	2.26	0.82	0.00	12.76

244
2017
中国旅游景区
发展报告
CHINA TOURIST
ATTRACTION
DEVELOPMENT
REPORT 2017

景区大类	景区亚类	5A级旅游景区	4A级旅游景区	3A级旅游景区	2A级旅游景区	1A级旅游景区	合 计
历史文化类	古村古镇	0.42	20.64	16.81	0.23	0.00	38.10
	文化遗迹	5.90	5.99	3.64	0.31	0.00	15.84
	文博院馆	0.00	2.26	0.62	0.10	0.05	3.03
	红色旅游	0.00	2.74	1.82	0.32	0.01	4.89
	宗教文化	1.70	3.33	0.39	1.04	0.00	6.46
休闲娱乐类	主题游乐	0.01	5.72	7.95	0.02	0.00	13.70
	度假休闲	0.00	23.84	37.00	1.73	0.11	62.68
	乡村旅游	0.00	3.94	18.23	2.03	0.01	24.21
	城市公园	0.00	0.20	0.91	0.04	0.00	1.15
	商贸旅游	0.00	3.75	0.21	0.11	0.00	4.07
其他类	其 他	0.00	1.94	11.46	0.56	0.00	13.96
合 计		22.00	117.84	107.19	10.03	0.21	257.27

（四）旅游景区经营管理主体与人员情况

1. 经营管理主体

2017年，西北地区A级旅游景区经营管理主体包括行政单位、事业单位和企业3种，共计1106家，较上年增加103家，增长10.27%。其中，企业类经营管理主体数量最多，为672家，占该地区经营管理主体总数的60.76%；其次是事业单位类经营管理主体，为397家，占比为35.89%；行政单位类经营管理主体数量最少，

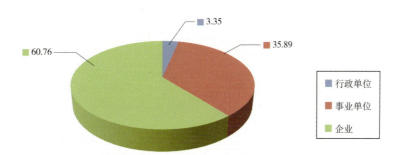

图 8-4-1　2017 年西南地区 A 级旅游景区经营管理机构数量占比统计（单位：%）

为 37 家，占比为 3.35%。

从景区等级来看，西北地区所有等级旅游景区均以企业经营管理主体为主。其中，3A 级旅游景区企业经营管理主体数量最多，为 343 家；其次是 4A 级和 2A 级旅游景区，分别为 175 家和 129 家；5A 级和 1A 级旅游景区企业经营管理主体数量较少，分别为 18 家和 7 家。

表 8-4-1　2017 年西北地区 A 级旅游景区经营主体统计（单位：家）

管理主体	5A 级旅游景区	4A 级旅游景区	3A 级旅游景区	2A 级旅游景区	1A 级旅游景区	合　计
行政单位	2	7	22	6	0	37
事业单位	10	107	190	87	3	397
企　业	18	175	343	129	7	672
合　计	30	289	555	222	10	1106

2. 就业情况

2017 年，西北地区 A 级旅游景区固定就业人数为 115182 人，占全国 A 级旅游景区固定就业总人数的 8.85%，较上年增加 10052 人，增长 9.56%。景区平均固定就业人数为 104 人。

从景区等级来看，4A 级旅游景区固定就业人数最多，为 49692 人，占该地区 A 级旅游景区固定就业总人数的 43.14%；其次是 5A 级和 3A 级旅游景区，分别为 28921 人和 28224 人，占比分别为 25.11% 和 24.50%；1A 级和 2A 级旅游景区固定就业人数较少，分别为 122 人和 8223 人，占比分别为 0.11% 和 7.14%（表 8-4-2）。

表 8-4-2　2017 年西北地区 A 级旅游景区固定就业分等级统计

	5A 级旅游景区	4A 级旅游景区	3A 级旅游景区	2A 级旅游景区	1A 级旅游景区	合计
固定就业人数（人）	28921	49692	28224	8223	122	115182
比例（%）	25.11	43.14	24.50	7.14	0.11	100.00

从景区大类来看，休闲娱乐类景区固定就业人数最多，为 43424 人；其次为历史文化类和自然景区类旅游景区，分别为 35738 人和 29802 人。

246
2017
中国旅游景区
发展报告
CHINA TOURIST
ATTRACTION
DEVELOPMENT
REPORT 2017

从景区大类和等级综合来看，自然景区类和历史文化类中 5A 级旅游景区固定就业人数最多，分别为 13867 人和 14815 人；休闲娱乐类中 4A 级旅游景区固定就业人数最多，为 25405 人（表 8-4-3）。

表 8-4-3　2017 年西北地区 A 级旅游景区固定就业分大类等级统计（单位：人）

景区大类	5A 级旅游景区	4A 级旅游景区	3A 级旅游景区	2A 级旅游景区	1A 级旅游景区	合　计
自然景观类	13867	10672	4062	1189	12	29802
历史文化类	14815	12636	6984	1265	38	35738
休闲娱乐类	239	25405	14678	3048	54	43424
其他类	0	979	2500	2721	18	6218
合　计	28921	49692	28224	8223	122	115182

从景区亚类来看，度假休闲类旅游景区固定就业人数最多，为 23782 人；其次是文化遗迹类和森林景观类旅游景区，分别为 19731 人和 14472 人；城市公园类旅游景区固定就业人数最少，为 808 人。

从景区亚类和等级综合来看，河湖湿地类和文化遗迹类中 5A 级旅游景区固定就业人数均最多，分别为 7023 人和 13549 人；森林景观类、地质遗迹类、古村古镇类、文博院馆类、红色旅游类、宗教文化类、主题游乐类、度假休闲类和商贸旅游类中 4A 级旅游景区固定就业人数均最多，分别为 6637 人、2420 人、3826 人、2370 人、1183 人、904 人、5895 人、16684 人和 1200 人；乡村旅游类和城市公园类中 3A 级旅游景区固定就业人数均最多，分别为 6952 人和 486 人；其他类中 2A 级旅游景区固定就业人数最多，为 2721 人（表 8-4-4）。

表 8-4-4　2017 年西北地区 A 级旅游景区固定就业分亚类等级统计（单位：人）

景区大类	景区亚类	5A 级旅游景区	4A 级旅游景区	3A 级旅游景区	2A 级旅游景区	1A 级旅游景区	合　计
自然景观类	森林景观	5889	6637	1309	637	0	14472
	河湖湿地	7023	1615	1950	234	12	10834
	地质遗迹	955	2420	803	318	0	4496

景区大类	景区亚类	5A 级旅游景区	4A 级旅游景区	3A 级旅游景区	2A 级旅游景区	1A 级旅游景区	合　计
历史文化类	古村古镇	200	3826	3467	278	0	7771
	文化遗迹	13549	4353	1391	435	3	19731
	文博院馆	511	2370	1085	216	33	4215
	红色旅游	0	1183	464	179	2	1828
	宗教文化	555	904	577	157	0	2193
休闲娱乐类	主题游乐	239	5895	747	265	0	7146
	度假休闲	0	16684	6260	792	46	23782
	乡村旅游	0	1410	6952	1769	8	10139
	城市公园	0	216	486	106	0	808
	商贸旅游	0	1200	233	116	0	1549
其他类	其　他	0	979	2500	2721	18	6218
合　计		28921	49692	28224	8223	122	115182

3. 导游情况

2017 年，西北地区 A 级旅游景区导游总数为 5537 人，占全国 A 级旅游景区导游总数的 8.54%，较上年增加 117 人，增长 2.16%。景区平均导游人数为 5 人。

从景区等级来看，4A 级旅游景区导游人数最多，为 2690 人，占该地区 A 级旅游景区导游总数的 48.58%；其次是 3A 级和 5A 级旅游景区，分别为 1710 人和 753 人，占比分别为 30.88% 和 13.60%；1A 级和 2A 级旅游景区导游人数相对较少，分别为 12 人和 372 人，占比分别为 0.22% 和 6.72%（表 8-4-5）。

表 8-4-5　2017 年西北地区 A 级旅游景区导游数量分等级统计

景区等级	5A 级旅游景区	4A 级旅游景区	3A 级旅游景区	2A 级旅游景区	1A 级旅游景区	合　计
导游人数（人）	753	2690	1710	372	12	5537
比例（%）	13.60	48.58	30.88	6.72	0.22	100.00

从景区大类来看，历史文化类旅游景区导游人数最多，为 2563 人；其次是自

248
2017
中国旅游景区
发展报告
CHINA TOURIST
ATTRACTION
DEVELOPMENT
REPORT 2017

然景观类和休闲娱乐类旅游景区，导游人数分别为 1482 人和 1198 人。

从景区亚类来看，文化遗迹类旅游景区导游人数最多，为 853 人；其次是森林景观类和文博院馆类旅游景区，分别为 765 人和 690 人；城市公园类旅游景区导游人数最少，为 52 人（表 8-4-6）。

表 8-4-6　2017 年西北地区 A 级旅游景区导游数量分类型统计

景区大类	专职导游人数（人）	景区类型	专职导游人数（人）
自然景观类	1482	森林景观	765
		河湖湿地	281
		地质遗迹	436
历史文化类	2563	古村古镇	385
		文化遗迹	853
		文博院馆	690
		红色旅游	315
		宗教文化	320
休闲娱乐类	1198	主题游乐	313
		度假休闲	551
		乡村旅游	216
		城市公园	52
		商贸旅游	66
其他类	294	其　他	294
合　计	5537	合　计	5537

《2017年中国旅游景区发展报告》编写说明

一、数据来源

全国 A 级旅游景区管理系统。

二、景区统计范围

2017 年 12 月 31 日之前国家旅游局公布的 A 级旅游景区。

三、数据截止日期

2018 年 1 月。

四、区域划分标准

参照国家统计局行政区划代码，将全国分为六大区域：华东区包括上海、浙江、江苏、安徽、福建、江西、山东 7 省市；华北区包括北京、天津、河北、山西、内蒙古 5 省市区；东北区包括黑龙江、吉林、辽宁 3 省；西北区包括陕西、甘肃、青海、宁夏、新疆 5 省区及新疆生产建设兵团；西南区包括重庆、四川、贵州、云南、西藏 5 省区市；中南区包括河南、湖北、湖南、广西、广东、海南 6 省区。

2018年11月

责任编辑：谯　洁

责任印制：冯冬青

图书在版编目（CIP）数据

2017年中国旅游景区发展报告 / 中华人民共和国文化和旅游部资源开发

司编. — 北京：中国旅游出版社,2018.12

ISBN 978-7-5032-6149-7

Ⅰ. ①2… 　Ⅱ. ①中… 　Ⅲ. ①景点—经济发展—研究报告—中国—

2017 ②风景区—经济发展—研究报告—中国—2017 　Ⅳ.①F592.3

中国版本图书馆CIP数据核字(2018)第265013号

| 书　　名：| 2017年中国旅游景区发展报告 |

作　　者：中华人民共和国文化和旅游部资源开发司编

出版发行：中国旅游出版社（北京建国门内大街甲9号　邮编：100005）

　　　　　　http://www.cttp.net.cn　　E-mail:cttp@mct.gov.cn

　　　　　　营销中心电话：010-85166503

版式设计：北京中文天地文化艺术有限公司

经　　销：全国各地新华书店

印　　刷：北京金吉士印刷有限责任公司

版　　次：2018年12月第1版　2018年12月第1次印刷

印刷开本：889毫米×1194毫米　1/16

印　　张：16

字　　数：271千

定　　价：220.00元

Ｉ Ｓ Ｂ Ｎ　978-7-5032-6149-7